4주 완성 어휘력·독해력·사고력·표현력 향상 프로그램

건국신화로 한 번에 키우기

2B
초등 2·3학년

책장속 BOOKS

어휘력 · 독해력 · 사고력 · 표현력 향상 프로그램

(건국신화로) 한 번에 키우기 2B

초판 1쇄 발행 2022년 5월 10일

집 필 신효원
펴낸이 신호정
펴낸곳 책장속북스
신고번호 제 2020-000111호
주소 서울시 송파구 양재대로 71길 16-28 원당빌딩 4층
대표전화 02)2088-2887 | **팩스** 02)6008-9050
인스타그램 @langlab_kiz | **블로그** blog.naver.com/langlab_kiz
이메일 chaeg_jang@naver.com

기 획 & 개 발 어린이언어연구소
편 집 전유림 | **웹마케팅** 이혜연
삽 화 젤리피쉬 | **디자인** 이지숙

ISBN 979-11-91836-07-3
SET 979-11-972489-0-0 (세트)

머리말

아이의 공부머리를 한 번에 키워 주세요!

흔히들 어휘력이 좋으면 독해력이 좋아진다고 합니다. 아이가 글을 읽고 이해를 못 하는 까닭은 '어휘력이 부족해서'라고 생각합니다. 그래서 학교 공부가 시작되면 아이들에게 무작정 어휘의 사전적 의미를 기억하게 하고 아무런 맥락 없이 어휘 문제를 풀게 합니다.

오해하기 쉽지만, 어휘력은 '알고 있는 단어가 얼마나 많은가?'만으로 평가되는 영역이 아닙니다. 어휘력에는 '문맥을 통해서 모르는 단어의 의미를 얼마나 정확히 유추할 수 있느냐?', '알고 있는 어휘를 얼마나 적절하게 사용하느냐?'의 능력도 포함되기 때문입니다.

국어 능력의 핵심은 글의 맥락을 파악하여 내용과 어휘를 유추할 수 있고 자기 생각을 표현할 줄 아는 데에 있습니다. 따라서 글을 읽기 전에 자신의 배경지식을 끌어와 생각해 보고, 글을 읽으며 내용과 어휘를 추측해 보고, 알게 된 어휘를 연습해 보는 이 세 가지의 과정이 밀접한 관계를 맺으며 제공될 때 우리 아이들의 국어 능력이 확장됩니다.

한키는 아이들에게 이 모든 과정을 훈련시키기 위해 만들어진 책입니다. 이 책은 얼핏 보면 쉬워 보이지만 생각 없이는 풀 수 없는 문제들로 구성되어 있습니다. 생각해야 풀 수 있지만 그렇다고 지루하지 않습니다. 아이들이 글을 읽고, 문제를 해결해 나가는 동안 읽기 훈련과 국어 공부를 자연스럽고도 즐겁게 할 수 있는 학습 장치가 곳곳에 숨겨져 있기 때문입니다.

국어 능력은 '생각'이라는 밑거름을 바탕으로 글의 이해와 유추, 표현의 과정이 유기적으로 이루어져야 향상됩니다. 한키를 통해 아이들이 우리말로 생각하고 추측하고 우리말을 자유자재로 사용해 볼 수 있게 되기를 바랍니다. 우리 아이들의 국어 능력이 건강하게 커나갈 수 있기를 바랍니다.

저자 신효원

저자 소개
어린이언어연구소 소장
이화여자대학교 국어국문학
이화여자대학교 국제대학원 한국학 석사
이화여자대학교 국제대학원 한국학 박사 수료

〈한 번에 키우기〉의 특징

Q 혹시 우리 아이가 이렇지는 않나요?

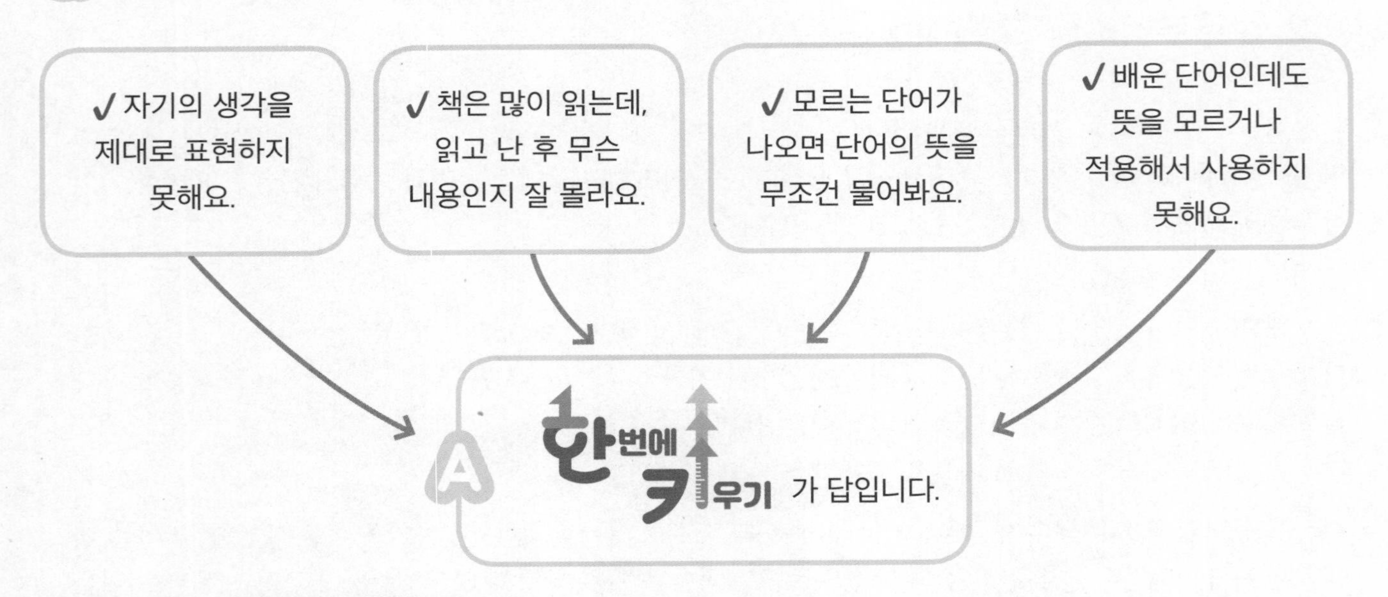
✓자기의 생각을 제대로 표현하지 못해요.
✓책은 많이 읽는데, 읽고 난 후 무슨 내용인지 잘 몰라요.
✓모르는 단어가 나오면 단어의 뜻을 무조건 물어봐요.
✓배운 단어인데도 뜻을 모르거나 적용해서 사용하지 못해요.
A 한 번에 키우기 가 답입니다.

〈한 번에 키우기〉만의 강점!

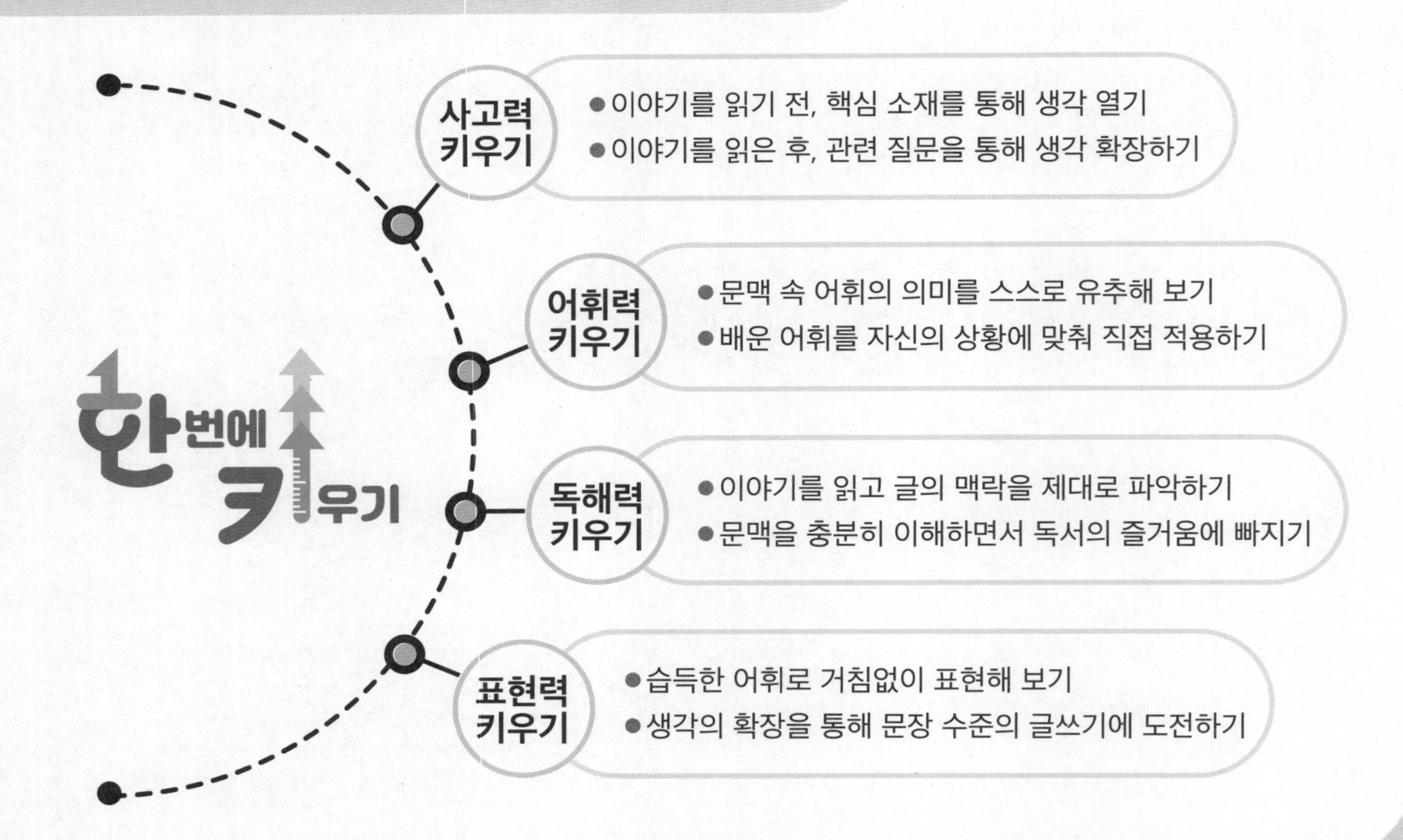
한 번에 키우기
사고력 키우기
●이야기를 읽기 전, 핵심 소재를 통해 생각 열기
●이야기를 읽은 후, 관련 질문을 통해 생각 확장하기
어휘력 키우기
●문맥 속 어휘의 의미를 스스로 유추해 보기
●배운 어휘를 자신의 상황에 맞춰 직접 적용하기
독해력 키우기
●이야기를 읽고 글의 맥락을 제대로 파악하기
●문맥을 충분히 이해하면서 독서의 즐거움에 빠지기
표현력 키우기
●습득한 어휘로 거침없이 표현해 보기
●생각의 확장을 통해 문장 수준의 글쓰기에 도전하기

1. 어휘 공부의 시작을 아이들의 역사의식을 일깨워 주는 '건국신화'로

모든 학습의 시작은 '흥미'와 '재미'입니다. 〈한 번에 키우기 2B〉에는 우리 민족과 나라의 기원이 담긴 건국신화 이야기가 지문으로 실려 있습니다. 아이들은 재미있고 쉽게 표현된 건국신화 이야기를 통해 처음 접하는 어휘의 의미도 쉽게 습득할 수 있게 되면서 어휘 학습에 관심과 흥미를 가지게 됩니다. 이와 함께 그동안 멀게만 느껴졌던 역사 학습에도 한 걸음 가까워지게 됩니다.

2. '암기'가 아닌 '유추'로 어휘를 습득

암기를 통해 습득한 어휘는 쉽게 휘발되며, 다양한 확장 개념을 응용하는 데에 한계를 가집니다. 〈한 번에 키우기〉는 이야기의 '맥락'을 통해 어휘의 의미를 끊임없이 유추하게 합니다. 생소하고 어려운 어휘가 나오더라도, 앞뒤 문장을 참고해 되돌아보면서 어휘의 의미와 확장 개념을 알아가는 힘을 키울 수 있게 됩니다.

3. '초등 필수 어휘'를 곳곳에 담아 재구성한 지문

건국신화를 아이들의 눈높이에 맞게 재구성하였으며, 이야기의 일부가 아닌 전체를 지문으로 실어 아이들이 한 편을 다 읽을 수 있도록 했습니다. 또한 일상에서 쓰이는 관용어, 한자어, 고사성어, 속담, 의성어 및 의태어 등의 초등 필수 어휘들을 지문에 적절히 배치하여 자연스럽게 초등 필수 어휘를 익힐 수 있습니다.

4. '유형별 4단계 학습'을 통한 통합 국어 학습

〈한 번에 키우기〉는 하루 6쪽 분량으로 ①생각하며 준비하기(사고력 키우기) ②추측하며 읽고 풀기(독해력 키우기) ③추측한 어휘 확인하기(어휘력 키우기) ④생각대로 표현하기(표현력 키우기)의 유형별 4단계 학습으로 구성됐습니다. 아이들은 매일 4단계 학습을 반복하며 스스로 어휘를 유추하고 문장의 맥락을 파악하며 그 뜻을 이해할 수 있는 사고력을 키우게 됩니다. 이 과정에서 독해력 또한 향상됩니다.

5. 거침없이 표현하는 '글쓰기' 의 즐거움 경험

〈한 번에 키우기〉는 어휘와 관련된 생활 속 질문을 통해 습득한 어휘와 관련된 경험을 되살려 보고 스스로 생각해 보는 장을 펼쳐줍니다. 정해진 답이 없는 질문을 던짐으로써 어휘를 활용한 아이의 자유롭고 창의적인 답변을 유도합니다. 이 과정에서 아이는 어휘의 기본 개념과 그 외 다양한 쓰임새를 응용할 줄 알게 될 뿐 아니라, 무한한 사고의 확장을 경험하게 됩니다. 이런 경험은 '글쓰기'의 즐거움으로 이어져 문장 수준의 글쓰기를 능숙하게 할 수 있는 발판이 되어 줄 것입니다.

〈한 번에 키우기〉의 구성 & 활용법

한키 200% 활용하기
아이의 사고력·표현력을 쑥쑥 키우는 지름길을 알고 싶다면 QR코드를 활용해 보세요.

- 〈한 번에 키우기 2B〉는 총 8편의 건국신화 이야기 전문을 지문에 담았습니다.
- 아이들은 한 주차(5일 분량)마다 2편의 이야기를 읽고 관련 문제 및 복습 문제를 풀어 보는 시간을 가집니다.
- 학습 과정은 총 4주(20일 분량)에 걸쳐 완료됩니다.

＊학부모 Tip
어휘의 뜻을 미리 알려 주지 마세요. 가볍게 훑으며 새로운 어휘에 흥미를 가지게 하는 게 포인트!

어휘 미리보기

이야기에 등장하는 초등 필수 어휘를 한눈에 살펴봅니다.

4단계 유형별 학습

❶ 생각하며 준비하기

사고력 키우기

이야기를 읽기 전, 그림을 통해 등장인물이나 주요 단어를 미리 접하며 내용을 자유롭게 추측합니다. 또는 지난 이야기의 장면을 떠올리며 필수 어휘를 사용해 문장을 구성합니다.

이야기 곳곳에 빨간 글씨로 표시된 필수 어휘들이 있어요. 읽으면서 뜻을 유추해 보아요!

❷ 추측하며 읽고 풀기

독해력 키우기

초등 필수 어휘가 담긴 탈무드 이야기 전문을 읽은 후 O, X 문제 · 주관식 문제 · 사지선다형 고르기 문제 · 순서 맞추기 문제 등을 통해 글의 맥락을 제대로 파악했는지 확인합니다.

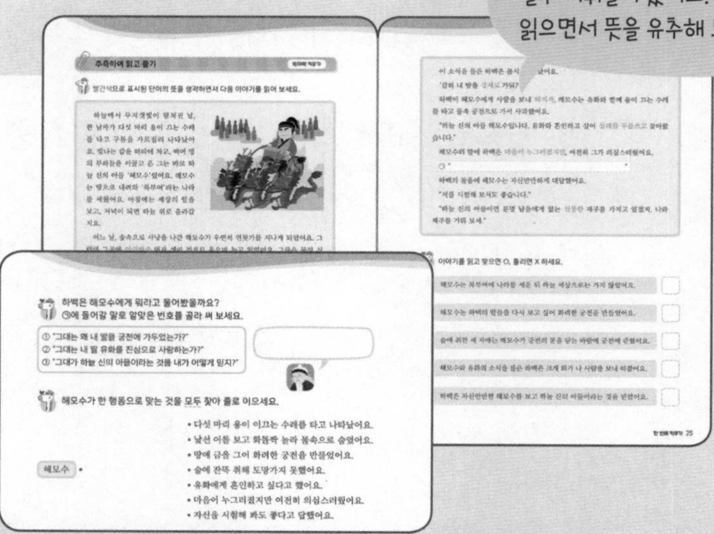

③ 추측한 어휘 확인하기

어휘력 키우기

사전적 정의부터 암기하지 않고, 비슷한 의미나 어울리는 말을 찾아보며 어휘의 의미를 스스로 유추하는 힘을 기릅니다.

어휘의 뜻을 유추하는 데에 주저함이 없어지고 자신감이 생깁니다.

비슷한 의미 찾아 고르기

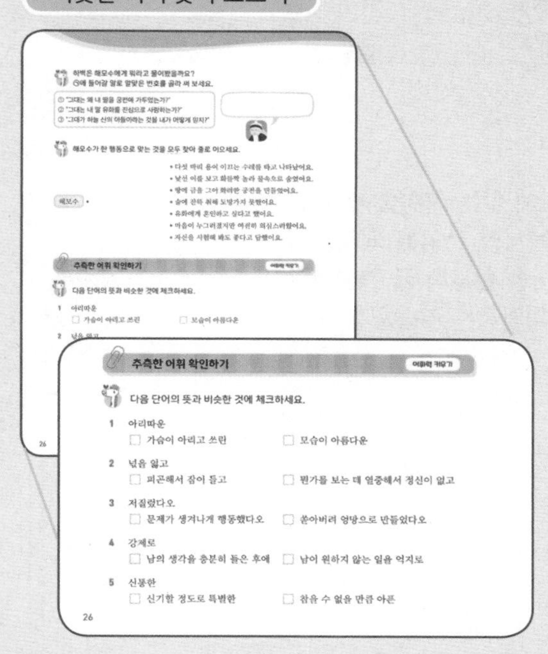

하백은 해모수에게 뭐라고 물어봤을까요? ㉠에 들어갈 말로 알맞은 번호를 골라 써 보세요.

① "그대는 왜 내 딸을 궁전에 가두었는가?"
② "그대는 내 딸 유화를 진심으로 사랑하는가?"
③ "그대가 하늘 신의 아들이라는 것을 내가 어떻게 믿지?"

해모수가 한 행동으로 맞는 것을 모두 찾아 줄로 이으세요.

해모수 •

• 다섯 마리 용이 이끄는 수레를 타고 나타났어요.
• 낯선 이를 보고 화들짝 놀라 물속으로 숨었어요.
• 땅에 금을 그어 화려한 궁전을 만들었어요.
• 술에 잔뜩 취해 도망가지 못했어요.
• 유화에게 혼인하고 싶다고 했어요.
• 마음이 누그러졌지만 여전히 의심스러웠어요.
• 자신을 시험해 봐도 좋다고 답했어요.

추측한 어휘 확인하기 (어휘력 키우기)

다음 단어의 뜻과 비슷한 것에 체크하세요.

1 아리따운
□ 가슴이 아리고 쓰린 □ 모습이 아름다운

2 넋을 잃고
□ 피곤해서 잠이 들고 □ 뭔가를 보는 데 열중해서 정신이 없고

3 저질렀다오.
□ 문제가 생겨나게 행동했다오 □ 쏟아버려 엉망으로 만들었다오

4 강제로
□ 남의 생각을 충분히 들은 후에 □ 남이 원하지 않는 일을 억지로

5 신통한
□ 신기할 정도로 특별한 □ 참을 수 없을 만큼 아픈

26

어울리는 단어끼리 연결하기

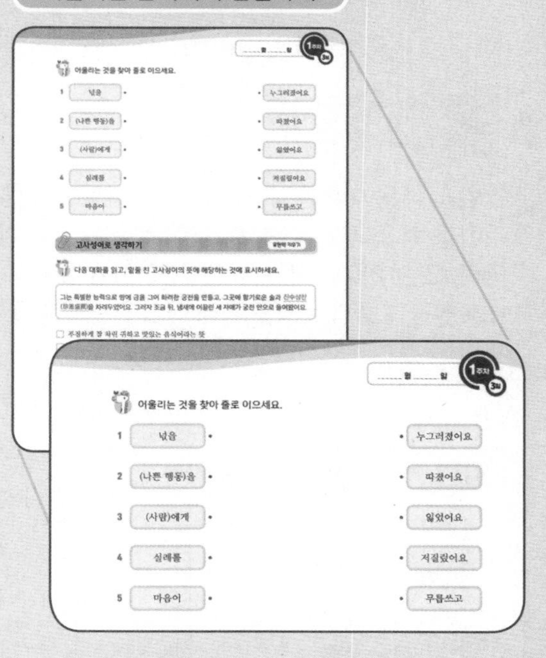

____월 ____일 1주차 3회

어울리는 것을 찾아 줄로 이으세요.

1 넋을	누그러졌어요
2 (나쁜 행동)을	따졌어요
3 (사람)에게	잃었어요
4 실례를	저질렀어요
5 마음이	무릅쓰고

고사성어로 생각하기 (표현력 키우기)

다음 대화를 읽고, 밑줄 친 고사성어의 뜻에 해당하는 것에 표시하세요.

그는 특별한 능력으로 땅에 금을 그어 화려한 궁전을 만들고, 그곳에 향기로운 술과 진수성찬(珍羞盛饌)을 차려두었어요. 그러자 조금 뒤, 냄새에 이끌린 세 자매가 궁전 안으로 들어왔어요.

□ 푸짐하게 잘 차린 귀하고 맛있는 음식이라는 뜻

④ 생각대로 표현하기 /고사성어로 생각하기

표현력 키우기

필수 어휘를 사용해 문장을 자유롭게 만들어 봅니다. 이 과정에서 사고력이 확장됨과 동시에 글쓰기 능력이 향상됩니다.

생각대로 표현하기

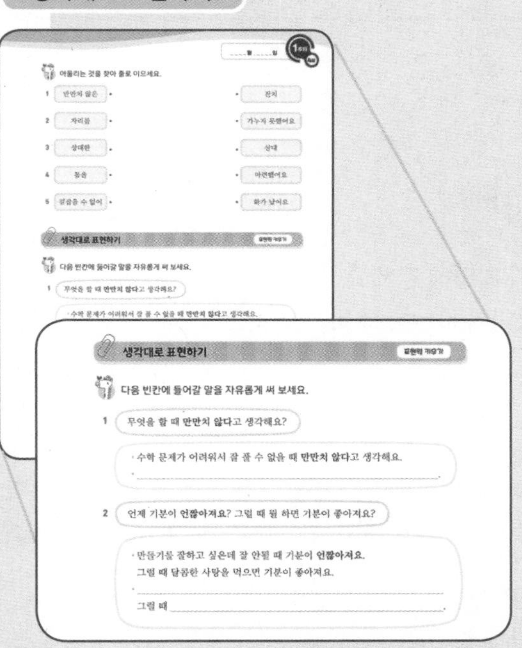

____월 ____일 1주차 4회

어울리는 것을 찾아 줄로 이으세요.

1 만만치 않은	잔치
2 자리를	가누지 못했어요
3 상대한	상대
4 몸을	마련했어요
5 걷잡을 수 없이	화가 났어요

생각대로 표현하기 (표현력 키우기)

다음 빈칸에 들어갈 말을 자유롭게 써 보세요.

1 무엇을 할 때 만만치 않다고 생각해요?

· 수학 문제가 어려워서 잘 풀 수 없을 때 만만치 않다고 생각해요.
· ______________________________.

2 언제 기분이 언짢아져요? 그럴 때 뭘 하면 기분이 좋아져요?

· 만들기를 잘하고 싶은데 잘 안될 때 기분이 언짢아져요.
그럴 때 달콤한 사탕을 먹으면 기분이 좋아져요.
· ______________________________
그럴 때 ______________________________.

고사성어로 생각하기

____월 ____일

어울리는 것을 찾아 줄로 이으세요.

1 넋을	누그러졌어요
2 (나쁜 행동)을	따졌어요
3 (사람)에게	잃었어요
4 실례를	저질렀어요
5 마음이	무릅쓰고

고사성어로 생각하기 (표현력 키우기)

다음 대화를 읽고, 밑줄 친 고사성어의 뜻에 해당하는 것에 표시하세요.

그는 특별한 능력으로 땅에 금을 그어 화려한 궁전을 만들고, 그곳에 향기로운 술과 진수성찬(珍羞盛饌)을 차려두었어요. 그러자 조금 뒤, 냄새에 이끌린 세 자매가 궁전 안으로 들어왔어요.

□ 푸짐하게 잘 차린 귀하고 맛있는 음식이라는 뜻
□ 갖가지 진귀한 보물과 보석들이 가득하다는 뜻

빈칸에 알맞은 고사성어를 써서 문장을 완성해 보세요.

내 생일이라서 부모님이 □□□□ 을 차려주셨다.

<한 번에 키우기 2B>를 통해 고사성어를 쉽고 재미있게 배울 수 있어요!

＊학부모 Tip

아이들의 대답에 '오답'은 없지만, '차이'는 있습니다. 아이의 답변을 유심히 관찰한 뒤, 다채로운 표현이 나올 수 있게끔 이끌어 주세요!

어휘 정리하기

학습 어휘들의 사전적 의미를 보며 유추한 의미와 비교, 확인해 봅니다. 또한 어휘의 활용 예시를 빈칸 채우기를 통해 익힙니다.

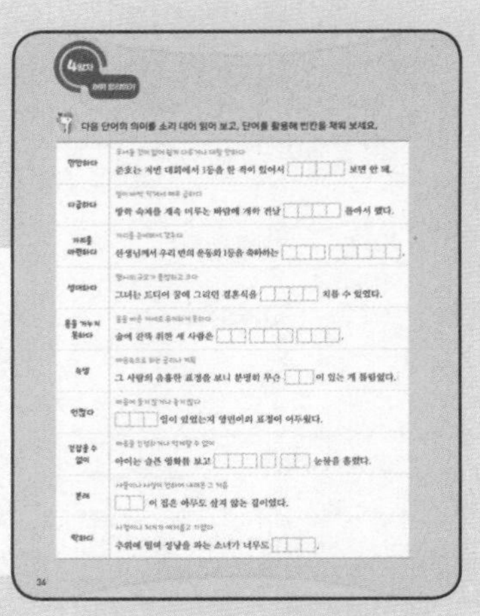

※ 한키 2단계부터 새롭게 추가된 '어휘 정리하기'를 활용해 어휘의 의미와 쓰임을 한 번에 정리해 보세요!

복습하기

앞서 배운 어휘들의 의미를 떠올려 보고 상황에 맞는 어휘를 찾아 빈칸을 채웁니다. 이를 통해 어휘들의 실생활에서의 쓰임을 되새깁니다. 또한 이야기의 순서 맞추기, 학습 고사성어를 활용해 글·그림으로 표현하기 등의 문제를 통해 다시 한번 맥락을 파악하는 연습을 합니다.

* 학부모 Tip
숙지하지 못한 단어 또는 내용이 있다면, 이야기를 다시 한번 차분히 읽힙니다. 이때, 함께 실감나게 읽어 보면 더 좋아요!

어휘 확인하기

어휘 연습하기

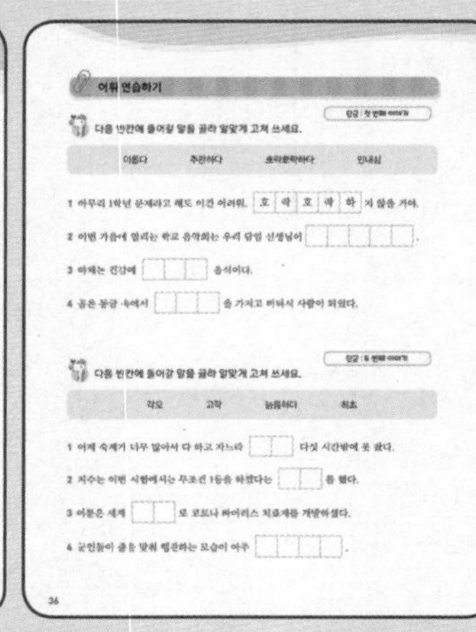

맥락 파악하기

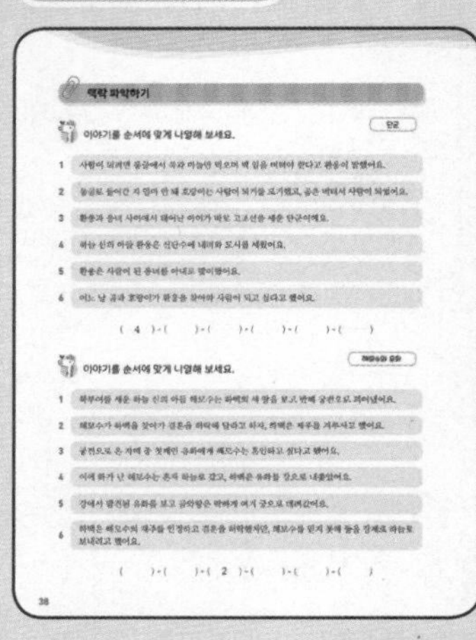

고사성어 떠올리기

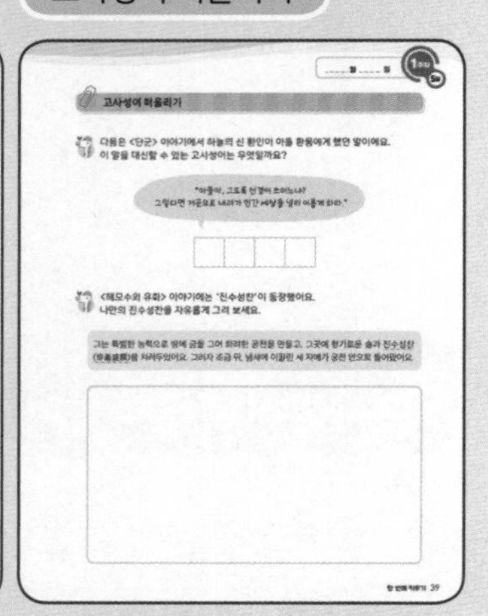

학부모 Tip

딱 **세 가지**만 신경 써도 아이의 답변이 발전합니다!

1. 질문의 의도에 적합한 답변을 했는지 확인해 주세요.
   +) 질문과 무관한 답변을 썼을 경우, 아이를 채근하지 마시고 질문의 의도를 차근차근 설명해 주세요.
2. 한 단어보다는 되도록 '한 문장'을 쓰게 해 주세요.
   +) 다만, '말이 되는 문장', '문맥에 맞는 문장'을 완성했는지 확인 필수!
3. '누가, 언제, 무엇을, 어디서, 어떻게, 왜' 등과 같은 부가 정보를 떠올려 쓸 수 있도록 유도해 주세요.
   +) 이때, 글의 생생함을 살려 주는 의성어 및 의태어를 쓰게 하셔도 좋아요. 아이의 답변이 더욱 풍성해집니다!

아이의 대답을 유심히 관찰하는 것부터가 아이의 말과 글을 키우는 시작입니다.
날이 갈수록 다채로워지는 아이의 답변을 기대해 보세요!

차례

단원	학습일	학습내용	회	쪽
1주차		어휘 미리보기		10쪽
	1일	고조선 <단군>	첫 번째 이야기	11쪽
	2일		두 번째 이야기	17쪽
	3일	고구려 <해모수와 유화>	첫 번째 이야기	23쪽
	4일		두 번째 이야기	29쪽
	5일	복습하기		35쪽
2주차		어휘 미리보기		40쪽
	1일	고구려 <주몽>	첫 번째 이야기	41쪽
	2일		두 번째 이야기	47쪽
	3일	백제 <온조>	첫 번째 이야기	53쪽
	4일		두 번째 이야기	59쪽
	5일	복습하기		65쪽
3주차		어휘 미리보기		70쪽
	1일	신라 <박혁거세>	첫 번째 이야기	71쪽
	2일		두 번째 이야기	77쪽
	3일	가야 <김수로>	첫 번째 이야기	83쪽
	4일		두 번째 이야기	89쪽
	5일	복습하기		95쪽
4주차		어휘 미리보기		100쪽
	1일	고려 <호경>	첫 번째 이야기	101쪽
	2일		두 번째 이야기	107쪽
	3일	고려 <작제건>	첫 번째 이야기	113쪽
	4일		두 번째 이야기	119쪽
	5일	복습하기		125쪽
		정답과 해설		130쪽

고조선 〈단군〉 & 고구려 〈해모수와 유화〉

1일차	2일차	3일차	4일차
단군 ①	단군 ②	해모수와 유화 ①	해모수와 유화 ②
학습 어휘	학습 어휘	학습 어휘	학습 어휘
까마득히	각오	아리땁다	만만하다
곡선	고작	넋을 잃다	다급하다
온갖	미동	낯설다	자리를 마련하다
가로지르다	묵묵히	저지르다	성대하다
시선을 끌다	하루도 거르지 않다	혼인하다	몸을 가누지 못하다
이롭다	맺히다	강제로	속셈
주관하다	늠름하다	따지다	언짢다
맴돌다	눈에 밟히다	실례를 무릅쓰다	걷잡을 수 없이
호락호락하다	최초	마음이 누그러지다	본래
인내심	국가	신통하다	딱하다
공부한 날 ( )월 ( )일	공부한 날 ( )월 ( )일	공부한 날 ( )월 ( )일	공부한 날 ( )월 ( )일

5일차 | 복습하기 공부한 날 ( )월 ( )일

고조선 <단군> | 첫 번째 이야기

생각하며 준비하기

사고력 키우기

다음 질문에 대한 여러분의 생각을 자유롭게 써 보세요.

소원이 있어요? 뭐예요?

어떻게 하면 그 소원이 이루어질 수 있을까요?

다음은 단군 신화에 나오는 장면 중의 하나입니다.
곰과 호랑이에게 환웅은 뭐라고 말했을까요? 상상해 보고 자유롭게 써 보세요.

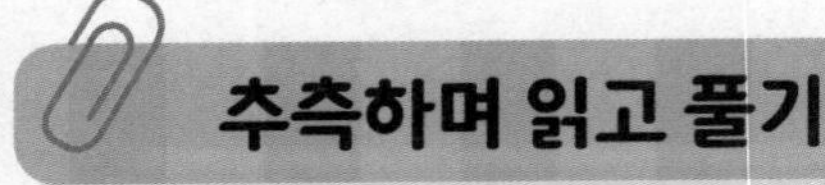

추측하며 읽고 풀기

독해력 키우기

빨간색으로 표시된 단어의 뜻을 생각하면서 다음 이야기를 읽어 보세요.

아주 오래전 까마득히 높은 구름 위에 하늘의 신 환인이 살았어요. 환인에게는 아들 환웅이 있었는데, 환웅은 땅의 세상에 관심이 많았어요. 그는 틈만 나면 구름 아래로 보이는 땅의 세상을 한참 동안 바라봤어요. 땅의 세상은 하늘의 세상과는 달랐어요. 푸르른 산과 맑은 물이 아름다운 곡선을 그리고, 온갖 새와 짐승들은 그 곳을 자유로이 가로질렀지요. 하지만 유독 환웅의 시선을 끄는 곳은 바로 '사람'이 사는 곳이었지요. 사람들은 무리를 지어 열매를 따고 사냥을 했어요. 그들은 서로 도우며 지내다가도 별것 아닌 일로 때때로 서로를 다치게 했어요. 환웅은 그런 사람들을 보며 한숨을 내쉬었어요.

'저들을 더욱 잘 살게 할 수 있을 터인데….'

안타까워하는 아들을 보며 아버지 환인이 말했어요.

"아들아, 그토록 신경이 쓰이느냐? 그렇다면 저곳으로 내려가 **홍익인간(弘益人間)**의 뜻을 펼쳐 널리 인간 세상을 이롭게 하라."

환인은 환웅에게 인간 세상을 다스리는 데 필요한 도구인 천부인 세 개를 주며, 바람을 다스리는 '풍백'과 비를 다스리는 '우사' , 그리고 구름을 다스리는 '운사'를 함께 내려가게 했어요.

환웅은 3,000명의 무리와 함께 태백산 꼭대기 신단수에 내려와 '신시'라는 도시를 세웠어요. 그리고 곡식, 생명, 질병, 형벌, 선악 등 인간의 360여 가지 일을 주관하며 어리석은 사람들을 깨우쳤지요.

그러던 어느 날, 곰 한 마리와 호랑이 한 마리가 어슬렁어슬렁 환웅의 주변을 맴돌더니 조심스레 다가와 말을 걸었어요.

"저희는 사람이 되고 싶습니다. 사람이 되는 법을 알려 주세요."

"음… 그리 호락호락하지 않을 것이다. 인내심을 가지고 버틸 자신이 있다면 모르겠으나 그렇지 않다면 당장 돌아가라."

말을 끝낸 환웅은 곧바로 뒤돌아 가려 했지만 곰과 호랑이가 그의 앞을 막으며 납작 엎드렸어요.

"사람이 될 수만 있다면 어떤 일이든 하겠습니다! 제발 저희의 진심을 알아주세요."

그들의 간절한 부탁에 환웅은 저 멀리 보이는 동굴을 손끝으로 가리키며 말했어요.

"햇빛이 들지 않는 저 동굴에서 쑥과 마늘만 먹으며 백 일을 버텨야 한다. 그래도 하겠느냐?"

환웅의 물음에 곰과 호랑이는 눈을 반짝이며 대답했어요.

"네, 반드시 백 일을 버텨서 사람이 되겠습니다."

이야기를 읽고 맞으면 O, 틀리면 X 하세요.

1 환웅은 사람들이 살고 있는 땅의 세상에 관심이 많았어요. ☐

2 환웅의 아버지는 환웅에게 인간 세상에 관심을 가지지 말라고 했어요. ☐

3 환웅은 땅의 세상에 혼자 내려와 도시를 세우고 사람들을 가르쳤어요. ☐

4 곰과 호랑이가 사람이 되려면 동굴에서 백 일 동안 쑥과 마늘만 먹어야 했어요. ☐

5 사람이 되는 일은 쉽지 않기 때문에 곰과 호랑이는 포기해 버렸어요. ☐

환웅은 인간 세상으로 내려왔어요. 이에 대해 가장 잘 요약한 친구의 말을 고르세요.

환웅은 사람들을 잘 다스리려고 천부인과 구름, 바람, 비를 데리고 인간 세상에 내려왔어.

민석 (　　)

환웅은 곰과 호랑이를 사람으로 변할 수 있게 해 주려고 인간 세상에 내려왔어.

지수 (　　)

환웅은 아버지가 인간 세상에 내려가라고 해서 인간 세상에 내려왔어.

은수 (　　)

환웅이 다음과 같이 말한 이유로 알맞은 것을 고르세요.

사람이 되는 것은 그리 호락호락하지 않을 것이다.

① 사람들은 어리석어서 자주 다투었기 때문에
② 곰과 호랑이가 인내심이 없어 보였기 때문에
③ 곰과 호랑이가 간절히 부탁했기 때문에
④ 쑥과 마늘만 먹으며 버티는 것은 힘들기 때문에

추측한 어휘 확인하기

어휘력 키우기

다음 단어의 뜻과 비슷한 것에 체크하세요.

1 곡선
☐ 부드럽게 굽은 선　☐ 똑바른 선

2 이롭게
☐ 좋게　☐ 나쁘게

3 주관하며
☐ 대신하며　☐ 책임을 지고 일하며

4 호락호락하지
☐ 다루기 쉽지　☐ 다루기 어렵지

5 인내심
☐ 참기 어려운 마음　☐ 참는 마음

어울리는 것을 찾아 줄로 이으세요.

1	까마득히 •	• 맴돌았어요
2	온갖 •	• 높은 구름 위
3	자유로이 •	• 새와 짐승들
4	시선을 •	• 끌었어요
5	주변을 •	• 가로질렀어요

고사성어로 생각하기

표현력 키우기

다음 대화를 읽고, 밑줄 친 고사성어의 뜻에 해당하는 것에 표시하세요.

환웅 : 땅으로 내려가 내가 저들을 더욱 잘 살게 하고 싶습니다.
환인 : 아들아, 저곳으로 내려가 홍익인간(弘益人間)의 뜻을 펼쳐 널리 인간 세상을 이롭게 하라.

☐ 모든 사람들을 고루 도와주고 사랑하라는 뜻
☐ 나라를 세우고 동물들의 싸움을 잘 막으라는 뜻

빈칸에 알맞은 고사성어를 써서 문장을 완성해 보세요.

환인은 환웅에게 인간 세상으로 가서 ☐☐☐☐ 의 뜻을 펼치라고 했다.

다음 단어의 의미를 소리 내어 읽어 보고, 단어를 활용해 빈칸을 채워 보세요.

까마득히	거리가 매우 멀어 보이는 것이나 들리는 것이 희미하게 □□□□ 높은 저 구름 위에는 누가 살고 있을까?
곡선	모나지 않고 부드럽게 굽은 선 구불구불 □□ 모양의 길을 달리느라 어지러웠다.
온갖	이런저런 여러 가지의 □□ 종류의 자동차를 타 보는 것이 내 소원이야.
가로지르다	어떤 곳을 가로 등의 방향으로 질러서 지나다 사슴은 사냥꾼을 피해 나무 사이를 □□□□며 갔다.
시선을 끌다	다른 사람의 관심을 이끌다 소녀의 새빨간 머리카락은 다른 사람들의 □□□ □□□.
이롭다	이익이 있다 잠을 충분히 자는 것은 몸에 □□□.
주관하다	어떤 일을 책임을 지고 맡아 관리하다 이번에는 우리 반 선생님께서 학교 축제를 □□□□□.
맴돌다	일정한 장소에서 되풀이하여 움직이다 나는 좋아하는 친구의 옆을 계속 □□□□.
호락호락하다	일이나 사람이 만만하여 다루기 쉽다 내일까지 해야 하는 수학 숙제는 결코 □□□□□□ 않았다.
인내심	괴로움이나 어려움을 참고 견디는 마음 □□□을 가지고 기다리면 좋은 결과가 있을 거야.

고조선 <단군> | 두 번째 이야기

생각하며 준비하기

사고력 키우기

지난 이야기에서 읽은 내용을 아래 말을 사용해서 써 보세요.

환웅 호랑이 사람 백 일 쑥

곰 되려면 동굴 먹고 마늘 버텨야

		은		과				에	게			이	되	려	면	
		에	서			동	안		과			만				
			한	다	고	했	어	요	.							

지난 이야기에서 곰과 호랑이가 사람이 되고 싶어서 찾아왔어요.
곰과 호랑이는 어떻게 되었을까요? 상상해 보고 자유롭게 써 보세요.

곰 ______________________________

호랑이 ______________________________

추측하며 읽고 풀기

독해력 키우기

빨간색으로 표시된 단어의 뜻을 생각하면서 다음 이야기를 읽어 보세요.

곰과 호랑이는 환웅에게서 쑥 한 다발과 마늘 스무 개를 받아 들고 동굴 속으로 한 발 한 발 들어갔어요. 동굴 안은 햇볕 한 줄기조차 들지 않아 무척 캄캄하고 서늘했어요. 그곳에서 곰과 호랑이는 반드시 사람이 되겠다는 각오로 쓰디쓴 쑥과 매운 마늘을 먹으며 버텼어요.

하지만 호랑이는 얼마 지나지 않아 사람이 되기를 포기하고 말았어요.

㉠ "　　　　　　　　　　　　　　　　"

호랑이는 고작 며칠 만에 동굴에서 도망치듯 빠져나와 숲으로 돌아갔어요. 반면에 곰은 한 자리에서 미동도 없이 묵묵히 버텨내었어요. 그 결과, 동굴로 들어간 지 채 백 일이 되기도 전인 스물한 번째 날에 곰은 아름다운 여자의 몸으로 변했어요. 그리고 그녀는 '웅녀'라는 이름을 가지게 되었어요.

사람이 된 웅녀는 아기를 갖고 싶었어요. 하지만 아무도 웅녀와 결혼하려고 하지 않았어요. 그래서 웅녀는 하루도 거르지 않고 아침마다 신단수 아래에서 두 손을 모아 간절히 빌었어요.

'사랑하는 이를 만나 아이를 갖게 해 주세요.'

웅녀는 이마에 땀이 송골송골 맺힐 정도로 열심히 기도했어요. 웅녀의 기도는 몇 날 며칠이나 계속되었어요.

그러던 어느 날이었어요. 웅녀의 간절한 기도가 마침내 하늘에 닿았는지, 늠름한 청년 하나가 웅녀에게 다가

와 다정하게 손을 내밀었어요. 그 청년은 바로 환웅이었어요. 그는 매일 아침 신단수에서 기도하는 웅녀의 모습이 눈에 밟혀 차마 모르는 척할 수가 없었어요. 그는 웅녀를 아내로 맞이했고, 시간이 흘러 두 사람 사이에서 아주 건강한 아들이 태어났어요.

그 아이가 바로 5천 년 전, 우리 민족 최초의 국가인 고조선을 세운 '단군왕검'이랍니다. 단군은 평양을 도읍으로 나라를 세우고 그 이름을 '조선'이라고 했어요. 단군왕검은 1,500년 간 조선을 평화롭게 다스렸어요.

이야기를 읽고 맞으면 O, 틀리면 X 하세요.

1. 호랑이는 사람이 되겠다는 다짐을 끝까지 지켰어요. ☐
2. 곰은 사람이 되고 싶어 동굴에서 쑥과 마늘만 먹으며 버텼어요. ☐
3. 웅녀는 사람이 되게 해 달라고 매일 간절히 기도했어요. ☐
4. 환웅은 웅녀의 모습이 신경 쓰였지만, 웅녀를 아내로 맞이할 순 없었어요. ☐
5. 웅녀와 환웅 사이에서 태어난 아이가 바로 고조선을 세운 '단군왕검'이에요. ☐

호랑이는 사람이 되기를 포기했어요. 호랑이는 무슨 말을 했을까요?
㉠에 들어갈 말로 알맞은 것을 모두 고르세요.

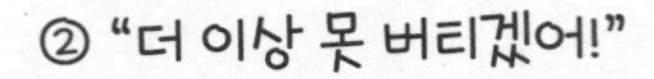

② "더 이상 못 버티겠어!"

① "조금만 더 참으면 사람이 될 수 있어!"
③ "동굴에서 쑥과 마늘만 먹고 살 수 없어."

단군에 대한 이야기를 순서대로 나열해 보세요.

① 단군은 고조선을 세우고, 백성들을 1500년간 다스렸어요.
② 사람이 된 웅녀는 매일 아침 아이를 갖게 해 달라고 기도했어요.
③ 웅녀와 환웅은 결혼했고, 두 사람 사이에서 단군이 태어났어요.

(   ) - (   ) - (   )

추측한 어휘 확인하기

어휘력 키우기

다음 단어의 뜻과 비슷한 것에 체크하세요.

1 각오
☐ 어떤 일에 대해 하기 싫은 마음 ☐ 앞으로 있을 일에 대한 마음의 준비

2 고작
☐ 겨우 ☐ 많이

3 미동
☐ 큰 움직임 ☐ 작은 움직임

4 늠름한
☐ 의젓하고 당당한 ☐ 자신감이 없어 보이는

5 최초
☐ 마지막 ☐ 처음

 어울리는 것을 찾아 줄로 이으세요.

1	미동도	• •	맺혔어요
2	묵묵히	• •	버텼어요
3	하루도	• •	없이
4	땀이	• •	밟혔어요
5	눈에	• •	거르지 않았어요

생각대로 표현하기

표현력 키우기

 다음 빈칸에 들어갈 말을 자유롭게 써 보세요.

1

친구: 김 선수는 이번 경기에서 반드시 이기겠다는 **각오를 했어요.**

나: ______________________ 다는 **각오를 했어요.**

2

친구: **하루도 거르지 않고** 매일 사탕을 먹었더니 이가 다 썩었어요.

나: 하루도 거르지 않고 ______________________.

다음 단어의 의미를 소리 내어 읽어 보고, 단어를 활용해 빈칸을 채워 보세요.

단어	의미와 예문
각오	앞으로 겪을 힘든 일에 대한 마음의 준비 이번 대회에서 꼭 대상을 받겠다는 □□를 했다.
고작	따져 보아야 겨우 봉투를 열어 보니 □□ 100원짜리 하나가 들어있었다.
미동	매우 작은 움직임 어둠 속에 쓰러져 있던 참새는 어떠한 □□도 없었다.
묵묵히	말없이 조용하게 나는 동생이 실수로 흘린 우유를 □□□ 닦았다.
하루도 거르지 않다	빠짐없이 매일매일 국어 시험 100점을 맞기 위해 □□□ □□□ □□ 공부했다.
맺히다	물방울이나 땀방울이 생겨 매달리다 웅녀의 이마에 땀이 송골송골 □□□.
늠름하다	생김새나 태도가 의젓하고 당당하다 그를 처음 본 순간 생각보다 □□□ 보여서 믿음이 생겼다.
눈에 밟히다	잊히지 않고 자꾸 떠오르다 좋아하는 친구가 우는 모습이 자꾸 □□ □□□.
최초	맨 처음 세계 □□로 맛있는 케이크를 만든 사람은 누구일까?
국가	일정한 땅과 그곳에 사는 사람들로 구성되어 하나의 통치 조직을 이루는 집단 우리나라 최초의 □□는 고조선이다.

고구려 <해모수와 유화> | 첫 번째 이야기

생각하며 준비하기

사고력 키우기

다음 그림은 어떤 장면일까요?
제시된 단어들을 활용해 다음 장면을 자유롭게 묘사해 보세요.

만약 특별한 능력을 가질 수 있다면, 어떤 능력이었으면 좋겠어요?
그리고 그 능력으로 무엇을 하고 싶어요? 자유롭게 써 보세요.

____

__________ 할 수 있는 능력을 갖고 싶어요!

그 능력으로 ______________

______________ 고 싶어요.

추측하며 읽고 풀기

독해력 키우기

빨간색으로 표시된 단어의 뜻을 생각하면서 다음 이야기를 읽어 보세요.

하늘에서 무지갯빛이 펼쳐진 날, 한 남자가 다섯 마리 용이 끄는 수레를 타고 구름을 가로질러 나타났어요. 빛나는 칼을 허리에 차고, 백여 명의 부하들을 이끌고 온 그는 바로 하늘 신의 아들 '해모수'였어요. 해모수는 땅으로 내려와 '북부여'라는 나라를 세웠어요. 아침에는 세상의 일을 보고, 저녁이 되면 하늘 위로 올라갔지요.

어느 날, 숲속으로 사냥을 나간 해모수가 우연히 연못가를 지나게 되었어요. 그런데 그곳에 아리따운 여자 셋이 까르르 웃으며 놀고 있었어요. 그들은 물의 신 '하백'의 딸이었어요. 해모수는 넋을 잃고 바라보다 세 자매와 눈이 마주쳤어요. 자매는 낯선 이가 보이자 화들짝 놀라 물속으로 숨었지요. 해모수는 그들을 다시 보고 싶어 꾀를 내었어요. 그는 특별한 능력으로 땅에 금을 그어 화려한 궁전을 만들고, 그곳에 향기로운 술과 **진수성찬(珍羞盛饌)**을 차려두었어요. 그러자 조금 뒤, 냄새에 이끌린 세 자매가 궁전 안으로 들어왔어요.

시간이 지나 세 자매가 술에 잔뜩 취하자, 숨어있던 해모수가 나타나 궁전의 문을 닫으려고 했어요. 놀란 둘째와 셋째는 헐레벌떡 밖으로 달아났지만, 첫째인 유화는 도망가지 못했어요.

해모수는 겁먹은 유화에게 다가가 조심스레 말했어요.

"나는 하늘 신의 아들 해모수라오. 그대에게 반해 이런 짓을 저질렀다오. 당신과 혼인하고 싶소."

유화는 당황했지만, 멋진 해모수가 마냥 싫지만은 않았어요.

이 소식을 들은 하백은 몹시 화가 났어요.

'감히 내 딸을 강제로 가둬?'

하백이 해모수에게 사람을 보내 따지자, 해모수는 유화와 함께 용이 끄는 수레를 타고 물속 궁전으로 가서 사과했어요.

"하늘 신의 아들 해모수입니다. 유화와 혼인하고 싶어 실례를 무릅쓰고 찾아왔습니다."

해모수의 말에 하백은 마음이 누그러졌지만, 여전히 그가 의심스러웠어요.

㉠ "　　　　　　　　　　　　　　　　　　　　"

하백의 물음에 해모수는 자신만만하게 대답했어요.

"저를 시험해 보셔도 좋습니다."

"하늘 신의 아들이면 분명 남들에게 없는 신통한 재주를 가지고 있겠지. 나와 재주를 겨뤄 보세."

이야기를 읽고 맞으면 O, 틀리면 X 하세요.

1. 해모수는 북부여에 나라를 세운 뒤 하늘 세상으로는 가지 않았어요. [ ]
2. 해모수는 하백의 딸들을 다시 보고 싶어 화려한 궁전을 만들었어요. [ ]
3. 술에 취한 세 자매는 해모수가 궁전의 문을 닫는 바람에 궁전에 갇혔어요. [ ]
4. 해모수와 유화의 소식을 들은 하백은 크게 화가 나 사람을 보내 따졌어요. [ ]
5. 하백은 자신만만한 해모수를 보고 하늘 신의 아들이라는 것을 믿었어요. [ ]

하백은 해모수에게 뭐라고 물어봤을까요?
㉠에 들어갈 말로 알맞은 번호를 골라 써 보세요.

① "그대는 왜 내 딸을 궁전에 가두었는가?"
② "그대는 내 딸 유화를 진심으로 사랑하는가?"
③ "그대가 하늘 신의 아들이라는 것을 내가 어떻게 믿지?"

해모수가 한 행동으로 맞는 것을 모두 찾아 줄로 이으세요.

해모수 •

- 다섯 마리 용이 이끄는 수레를 타고 나타났어요.
- 낯선 이를 보고 화들짝 놀라 물속으로 숨었어요.
- 땅에 금을 그어 화려한 궁전을 만들었어요.
- 술에 잔뜩 취해 도망가지 못했어요.
- 유화에게 혼인하고 싶다고 했어요.
- 마음이 누그러졌지만 여전히 의심스러웠어요.
- 자신을 시험해 봐도 좋다고 답했어요.

추측한 어휘 확인하기

어휘력 키우기

다음 단어의 뜻과 비슷한 것에 체크하세요.

1 아리따운
☐ 가슴이 아리고 쓰린 ☐ 모습이 아름다운

2 넋을 잃고
☐ 피곤해서 잠이 들고 ☐ 뭔가를 보는 데 열중해서 정신이 없고

3 저질렀다오
☐ 문제가 생겨나게 행동했다오 ☐ 쏟아버려 엉망으로 만들었다오

4 강제로
☐ 남의 생각을 충분히 들은 후에 ☐ 남이 원하지 않는 일을 억지로

5 신통한
☐ 신기할 정도로 특별한 ☐ 참을 수 없을 만큼 아픈

어울리는 것을 찾아 줄로 이으세요.

1 넋을 •　　　　• 누그러졌어요

2 (나쁜 행동)을 •　　　　• 따졌어요

3 (사람)에게 •　　　　• 잃었어요

4 실례를 •　　　　• 저질렀어요

5 마음이 •　　　　• 무릅쓰고

고사성어로 생각하기

표현력 키우기

다음 대화를 읽고, 밑줄 친 고사성어의 뜻에 해당하는 것에 표시하세요.

그는 특별한 능력으로 땅에 금을 그어 화려한 궁전을 만들고, 그곳에 향기로운 술과 진수성찬(珍羞盛饌)을 차려두었어요. 그러자 조금 뒤, 냄새에 이끌린 세 자매가 궁전 안으로 들어왔어요.

☐ 푸짐하게 잘 차린 귀하고 맛있는 음식이라는 뜻

☐ 갖가지 진귀한 보물과 보석들이 가득하다는 뜻

빈칸에 알맞은 고사성어를 써서 문장을 완성해 보세요.

내 생일이라서 부모님이 ☐☐☐☐ 을 차려주셨다.

다음 단어의 의미를 소리 내어 읽어 보고, 단어를 활용해 빈칸을 채워 보세요.

단어	의미와 예문
아리땁다	마음이나 몸의 움직임이 아름답다 □□□□ 유화를 보고 해모수는 첫눈에 반하고 말았어요.
넋을 잃다	사물을 보는 데 열중하여 정신이 없다 피아니스트의 화려한 연주에 관객들은 □□ □□ 쳐다봤다.
낯설다	전에 본 기억이 없어 익숙하지 않다 새로 이사 간 집이 너무 □□□.
저지르다	잘못이 생겨나게 행동하다 그 사람은 빵집에서 빵을 훔치는 죄를 □□□□.
혼인하다	남자와 여자가 부부가 되다 해모수는 유화와 □□□□ 싶은 마음에 하백을 찾아왔다.
강제로	남이 원하지 않는 일을 억지로 부모님에 의해 □□□ 전학을 가게 되어 기분이 썩 좋지 않았다.
따지다	문제가 되는 일을 상대에게 캐묻고 답을 요구하다 친구에게 왜 약속 시간에 늦었는지 □□□.
실례를 무릅쓰다	예의에 벗어나는 행동에 대해 양해를 구하다 □□□ □□□□ 조심스럽게 다가가 조용히 해달라고 부탁했다.
마음이 누그러지다	화나거나 토라졌던 감정이 조금은 풀리다 친구의 진심이 담긴 사과에 나는 □□□ □□□□□.
신통하다	신기할 정도로 묘하다 하늘 신의 아들이면 분명 □□□ 재주를 가지고 있을 거야.

고구려 <해모수와 유화> | 두 번째 이야기

생각하며 준비하기

사고력 키우기

지난 이야기에서 읽은 내용을 아래 말을 사용해서 써 보세요.

하백　　겨뤄 보자고　　혼인하고　　해모수

재주　　~~자신~~　　~~찾아갔어요~~

□□□는 유화와 □□□□ 싶어서

□□을 찾아갔어요. 하백은 자신과

□□를 □□ □□□ 했어요.

지난 이야기에서 해모수와 하백은 다음의 대화를 나누었어요.
둘은 어떤 시합을 할 것 같아요? 여러분의 생각을 자유롭게 써 보세요.

저를 시험해 보셔도 좋습니다.

나와 재주를 겨뤄 보세.

추측하며 읽고 풀기

독해력 키우기

빨간색으로 표시된 단어의 뜻을 생각하면서 다음 이야기를 읽어 보세요.

말이 끝나기가 무섭게 하백이 잉어로 변해 살랑살랑 헤엄쳤어요. 그러자 해모수가 수달로 변해 잉어를 잡는 게 아니겠어요? 이번에는 하백이 사슴으로 변했어요. 그러자 해모수는 늑대로 변해 사슴을 덮쳤어요.

'음… 만만치 않은 상대군.'

다급해진 하백은 재빨리 꿩으로 변해 높이 날았어요. 하지만 해모수는 매로 변해 꿩을 잡아챘지요. 당황한 하백은 그만하자는 손짓을 했어요.

"자네는 하늘 신의 아들이 맞는군. 두 사람의 혼인을 허락하겠다."

하지만 하백의 마음은 편치 않았어요. 해모수가 유화를 두고 언제든 홀로 하늘로 올라갈까 봐 겁났기 때문이지요. 그러나 이내 좋은 생각이 떠올랐는지 미소 지으며 말했어요.

"혼인을 축하하는 자리를 마련해 볼까 하는데."

하백은 성대한 잔치를 열어 해모수에게 맛있는 술과 음식을 대접했어요. 술에 잔뜩 취한 해모수는 몸을 가누지 못해 비틀대다 잠들어 버렸어요. 하백은 취한 그를 유화와 함께 가죽 자루에 넣고 용이 끄는 수레에 세게 묶었어요. 둘을 함께 하늘로 보내려는 속셈이었지요.

그런데 수레가 물 밖을 막 빠져나가려던 그때! 해모수가 깨어났어요. 기분이 언짢아진 해모수는 유화의 머리에 꽂혀 있던 비녀를 빼 자루를 뚫고 하늘로 달아났어요.

해모수가 혼자 가 버리자 하백은 유화에게 몹시 화를 냈어요.

"바보 같은 것! 네가 이 아비를 부끄럽게 하다니!"

걷잡을 수 없이 화가 난 나머지 화백은 유화의 입을 잡아당겨 길게 늘이고 '우발' 강으로 내쫓았어요. 유화는 그곳에서 숨어 지내야 했지요.

그러던 어느 날, 어부가 그물 안 물고기가 계속 사라지는 것을 이상하게 여겨 금와왕을 찾아갔어요.

"왕이시여, 이상한 일입니다. 강가에 괴물이 살아 물고기를 잡아먹는 것 같습니다."

금와왕은 부하들을 이끌고 강가로 가, 어부에게 그물을 치도록 했어요. 무언가 턱 걸린 듯하여 그물을 올리자 그물이 찢겨 있는 게 아니겠어요.

"이번에는 쇠그물을 쳐 보거라."

쇠그물을 친 후 들어 올리자, 입이 길게 늘어난 유화가 있었어요.

"당신은 도대체 누구인가?"

유화는 늘어난 입 때문에 제대로 말하지 못했어요. 이를 본 금와왕이 유화의 입을 세 번에 걸쳐 잘라주자 유화는 본래 모습으로 돌아와 그동안의 일을 설명할 수 있었어요.

유화의 딱한 사정을 들은 금와왕은 그녀를 궁으로 데리고 가 그곳에서 지내게 했어요.

이야기를 읽고 맞으면 O, 틀리면 X 하세요.

1 해모수는 하백과 재주를 겨루는 중에 포기했어요. ☐

2 하백은 두 사람의 혼인을 결국 허락했어요. ☐

3 해모수는 술에 취해 유화와 함께 수레를 타고 하늘로 올라갔어요. ☐

4 하백은 유화에게 화가 나서 유화를 강으로 내쫓아 버렸어요. ☐

5 금와왕은 입이 길게 늘어난 유화를 보고 도와주었어요. ☐

하백은 몹시 화가 났어요. 하백이 화가 난 이유로 알맞은 것을 고르세요.

① 해모수와의 대결에서 졌기 때문에
② 해모수를 하늘로 돌려보내지 못했기 때문에
③ 해모수가 유화를 두고 혼자 가버렸기 때문에
④ 유화의 입이 길게 늘어났기 때문에

해모수와 유화 이야기를 읽고, 내용을 가장 잘 정리한 친구를 찾아보세요.

지민: 하백은 두 사람의 결혼을 진심으로 축하했지만, 해모수가 마음을 바꿔 혼자 떠나 버렸어. 유화는 슬퍼서 강가의 괴물로 변해 버렸지. ☐

하연: 하백은 해모수를 벌주려고 수레에 묶었지만, 해모수가 달아났어. 해모수는 역시 만만치 않은 상대였어. ☐

서은: 해모수가 혼자 떠나자 화가 난 하백은 유화에게 벌을 주고 내쫓았어. 그 뒤 금와왕이 유화를 발견하고 도와주었어. ☐

추측한 어휘 확인하기

어휘력 키우기

다음 단어의 뜻과 비슷한 것에 체크하세요.

1 만만치 않은
☐ 대하기가 어려워서 힘든 ☐ 쉽게 대하거나 다룰 만한

2 다급해진
☐ 시간이 충분한 ☐ 매우 급한

3 속셈
☐ 마음속으로 세우는 계획 ☐ 사람들에게 알려주고 싶은 마음

4 언짢아진
☐ 감사한 마음이 드는 ☐ 마음에 들지 않아 기분이 안 좋아진

5 본래
☐ 바뀌기 전 또는 전해 내려온 처음 ☐ 지금의 모습 그대로

어울리는 것을 찾아 줄로 이으세요.

1	만만치 않은 •		• 잔치
2	자리를 •		• 가누지 못했어요
3	성대한 •		• 상대
4	몸을 •		• 마련했어요
5	걷잡을 수 없이 •		• 화가 났어요

생각대로 표현하기

표현력 키우기

다음 빈칸에 들어갈 말을 자유롭게 써 보세요.

1 무엇을 할 때 **만만치 않다**고 생각해요?

- 수학 문제가 어려워서 잘 풀 수 없을 때 **만만치 않다**고 생각해요.
- ____.

2 언제 기분이 **언짢아져요**? 그럴 때 뭘 하면 기분이 좋아져요?

- 만들기를 잘하고 싶은데 잘 안될 때 기분이 **언짢아져요.**
  그럴 때 달콤한 사탕을 먹으면 기분이 좋아져요.
- ____
  그럴 때 ____.

다음 단어의 의미를 소리 내어 읽어 보고, 단어를 활용해 빈칸을 채워 보세요.

<table>
<tr><td>만만하다</td><td>무서울 것이 없어 쉽게 다루거나 대할 만하다
준호는 저번 대회에서 1등을 한 적이 있어서 □□□□ 보면 안 돼.</td></tr>
<tr><td>다급하다</td><td>일이 바싹 닥쳐서 매우 급하다
방학 숙제를 계속 미루는 바람에 개학 전날 □□□□ 몰아서 했다.</td></tr>
<tr><td>자리를
마련하다</td><td>자리를 준비해서 갖추다
선생님께서 우리 반의 운동회 1등을 축하하는 □□□ □□□□□.</td></tr>
<tr><td>성대하다</td><td>행사의 규모가 풍성하고 크다
그녀는 드디어 꿈에 그리던 결혼식을 □□□□ 치를 수 있었다.</td></tr>
<tr><td>몸을 가누지
못하다</td><td>몸을 바른 자세로 유지하지 못하다
술에 잔뜩 취한 세 사람은 □□ □□□ □□□.</td></tr>
<tr><td>속셈</td><td>마음속으로 하는 궁리나 계획
그 사람의 음흉한 표정을 보니 분명히 무슨 □□이 있는 게 틀림없다.</td></tr>
<tr><td>언짢다</td><td>마음에 들지 않거나 좋지 않다
□□□ 일이 있었는지 영민이의 표정이 어두웠다.</td></tr>
<tr><td>걷잡을 수
없이</td><td>마음을 진정하거나 억제할 수 없이
아이는 슬픈 영화를 보고 □□□ □ □□ 눈물을 흘렸다.</td></tr>
<tr><td>본래</td><td>사물이나 사실이 전하여 내려온 그 처음
□□ 이 집은 아무도 살지 않는 집이었다.</td></tr>
<tr><td>딱하다</td><td>사정이나 처지가 애처롭고 가엾다
추위에 떨며 성냥을 파는 소녀가 너무도 □□□.</td></tr>
</table>

<단군> & <해모수와 유화> 복습하기

어휘 확인하기

다음 단어를 보고 아는 것에 ✓ 표시하세요.

단군 1	단군 2	해모수와 유화 1	해모수와 유화 2
□ 까마득히	□ 각오	□ 아리땁다	□ 만만하다
□ 곡선	□ 고작	□ 넋을 잃다	□ 다급하다
□ 온갖	□ 미동	□ 낯설다	□ 자리를 마련하다
□ 가로지르다	□ 묵묵히	□ 저지르다	□ 성대하다
□ 시선을 끌다	□ 하루도 거르지 않다	□ 혼인하다	□ 몸을 가누지 못하다
□ 이롭다	□ 맺히다	□ 강제로	□ 속셈
□ 주관하다	□ 늠름하다	□ 따지다	□ 언짢다
□ 맴돌다	□ 눈에 밟히다	□ 실례를 무릅쓰다	□ 걷잡을 수 없이
□ 호락호락하다	□ 최초	□ 마음이 누그러지다	□ 본래
□ 인내심	□ 국가	□ 신통하다	□ 딱하다

어휘 연습하기

단군 | 첫 번째 이야기

다음 빈칸에 들어갈 말을 골라 알맞게 고쳐 쓰세요.

이롭다	주관하다	호락호락하다	인내심

1 아무리 1학년 문제라고 해도 이건 어려워. [호 락 호 락 하] 지 않을 거야.

2 이번 가을에 열리는 학교 음악회는 우리 담임 선생님이 ☐☐☐☐☐ .

3 야채는 건강에 ☐☐☐ 음식이다.

4 곰은 동굴 속에서 ☐☐☐ 을 가지고 버텨서 사람이 되었다.

단군 | 두 번째 이야기

다음 빈칸에 들어갈 말을 골라 알맞게 고쳐 쓰세요.

각오	고작	늠름하다	최초

1 어제 숙제가 너무 많아서 다 하고 자느라 ☐☐ 다섯 시간밖에 못 잤다.

2 지수는 이번 시험에서는 무조건 1등을 하겠다는 ☐☐ 를 했다.

3 이분은 세계 ☐☐ 로 코로나 바이러스 치료제를 개발하셨다.

4 군인들이 줄을 맞춰 행진하는 모습이 아주 ☐☐☐☐ .

해모수와 유화 | 첫 번째 이야기

다음 빈칸에 들어갈 말을 골라 알맞게 고쳐 쓰세요.

넋을 잃다　　저지르다　　강제로　　신통하다

1 자기가 □□□ 잘못은 스스로 책임을 져야 한다.

2 공원 여기저기 핀 꽃이 너무 아름다워서 □□ □□ 바라봤다.

3 길바닥에 누워 떼를 쓰는 아이를 엄마가 □□□ 데려갔다.

4 여섯 살밖에 안 된 아이가 5개 국어를 한대. 정말 □□□!

해모수와 유화 | 두 번째 이야기

다음 빈칸에 들어갈 말을 골라 알맞게 고쳐 쓰세요.

다급하다　　속셈　　언짢다　　본래

1 그 학생은 선생님이 잠시 밖을 보는 사이 도망칠 □□이었다.

2 사고가 난 □□□ 상황이었지만 승규는 차분하게 경찰에 전화했다.

3 민준이는 □□부터 말썽꾸러기였다.

4 아빠는 내가 고집을 부리자 □□□ 표정을 지으셨다.

맥락 파악하기

단군

이야기를 순서에 맞게 나열해 보세요.

1 사람이 되려면 동굴에서 쑥과 마늘만 먹으며 백 일을 버텨야 한다고 환웅이 말했어요.

2 동굴로 들어간 지 얼마 안 돼 호랑이는 사람이 되기를 포기했고, 곰은 버텨서 사람이 되었어요.

3 환웅과 웅녀 사이에서 태어난 아이가 바로 고조선을 세운 단군이에요.

4 하늘 신의 아들 환웅은 신단수에 내려와 도시를 세웠어요.

5 환웅은 사람이 된 웅녀를 아내로 맞이했어요.

6 어느 날 곰과 호랑이가 환웅을 찾아와 사람이 되고 싶다고 했어요.

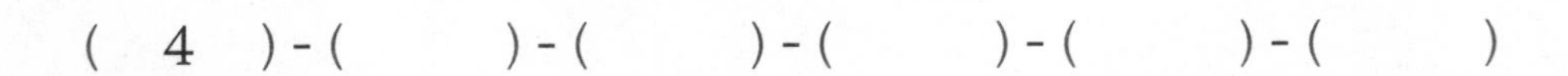

(4) - ( ) - ( ) - ( ) - ( ) - ( )

해모수와 유화

이야기를 순서에 맞게 나열해 보세요.

1 북부여를 세운 하늘 신의 아들 해모수는 하백의 세 딸을 보고 반해 궁전으로 꾀어냈어요.

2 해모수가 하백을 찾아가 결혼을 허락해 달라고 하자, 하백은 제주를 겨루자고 했어요.

3 궁전으로 온 자매 중 첫째인 유화에게 해모수는 혼인하고 싶다고 했어요.

4 이에 화가 난 해모수는 혼자 하늘로 갔고, 하백은 유화를 강으로 내쫓았어요.

5 강에서 발견된 유화를 보고 금와왕은 딱하게 여겨 궁으로 데려갔어요.

6 하백은 해모수의 재주를 인정하고 결혼을 허락했지만, 해모수를 믿지 못해 둘을 강제로 하늘로 보내려고 했어요.

( ) - ( ) - (2) - ( ) - ( ) - ( )

고사성어 떠올리기

다음은 <단군> 이야기에서 하늘의 신 환인이 아들 환웅에게 했던 말이에요.
이 말을 대신할 수 있는 고사성어는 무엇일까요?

"아들아, 그토록 신경이 쓰이느냐?
그렇다면 저곳으로 내려가 인간 세상을 널리 이롭게 하라."

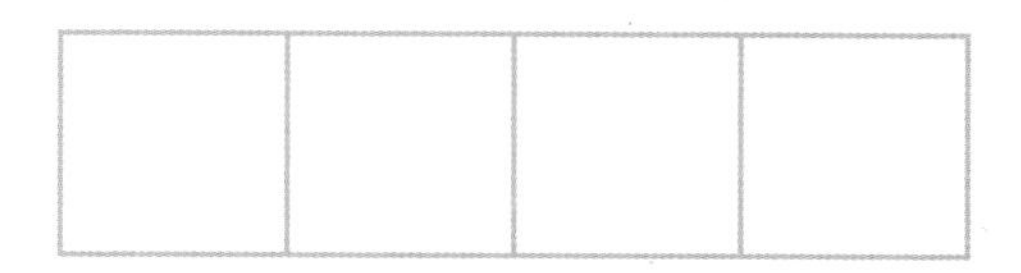

<해모수와 유화> 이야기에는 '진수성찬'이 등장했어요.
나만의 진수성찬을 자유롭게 그려 보세요.

그는 특별한 능력으로 땅에 금을 그어 화려한 궁전을 만들고, 그곳에 향기로운 술과 진수성찬(珍羞盛饌)을 차려두었어요. 그러자 조금 뒤, 냄새에 이끌린 세 자매가 궁전 안으로 들어왔어요.

고구려 <주몽> & 백제 <온조>

1일차

주몽 ①

학습 어휘

- 비범하다
- 겨누다
- 눈엣가시
- 본때를 보이다
- 질투에 눈멀다
- 명심하다
- 억울하다
- 넘보다
- 뒤집어씌우다
- 야위다

공부한 날 ( )월 ( )일

2일차

주몽 ②

학습 어휘

- 불시에
- 살이 오르다
- 제외하다
- 비쩍
- 일행
- 다급하다
- 말이 끝나기가 무섭게
- 눈을 의심하다
- 한숨 돌리다
- 낙담하다

공부한 날 ( )월 ( )일

3일차

온조 ①

학습 어휘

- 직감하다
- 산산조각이 나다
- 찬밥 신세
- 살벌하다
- 호의적이다
- 침략
- 끄떡없다
- 도읍
- 썩 내키지 않다
- 보기 드물다

공부한 날 ( )월 ( )일

4일차

온조 ②

학습 어휘

- 설득
- 고집을 꺾다
- 백성
- 보필하다
- 충성스럽다
- 희망에 부풀다
- 볼멘소리
- 비옥하다
- 자책하다
- 번성하다

공부한 날 ( )월 ( )일

5일차 | 복습하기

공부한 날 ( )월 ( )일

고구려 <주몽> | 첫 번째 이야기

생각하며 준비하기

사고력 키우기

다음 <주몽> 이야기의 시작 부분입니다. 주몽은 어떤 인물일까요?
빈칸에 알맞은 대답을 상자에서 모두 찾아 써 보세요.

부여에서 살고 있던 유화에게 어느 날 햇빛이 비추었어요. 유화는 햇빛을 품고선 얼마 후 왼쪽 옆구리에서 알을 낳았어요. 얼마 지나지 않아 알에서 아기가 태어났는데, 그 아이가 바로 주몽이었어요.

특별하다 평범하다 비범하다 몸집이 작다
활을 잘 쏘다 거짓말을 잘하다 태어난 지 한 달 만에 말하다

알에서 태어난 주몽은
- ____________________
- ____________________
- ____________________
- ____________________

것 같아요.

여러분은 무엇을 잘해요?
자기가 잘하는 것이나 할 줄 아는 것을 자유롭게 써 보세요.

보기

저는 보드게임을 잘합니다.
그래서 친구들과 보드게임을 하면 항상 게임에서 이겨요.

____

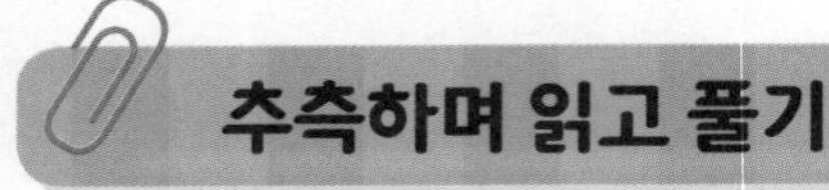

추측하며 읽고 풀기

독해력 키우기

빨간색으로 표시된 단어의 뜻을 생각하면서 다음 이야기를 읽어 보세요.

금와왕의 도움으로 부여에서 살고 있던 유화에게 어느 날 햇빛이 비추었어요. 유화는 햇빛을 품고선 얼마 후 왼쪽 옆구리에서 알을 낳았어요. 얼마 지나지 않아 알에서 아기가 태어났는데, 그 아이가 바로 주몽이었어요. 주몽은 그 탄생만큼이나 무척 비범했어요. 세상에 나온 지 한 달 만에 말을 했으며, 또래보다 유달리 몸집이 크고 튼튼했지요.

어느 날, 파리 때문에 도저히 잠을 잘 수 없던 주몽이 유화에게 말했어요.

"어머니, 아무래도 안 되겠어요. 파리 떼를 잡게 활과 화살을 만들어 주세요."

유화는 나무로 만든 활과 화살을 주몽에게 건넸어요. 그러자 주몽은 곧바로 파리 떼가 있는 곳에 화살을 겨누었어요. 한 마리, 두 마리, 세 마리…! 주몽이 쏘기만 하면 **백발백중(百發百中)**이었어요.

한편, 금와왕에게는 일곱 명의 왕자가 있었어요. 일곱 왕자는 자신들보다 뛰어난 주몽을 언제나 눈엣가시처럼 여겼지요.

하루는 그들이 힘을 모아 사슴 한 마리를 잡는 데 성공하여 기뻐하고 있었어요. 그런데 주몽은 이미 홀로 사슴 여러 마리를 잡은 게 아니겠어요?

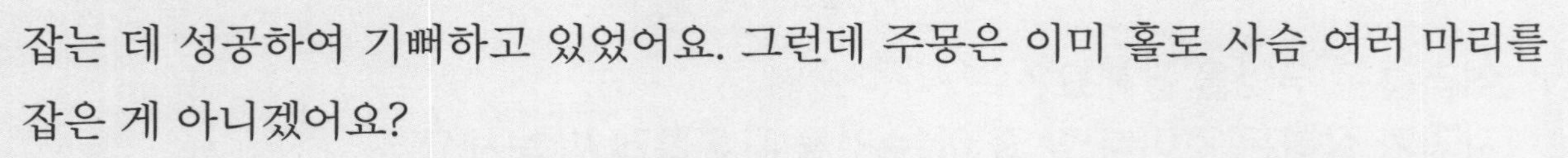

"저놈은 도대체 무슨 능력을 타고났길래! 함부로 못 나서게 본때를 보여 줘야겠어."

질투에 눈먼 일곱 왕자는 주몽을 잡아 큰 나무에 단단히 묶었어요.

"네가 아무리 뛰어나 봤자 우리의 밑이라는 사실을 명심하거라!"

그들은 나무에 묶인 주몽을 그대로 둔 채 사슴을 모조리 빼앗아 가버렸어요. 주몽은 억울했지만, 어머니가 궁에서 지내기에 참을 수밖에 없었어요. 그는 온몸에 힘을 주어 나무를 통째로 뽑아버리고는 그것을 등에 업은 채 궁으로 돌아왔어요.

그 모습을 본 금와왕이 깜짝 놀라자, 일곱 왕자는 자신들의 잘못을 들킬까 두려워 거짓말을 했어요.

"저놈이 자신의 능력을 믿고 아버지의 자리를 넘보았나이다. 크게 벌하소서!"

일곱 왕자가 입을 모아 주몽의 탓으로 뒤집어씌우자 금와왕도 어찌할 방법이 없었어요.

"벌을 내리겠다. 앞으로는 마구간에서 지내며 말을 돌보거라."

주몽은 터덜터덜 돌아가며 생각했어요.

'이곳에 있다간 언젠가 형님들에게 죽임을 당할지도 모르겠어.'

그런데 마구간에 간 주몽은 좋은 생각이 떠올랐어요. 그가 채찍을 가져와 말들을 향해 내리치자, 놀란 말들이 마구 날뛰기 시작했어요. 그때, 말 한 마리가 유독 높게 뛰더니 울타리를 넘었어요.

'그래, 바로 이놈이야!'

주몽은 그 말을 잡아 혀에 바늘을 꽂아 두었어요. 그 뒤, 그가 정성으로 돌본 말들은 점점 더 튼튼해졌어요. 하지만 혀에 바늘이 꽂힌 말은 먹이를 잘 먹을 수 없어 점점 야위어갔지요.

이야기를 읽고 맞으면 O, 틀리면 X 하세요.

1 주몽은 어렸을 때부터 남들과는 다른 뛰어난 능력이 있었어요. ☐

2 주몽은 활 쏘는 능력을 키우려 어머니에게 활과 화살을 만들어 달라고 했어요. ☐

3 왕자들에게 괴롭힘을 당한 주몽은 억울한 나머지 금와왕에게 사실대로 말했어요. ☐

4 일곱 왕자는 자신들의 잘못을 들킬까 봐 주몽에 대해 사실이 아닌 말을 했어요. ☐

5 주몽은 왕자들에게 화가 나서 마구간의 말들에게 마구 화풀이했어요. ☐

주몽이 다음과 같이 생각하게 된 배경을 정리한 표입니다.
빈칸에 알맞은 대답을 아래 상자에서 모두 찾아 번호를 써 보세요.

이곳에 있다간 언젠가 형님들에게 죽임을 당할지도 모르겠어.

주몽의 비범한 능력	→	일곱 왕자의 질투
①,		

① 활을 잘 쏘아요
② 말을 잘 돌봐요
③ 거짓말을 잘해요
④ 혼자 사슴을 여러 마리 잡아요
⑤ 나무를 통째로 뽑을 수 있어요

① 주몽을 잡아 나무에 묶었어요
② 주몽에게 화살을 겨누었어요
③ 사슴을 모두 빼앗아 갔어요
④ 주몽 때문에 억울해했어요
⑤ 금와왕에게 거짓말했어요

다음은 일곱 왕자가 한 말이에요.
밑줄 친 부분과 바꾸어 쓸 수 있는 말로 알맞은 것을 고르세요.

"저놈은 도대체 무슨 능력을 타고났길래! 함부로 못 나서게 본때를 보여 줘야겠어."

① 차근차근 설명해 줘야겠어.
② 억울함을 풀어 줘야겠어.
③ 따끔하게 혼내 줘야겠어.
④ 정성껏 최선을 다해 돌봐 줘야겠어.

추측한 어휘 확인하기

어휘력 키우기

다음 단어의 뜻과 비슷한 것에 체크하세요.

1	비범했어요	☐ 보통과 같았어요	☐ 보통보다 훨씬 뛰어났어요
2	눈엣가시	☐ 미워서 보기 싫은 사람	☐ 눈에 가시가 들어가서 나는 눈물
3	명심하거라	☐ 깨끗이 잊어버리거라	☐ 마음속 깊이 기억하거라

4 뒤집어씌우자 ☐ 잘못을 대신 떠맡게 하자 ☐ 잘못을 감싸주자

5 야위어갔지요 ☐ 몸이 말라갔지요 ☐ 통통해졌지요

어울리는 것을 찾아 줄로 이으세요.

1	화살을 •	• 여겼어요
2	눈엣가시처럼 •	• 보여 줬어요
3	본때를 •	• 겨누었어요
4	질투에 •	• 넘보았어요
5	자리를 •	• 눈먼

고사성어로 생각하기

표현력 키우기

다음 내용을 읽고, 밑줄 친 고사성어의 뜻에 해당하는 것에 표시하세요.

주몽은 파리 떼가 있는 곳에 화살을 겨누었어요. 한 마리, 두 마리, 세 마리…! 주몽이 쏘기만 하면 백발백중(百發百中)이었어요.

☐ 백 번 쏘면 반 정도만 맞힐 수 있는 실력이라는 뜻

☐ 백 번 쏘아 백 번 맞힌다는 뜻으로 총이나 활로 원하는 곳에 다 맞힘

빈칸에 알맞은 고사성어를 써서 문장을 완성해 보세요.

그 양궁선수는 ☐☐☐☐ 으로 과녁의 중앙을 맞혔다.

다음 단어의 의미를 소리 내어 읽어 보고, 단어를 활용해 빈칸을 채워 보세요.

비범하다	보통 수준보다 훨씬 뛰어나다 겨우 7살인데 어른이 읽을 법한 책을 술술 읽다니! 아주 □□□ 아이다.
겨누다	활이나 총을 쏠 때 목표물을 향해 방향과 거리를 잡다 사냥꾼이 사슴을 향해 화살을 □□□□.
눈엣가시	몹시 싫거나 눈에 거슬리는 사람 일곱 왕자는 주몽을 언제나 □□□□처럼 여겼다.
본때를 보이다	다시는 잘못을 저지르지 않게 따끔한 맛을 보이다 걔가 더는 까불지 못하게 내가 □□□ □□ 줘야겠어!
질투에 눈멀다	남을 부러워하는 감정이 커져 이성을 잃다 □□□ □□ 그 사람은 해서는 안 될 짓을 하고야 말았다.
명심하다	잊지 않도록 마음에 깊이 새겨 두다 아빠께서는 항상 학교 선생님 말씀을 가슴 깊이 □□□□고 하셨다.
억울하다	아무 잘못 없이 혼나거나 벌을 받아 화가 나고 답답하다 아무것도 훔치지 않았는데 도둑이라고 오해받아 □□□□.
넘보다	어떤 것을 욕심내어 마음에 두다 남의 것을 □□□ 것은 좋지 않은 행동이야!
뒤집어씌우다	잘못이나 책임을 남에게 떠넘기다 일곱 왕자는 거짓말을 하며 주몽에게 잘못을 □□□□□□.
야위다	몸의 살이 빠져 마르고 핏기가 없게 되다 며칠이나 굶은 탓에 아이는 몰라보게 □□□□.

고구려 <주몽> | 두 번째 이야기

생각하며 준비하기

사고력 키우기

지난 이야기에서 읽은 내용을 아래 말을 사용해서 써 보세요.

태어난	알	무척	눈엣가시	비범했어요
일곱	왕자들은	뛰어난	자신들보다	여겼어요

(   )에서 (   ) 주몽은 무척 (   ).

그래서 일곱 (   ) 자신들보다

(   ) 주몽을 (   )처럼 (   ).

다음은 지난 이야기의 마지막 장면이에요. 주몽은 대체 무슨 생각으로 이렇게 했을까요? 주몽의 생각을 추측해 보고 자유롭게 써 보세요.

주몽은 말들을 향해 채찍을 내리쳤어요. 그리고 그때 유독 높게 뛰어오른 말 한 마리의 혀에 바늘을 꽂아 두었어요. 그 말은 먹이를 잘 먹을 수 없어 점점 야위어갔어요.

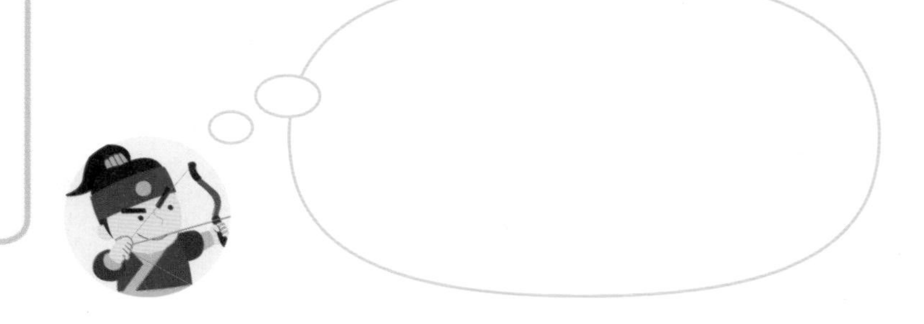

추측하며 읽고 풀기

독해력 키우기

빨간색으로 표시된 단어의 뜻을 생각하면서 다음 이야기를 읽어 보세요.

주몽이 궁금했던 금와왕은 불시에 마구간에 찾아왔어요. 하지만 걱정과는 달리 말들은 모두 토실토실 살이 올라 보기 좋았어요. 단, 한 마리를 제외하고요.

"마구간 일을 잘한 것 같으니, 이 말을 상으로 주마."

금와왕은 비쩍 마른 말을 주몽에게 주었어요. 금와왕이 사라지자 주몽은 말의 혀에 꽂힌 바늘을 빼냈어요. 그리고 말에게 먹이를 주며 정성껏 보살폈지요. 그러자 말은 금세 예전처럼 튼튼해졌어요.

얼마 뒤, 주몽은 세 명의 친구와 함께 부여를 떠나기로 했어요.

"주몽아, 너는 장차 큰 인물이 될 아이다. 이 씨앗들을 가져가거라."

유화는 먼 길을 떠나는 주몽의 손에 곡식 씨앗이 든 주머니를 건넸어요.

그리고 그날 밤, 주몽은 정성스레 기른 말을 타고 남쪽으로 힘껏 달렸어요.

한편, 주몽이 도망갔다는 소식을 들은 금와왕은 군사를 보내 주몽을 뒤쫓게 했어요.

"감히 내 은혜를 저버리다니! 주몽을 찾아오라!"

주몽 일행은 어느덧 큰 강에 이르렀는데, 배가 한 척도 없어 도저히 건널 수가 없었어요.

"주몽을 잡아라! 놈이 저기 있다!"

군사들의 외침에 다급해진 주몽은 하늘을 향해 두 팔 벌려 소리쳤어요.

"하늘이시여! 저는 하늘 신의 아들인 해모수, 그리고 물의 신의 딸인 유화의 아들입니다! 저를 어여삐 여기시어 도와주소서!"

주몽의 말이 끝나기가 무섭게 눈을 의심할 만한 일이 일어났어요. 물고기와 자라들이 하나둘씩 모여 다리를 만들기 시작한 거예요. 그 덕에 주몽 일행은 재빨리 강을 건널 수 있었어요. 이를 본 군사들이 뒤따라 다리를 건너려 했지만, 그 순간

물고기와 자라들은 흩어져 버렸어요. 군사들은 그저 도망가는 주몽 일행을 바라볼 수밖에 없었어요.

한숨 돌린 주몽은 그제야 주머니에 손을 넣어 씨앗을 확인했어요. 그런데 그중 보리 씨앗이 없어진 게 아니겠어요? 주몽은 크게 낙담했어요.

그런데 그때, 비둘기 한 마리가 날아오는 것이 보였어요.

'어머니가 보내신 것이 틀림없어!'

주몽이 재빨리 활을 꺼내 비둘기를 쏘자, 비둘기가 땅으로 뚝 떨어졌어요. 주몽이 그곳으로 달려가 비둘기의 목을 열어보자, 그곳에 보리 씨앗이 들어있었어요.

주몽은 씨앗을 가지고 달리고 달려 '졸본'이라는 땅에 이르렀어요. 그리고 그곳에 '고구려'를 세우고 그곳의 왕이 되었답니다.

이야기를 읽고 맞으면 O, 틀리면 X 하세요.

1 금와왕은 주몽에게 마구간에 찾아갈 거라는 것을 미리 알렸어요. ☐

2 금와왕은 주몽이 마구간 일을 잘 해내자 가장 튼튼해 보이는 말을 주었어요. ☐

3 주몽은 자신이 하늘 신의 손자인 것을 잘 알고 있었어요. ☐

4 물고기와 자라가 만든 다리는 오직 주몽 일행만이 건널 수 있었어요. ☐

5 주몽은 보리 씨앗이 없는 채로 '졸본'에 이르러 국가를 세웠어요. ☐

이야기에 나오는 동물들은 무엇을 도와줬어요? 알맞은 대답에 줄을 그으세요.

물고기 •	• 다리를 만들어 •	• 졸본에 가져갈 수 있었어요
비둘기 •	• 씨앗을 가져와 •	• 강을 건너게 해 줬어요

유화가 주몽에게 곡식 씨앗을 준 이유가 무엇이었을까요?
알맞은 추론을 한 친구를 찾아보세요.

물의 신의 아들이라는 것을 보여 줄 수 있는 증표라서 주셨을 거 같아.

준환 (　　　)

나라를 세우려면 곡식이 필요하니 씨앗을 주셨을 것 같아.

세연 (　　　)

주몽이 먼 길을 떠나니까 안전하게 가라는 뜻으로 주셨을 것 같아.

하린 (　　　)

각각의 인물들이 한 행동으로 알맞은 것을 모두 골라 보세요.

금와왕 •

유화 •

주몽 •

- 주몽에게 곡식 씨앗을 주었어요
- 주몽에게 말을 주었어요
- 말을 타고 남쪽으로 달아났어요
- 군사를 보내 주몽을 뒤쫓았어요
- 비둘기를 보냈어요
- 하늘을 향해 도와달라고 소리쳤어요
- 졸본에 가서 고구려의 왕이 되었어요

추측한 어휘 확인하기

어휘력 키우기

다음 단어의 뜻과 비슷한 것에 체크하세요.

1	불시에	☐ 갑자기	☐ 정해진 때에
2	제외하고요	☐ 어떤 대상에 넣고요	☐ 어떤 대상에서 빼고요
3	비쩍	☐ 심하게 마른 모양	☐ 갑자기 크게 변화하는 모양

4 일행 □ 따로 가는 사람 □ 함께 가는 사람

5 낙담했어요 □ 크게 실망했어요 □ 크게 기뻐했어요

어울리는 것을 찾아 줄로 이으세요.

1 살이 •		• 올랐어요
2 비쩍 •		• 돌렸어요
3 말이 끝나기가 •		• 말랐어요
4 눈을 •		• 무섭게
5 한숨 •		• 의심했어요

생각대로 표현하기

표현력 키우기

다음 빈칸에 들어갈 말을 자유롭게 써 보세요.

1 친구: 선생님 **말씀이 끝나기가 무섭게** 학생들은 가방을 메고 교실을 나갔어요.

나: __________ 말/말씀이 끝나기가 무섭게 ____________________.

2 친구: 제 책상 위에 갖고 싶었던 장난감이 잔뜩 올려져 있는 것을 보고 **제 눈을 의심했어요.**

나: ____

제 눈을 의심했어요.

다음 단어의 의미를 소리 내어 읽어 보고, 단어를 활용해 빈칸을 채워 보세요.

불시에	뜻하지 아니한 때 □□□ 쪽지 시험이 이루어져 학생들은 모두 한숨을 쉬었다.
살이 오르다	몸에 살이 많아지다 방학 동안 맛있는 음식을 많이 먹어서 그런지 얼굴에 □□ □□□.
제외하다	따로 떼어 내서 한곳에 세지 않다 한 아이를 □□□ 나머지 아이들이 모두 감기에 걸리고 말았다.
비쩍	살가죽이 쭈그러질 정도로 마른 모양 □□ 마른 강아지가 길가를 지나가던 사람들에게 발견되어 구조되었다.
일행	함께 길을 가는 사람(들의 무리) 뒤를 돌아보니 나의 □□이 어디로 갔는지 보이지 않았다.
다급하다	일이 바싹 닥쳐서 매우 급하다 두 사람의 몸싸움이 시작되자 사람들은 □□□□ 경찰에 신고했다.
말이 끝나기가 무섭게	말이 끝나자마자 바로, 빠르게 "맛있게 먹으렴!"이라는 □□ □□□□ □□□ 배고팠던 아이들은 음식을 입에 마구 넣기 시작했다.
눈을 의심하다	믿기지 않아 잘못 본 것이 아닌가 하고 이상하게 생각하다 한여름에 내리는 함박눈에 □□ □□□□.
한숨 돌리다	힘겨운 위기를 넘기고 여유를 가지다 정신없이 뛰어서 겨우 지각하지 않게 되자 □□ □□□.
낙담하다	바라던 일이 뜻대로 되지 않아 마음이 몹시 상하다 시험에서 좋은 점수를 받지 못한 선호는 무척이나 □□□□.

백제 <온조> | 첫 번째 이야기

생각하며 준비하기

사고력 키우기

다음은 <온조> 이야기의 시작 부분입니다. 주몽의 아들인 온조는 어떤 인물일까요? 알맞은 대답을 모두 찾아 자유롭게 써 보세요.

졸본 땅으로 간 주몽은 졸본 왕의 둘째 딸 소서노와 혼인을 했어요. 두 사람 사이에 비류와 온조 두 형제가 태어났어요. 형제 중 온조는 특히 아버지를 빼닮았어요.

비범하다 평범하다 몸집이 크다 활쏘기에 뛰어나다 겁이 많다

주몽을 빼닮은 온조는

- ______
- ______
- ______

것 같아요.

바라던 일이 잘 안 됐던 적이 있어요? 언제, 무슨 일이었어요?
그래서 그때 어떻게 했어요?

작년에 반 친구들하고 같이 스케이트를 타러 가기로 했어요.
그런데 코로나 때문에 갈 수 없게 됐어요.
그래서 속상했지만 대신 놀이터에서 신나게 놀았어요.

______ 기로 했어요(고 싶었어요).

그런데 ______

그래서 ______

추측하며 읽고 풀기

독해력 키우기

빨간색으로 표시된 단어의 뜻을 생각하면서 다음 이야기를 읽어 보세요.

주몽이 '졸본' 땅을 막 밟았을 때의 일이에요. 졸본의 왕에게는 세 명의 딸이 있었어요. 왕은 주몽을 마주한 순간, 보통 인물이 아님을 직감하고는 둘째 딸 소서노와 혼인시켰어요. 그렇게 두 사람 사이에 '비류'와 '온조' 두 형제가 태어났어요. 형제 중 온조는 특히 아버지를 빼닮아 몸집이 크고, 활쏘기에 뛰어났어요.

이후 주몽은 소서노의 도움으로 '고구려'를 세웠어요. 비류와 온조는 언젠가 아버지의 뒤를 이어 고구려의 왕이 될 날만을 기다렸지요.

그런데 어느 날, 궁에 '유리'라는 젊은 청년이 찾아왔어요.

"아버지를 찾아뵈러 먼 길을 왔습니다."

그는 주몽이 졸본에 오기 전, 예 씨 부인과의 사이에서 낳은 아들이었어요. 주몽은 그를 반갑게 맞이하며 고구려의 태자로 삼았어요. 왕이 되기만을 바랐던 비류, 온조의 꿈은 산산조각이 나버렸지요.

세월이 흘러 주몽이 세상을 떠나고, 유리가 그의 뒤를 이어 고구려의 왕이 되었어요. 비류와 온조는 하루아침에 찬밥 신세가 되고 말았어요. 두 사람은 살벌한 궁안에서 스스로 목숨을 지켜야만 했지요.

그러던 어느 날, 비류가 눈을 반짝이며 온조에게 말했어요.

"온조야! 차라리 궁에서 나가자꾸나. 더 좋은 땅을 찾아 우리의 뜻을 펼치는 거다!"

비류의 말에 온조의 표정이 밝아졌어요.

"좋습니다, 형님! 당장 무리를 모아야겠어요."

형제는 어머니 소서노를 모시고 자신들에게 호의적인 일부 신하들과 함께 고구려 땅을 떠났어요. 그리고 남쪽으로 먼 길을 달려 어느새 한산에 다다랐어요. 신하들은 삼각산에 올라 이리저리 살펴보더니 말했어요.

"이곳 '하남'에 정착하는 것이 어떨까 합니다. 북쪽에는 한강이 흐르고, 남쪽에는 기름진 땅이 펼쳐져 있습니다. 게다가 동쪽에는 높은 산들이 있고, 서쪽은 큰 바다로 막혀 있어 다른 나라의 침략에도 끄떡없을 겁니다."

"나라를 세우기에 이만한 곳은 없습니다."

신하들은 **이구동성(異口同聲)**으로 이곳을 도읍으로 정하기를 원했어요. 온조 역시 그들의 말에 고개를 끄덕였어요. 하지만 비류는 썩 내키지 않는 듯했어요.

"글쎄, 산이 많아 땅이 너무 거칠구나. 나는 바닷가 근처로 가고 싶다."

예상치 못한 대답에 신하들은 당황했지만, 이내 그의 마음을 돌리고자 노력했어요.

"보기 드문 귀한 곳입니다. 다시 한 번 생각해 주십시오."

이야기를 읽고 맞으면 O, 틀리면 X 하세요.

1 주몽은 '졸본' 땅에 도착하자마자 나라를 세우고 그곳의 왕이 되었어요. ☐

2 비류와 온조 형제는 유리의 존재가 무척이나 반가웠어요. ☐

3 비류와 온조 형제, 그리고 유리 세 사람은 서로의 어머니가 같았어요. ☐

4 신하들은 모두 한마음 한뜻으로 하남 땅을 도읍으로 정하기를 원했어요. ☐

5 비류는 산이 아닌 바닷가 근처로 가서 나라를 세우고 싶어 했어요. ☐

유리가 주몽을 찾아왔어요. 그 후에 무슨 일이 일어났어요?
아래의 각 인물과 관련 있는 대답을 모두 찾아 번호를 써 보세요.

① 유리를 질투하며 내쫓았어요
② 더 좋은 땅을 찾으려고 궁을 떠났어요
③ 유리를 고구려의 태자로 삼았어요
④ 궁에서 찬밥 신세가 되었어요
⑤ 주몽의 마음을 돌리고자 노력했어요
⑥ 유리를 반갑게 맞이했어요

주몽	비류와 온조

비류와 온조에 대한 이야기를 가장 잘 정리한 사람을 골라 보세요.

비류와 온조는 자신들의 뜻을 펼치기 위해 고구려를 떠났지만, 결국 좋은 땅에 새로운 나라를 세우지는 못했어.

청수 □

남쪽으로 간 비류와 온조에게 신하들이 정착할 만한 땅을 제안했지만, 비류는 그곳을 좋은 곳이라고 생각하지 않았어.

하윤 □

욕심 많은 유리 때문에 고구려의 왕 자리를 빼앗긴 비류와 온조는 고구려에서 쫓겨나 이곳저곳을 떠돌아다녔어.

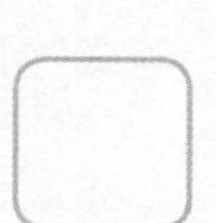

하진 □

신하들은 왜 '하남'을 나라 세우기에 좋은 곳이라고 생각했어요? (2개)

① 드넓은 바다 덕분에 식량을 구하기 쉬워서
② 산과 바다로 둘러싸여 침략에 안전해서
③ 농사를 짓기에 좋은 기름진 땅이 있어서
④ 고구려와 가까운 곳에 위치해서

추측한 어휘 확인하기

어휘력 키우기

다음 단어의 뜻과 비슷한 것에 체크하세요.

1	직감하고는	□ 바로 느껴 알고는	□ 바로 말하고는
2	살벌한	□ 분위기가 새로운	□ 분위기가 무서운

3 호의적인 ☐ 좋게 생각하는 ☐ 나쁘게 생각하는

4 침략 ☐ 남의 물건을 빼앗음 ☐ 남의 나라에 쳐들어감

5 도읍 ☐ 나라의 수도 ☐ 나라의 작은 도시

어울리는 것을 찾아 줄로 이으세요.

1	산산조각이 •	•	내키지 않았어요
2	찬밥 •	•	나버렸어요
3	침략에 •	•	끄떡없을 거예요
4	썩 •	•	드문
5	보기 •	•	신세

고사성어로 생각하기

표현력 키우기

다음 내용을 읽고, 밑줄 친 고사성어의 뜻에 해당하는 것에 표시하세요.

> 나라를 세우기에 이만한 곳은 없습니다." 신하들은 이구동성(異口同聲)으로 이곳을 도읍으로 정하기를 원했어요. 온조 역시 그들의 말에 고개를 끄덕였어요.

☐ 두 개의 다른 소리가 하나의 소리로 합쳐진다는 뜻

☐ 여러 사람의 말이 한입으로 말하는 것처럼 같다는 뜻

빈칸에 알맞은 고사성어를 써서 문장을 완성해 보세요.

> 학생들은 ☐☐☐☐ 으로 선생님에게 재미있는 이야기를 해달라고 소리쳤다.

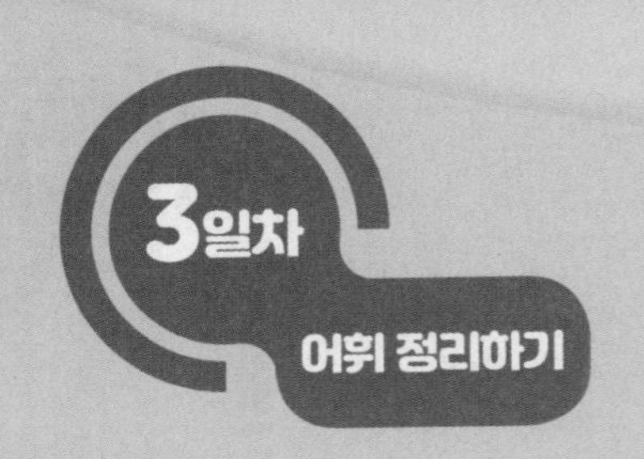

다음 단어의 의미를 소리 내어 읽어 보고, 단어를 활용해 빈칸을 채워 보세요.

직감하다	곧바로 느껴 알다 전학 온 소희를 처음 본 순간, 우리는 친한 친구가 될 거라고 □□□□.
산산조각이 나다	아주 잘게 여러 조각으로 깨져 흩어지다 (바라던 일이 이루어질 수 없게 되다) 손을 다치는 바람에 연주자가 되려던 내 꿈이 □□□□□ □□.
찬밥 신세	무시를 당하거나 대접을 제대로 받지 못하는 처지 동생이 태어나니까 난 □□ □□가 되어버린 것만 같았다.
살벌하다	행동이나 분위기가 거칠고 무시무시하다 두 친구가 심하게 싸운 날, 우리 반 분위기는 무척 □□□□.
호의적이다	좋게 생각해 주다 날 볼 때마다 미소 짓는 것을 보니, 그는 내게 □□□□게 분명해!
침략	남의 나라를 불법으로 쳐들어가서 약탈함 적의 □□을 막기 위해선 뛰어난 우두머리와 강한 군사들이 필요하다.
끄떡없다	아무런 변화나 탈이 없이 매우 온전하다 민호는 얇은 옷을 입고 비를 많이 맞았는데도 □□□□□.
도읍	한 나라의 중앙 정부가 있는 곳 대한민국의 □□은 서울이다.
썩 내키지 않다	하고 싶은 마음이 영 생기지 않다 오늘은 청소가 □ □□□ □□ 날이다.
보기 드물다	보기에 흔하지 않다 우리 엄마는 정말 □□ □□ 미인이세요!

백제 <온조> | 두 번째 이야기

생각하며 준비하기

사고력 키우기

지난 이야기에서 읽은 내용을 아래 말을 사용해서 써 보세요.

고구려	하루아침	떠났어요	나라	~~왕이 되자~~
세우기 위해	~~새로운~~	찬밥 신세	~~고구려~~를	~~된~~

유리가 □□□의 왕이 되자 □□□□에
□□ □□가 된 비류와 온조는 새로운
□□를 □□□ □□ 고구려를 □□□□.

지난 이야기의 마지막과 이번 이야기의 시작 부분을 읽어 보세요.
비류는 무슨 말을 했을까요? 말풍선에 들어갈 비류의 말을 자유롭게 써 보세요.

신하들은 이구동성으로 이곳을 도읍으로 정하기를 원했어요. 하지만 비류는 썩 내키지 않아 했어요. 신하들의 계속되는 설득에도 불구하고 비류는 고집을 꺾지 않았어요.

드문 귀한 곳입니다.
다시 한번 생각해 주십시오.

추측하며 읽고 풀기

독해력 키우기

빨간색으로 표시된 단어의 뜻을 생각하면서 다음 이야기를 읽어 보세요.

신하들의 계속되는 설득에도 불구하고 비류는 고집을 꺾지 않았어요.

"나는 내 백성들을 데리고 바닷가로 갈 터이니, 이곳을 원하는 자들은 이곳에 남아라."

비류는 결국 자신을 따르는 무리를 데리고 서쪽으로 향했어요. 결국, 그는 바닷가인 '미추홀'로 가 그곳을 도읍으로 삼고 나라를 세웠지요.

반면, 온조는 신하들의 뜻을 받아들여 하남 땅에 남아 위례성을 도읍으로 삼았어요. 그리고 열 명의 신하로 하여금 자신을 보필하도록 했어요.

"충성스러운 자네들이 있었기에 이 나라를 세울 수 있었네."

온조는 신하들에 대한 고마움을 잊기 않기 위해 나라의 이름을 '십제'로 정했어요.

한편, 미추홀에 간 비류는 자신이 원하는 세상을 만들 수 있겠다는 희망에 부풀어 있었어요. 하지만 시간이 흐르자 비류의 예상과는 달리 백성들의 볼멘소리가 곳곳에서 흘러나왔어요.

"땅에 물기가 너무 많아 농사를 제대로 지을 수가 없어!"

"이 짜디짠 물은 또 어떻고! 먹을 수가 있어야지!"

"여기 오는 게 아니었어. 온조 님을 따라 그곳에 남을걸…."

백성들의 생각을 알게 되자 비류는 후회가 되기 시작했어요.

'온조는 어떻게 나라를 다스리고 있으려나?'

온조의 나라가 궁금해진 비류는 온조가 있는 하남 땅으로 갔어요. 그곳에 도착한 비류는 할 말을 잃고 말았어요. 자신의 나라와는 전혀 다른 모습이었기 때문이죠.

"이번에도 배불리 지낼 수 있겠어!"

"이게 다 이곳에서 우리가 살 수 있게 해주신 온조왕 덕분이지."

그곳에서는 백성들의 웃음소리가 끊이지 않았어요. 땅이 비옥해 많은 이가 농

사를 지어 성공적으로 수확할 수 있었기 때문이었죠. 비류는 그제야 자신의 어리석음을 깨달았어요.

'이곳이야말로 백성을 위한 나라구나. 이는 모두 멀리 내다보지 못한 나의 탓이다….'

비류는 미추홀로 돌아와 자책하고, 또 자책했어요. 그는 결국 부끄러움을 이기지 못해 세상을 떠나고 말았어요.

왕이 세상을 떠나자, 남겨진 미추홀의 백성들은 온조가 다스리는 '십제'로 향했어요. 온조는 미추홀의 백성들을 받아들여 이곳에서 새 삶을 시작할 수 있도록 했어요.

"백성들이 돌아와 기쁘구나."

온조왕은 이후 나라의 이름을 '백제'로 바꾸었고, 나라는 크게 번성했어요.

이야기를 읽고 맞으면 O, 틀리면 X 하세요.

1 비류는 신하들의 설득에 넘어가 결국 하남 땅을 도읍으로 정했어요. ☐

2 온조는 충성스러운 열 명의 신하를 생각하며 나라 이름을 '십제'로 정했어요. ☐

3 미추홀의 백성들은 살기 좋은 환경 덕에 언제나 웃음이 끊이지 않았어요. ☐

4 비류는 신하들의 조언을 뒤로 한 채 고집을 부렸던 자신이 너무도 창피했어요. ☐

5 온조는 다른 나라의 백성이 자신의 나라에서 지내는 것을 허락하지 않았어요. ☐

비류와 온조의 나라에 대한 설명으로 알맞은 것에 모두 줄을 이으세요.

비류의 나라 •

온조의 나라 •

- 서쪽 바닷가 미추홀이 도읍이에요
- 하남 땅의 위례성이 도읍이에요
- 백성들의 웃음소리가 계속됐어요
- 백성들이 여기저기서 불평했어요
- 땅에 물기가 많아서 농사를 지을 수 없어요
- 땅이 비옥해 농작물을 잘 수확할 수 있었어요
- 백성들이 배불리 먹으며 지낼 수 있었어요
- 물이 짜서 마실 수 없었어요

온조가 있는 하남 땅으로 간 비류는 할 말을 잃고 말았어요.
왜 그랬을까요? 알맞게 설명한 친구를 골라 보세요.

나쁜 환경에서도 농사를 잘 지을 수 있다는 사실을 알게 되어서

자신의 백성들이 나라에 대한 불만이 많다는 것을 그제야 알게 되어서

힘들게 사는 자신의 백성들과는 달리 농사가 잘되어 행복해하는 모습을 보고

'백제'에 관한 설명으로 알맞지 않은 것을 고르세요.

① 온조가 신하들의 의견을 받아들여 하남 땅에 세운 나라예요.
② 농사짓기에는 땅이 좋지 않았지만 모두 힘을 합쳐 농사를 지었어요.
③ 백성들은 농사가 잘되고 먹을 것이 많아 만족하며 살아갔어요.
④ 비류의 나라에서 온 백성들도 받아들여 살아갈 수 있게 했어요.

추측한 어휘 확인하기

어휘력 키우기

다음 단어의 뜻과 비슷한 것에 체크하세요.

1 설득 ☐ 고집을 심하게 부림 ☐ 상대방이 말을 따르도록 잘 설명함

2 보필하도록 ☐ 윗사람의 일을 돕도록 ☐ 아랫사람의 일을 도와주도록

3 비옥해 ☐ 땅이 메말라서 ☐ 땅이 기름져서

4 자책하고 ☐ 잘못한 자신을 나무라고 ☐ 할 일을 스스로 알아서 하고

5 번성했어요 ☐ 힘이 약해서 작아졌어요 ☐ 힘이 커져서 성장했어요

어울리는 것을 찾아 줄로 이으세요.

1	고집을 •	• 흘러나왔어요
2	충성스러운 •	• 꺾지 않았어요
3	희망에 •	• 신하
4	볼멘소리가 •	• 자책했어요
5	잘못을 알고 •	• 부풀어 있었어요

생각대로 표현하기

표현력 키우기

어른들의 말씀을 듣지 않고 고집을 꺾지 않은 적이 있어요? 빈칸에 짧은 대답을 쓰세요. 그리고 쓴 대답을 모아 2~3개의 문장으로 길게 써 보세요.

보기

어른들 말씀	엄마가 숙제부터 하고 놀라고 하셨다
내가 한 행동	계속 놀았다
그래서	엄마한테 혼났다

엄마가 숙제부터 하고 놀라고 하셨는데, 저는 그때 숙제를 안 하고 싶었어요.
고집을 꺾지 않고 계속 놀다가 엄마한테 크게 혼이 났어요.

나의 대답

어른들 말씀	
내가 한 행동	
그래서	

____

고집을 꺾지 않고 ______________________________

다음 단어의 의미를 소리 내어 읽어 보고, 단어를 활용해 빈칸을 채워 보세요.

설득	상대가 나의 이야기를 따르도록 여러 가지로 깨우쳐 말함 다른 사람을 □□ 하고 싶다면 그에 알맞은 이유를 함께 말해야 해.
고집을 꺾다	자신의 생각이나 의견을 가지고 굳게 버티던 것을 멈추거나 포기하다 아무리 혼쭐을 내어도 아이는 쉽게 □□□ □□ 않았다.
백성	일반 국민의 옛말 '□□을 위한 나라는 과연 어떤 나라일까?' 왕은 고민하고 또 고민했다.
보필하다	윗사람의 일을 돕다 온조는 열 명의 신하로 하여금 자신을 □□□도록 했다.
충성스럽다	왕이나 나라에 대해 진정 우러나오는 마음이 있다 □□□□□ 신하들은 왕에게 진심 어린 조언을 하곤 했다.
희망에 부풀다	어떤 일을 이루거나 하기를 바라는 마음이 커지다 열심히 준비한 학생들은 꿈을 이룰 수 있으리란 □□□ □□□□.
볼멘소리	서운하거나 화가 나서 퉁명스럽게 하는 말투 같은 잘못을 했어도 나만 더 혼나는 것 같아 □□□□로 대답했다.
비옥하다	땅이 걸고 기름지다 □□□ 땅에서 자라는 곡물은 유독 큼지막하고 튼튼한 것 같아.
자책하다	자신의 잘못에 대해 스스로 깊이 뉘우치고 책망하다 선생님의 부탁에도 아픈 짝꿍을 잘 못 챙겨준 나 자신을 □□□□.
번성하다	기운이나 세력이 좋게 일어나 퍼지다 지혜로운 왕이 나라를 다스리자 나라가 날로 □□□□.

<주몽> & <온조> 복습하기

어휘 확인하기

다음 단어를 보고 아는 것에 ✓ 표시하세요.

주몽 1	주몽 2	온조 1	온조 2
□ 비범하다	□ 불시에	□ 직감하다	□ 설득
□ 겨누다	□ 살이 오르다	□ 산산조각이 나다	□ 고집을 꺾다
□ 눈엣가시	□ 제외하다	□ 찬밥 신세	□ 백성
□ 본때를 보이다	□ 비쩍	□ 살벌하다	□ 보필하다
□ 질투에 눈멀다	□ 일행	□ 호의적이다	□ 충성스럽다
□ 명심하다	□ 다급하다	□ 침략	□ 희망에 부풀다
□ 억울하다	□ 말이 끝나기가 무섭게	□ 끄떡없다	□ 볼멘소리
□ 넘보다	□ 눈을 의심하다	□ 도읍	□ 비옥하다
□ 뒤집어씌우다	□ 한숨 돌리다	□ 썩 내키지 않다	□ 자책하다
□ 야위다	□ 낙담하다	□ 보기 드물다	□ 번성하다

어휘 연습하기

주몽 | 첫 번째 이야기

다음 빈칸에 들어갈 말을 골라 알맞게 고쳐 쓰세요.

억울하다	야위다	눈엣가시	본때를 보이다

1 내 말에 항상 시비를 거는 ________ 같던 친구가 있었다.

2 그 녀석, 선생님께 대들다니 ______ ____ 주어야겠어!

3 동생이 잘못한 건데 엄마가 나만 혼내셔서 ________.

4 감기몸살 때문에 며칠을 앓아누웠던 오빠는 많이 ______ 있었다.

주몽 | 두 번째 이야기

다음 빈칸에 들어갈 말을 골라 알맞게 고쳐 쓰세요.

눈을 의심하다	낙담하다	제외하다	일행

1 다리를 다친 아이를 ______ 모든 아이들이 운동회를 즐겼다.

2 밖에서 기다리고 있는 ____ 이 있어서 이제 그만 가 봐야 할 것 같아요.

3 맨날 놀기만 하던 아이가 스스로 공부하고 있어서 ____ ________.

4 열심히 시험 준비를 했지만 결과가 좋지 않아서 ________.

온조 | 첫 번째 이야기

다음 빈칸에 들어갈 말을 골라 알맞게 고쳐 쓰세요.

끄떡없다	산산조각이 나다	호의적이다	찬밥 신세

1 친구와 심하게 싸운 바람에 평생 가자던 우정이 □□□□□ □□.

2 동생이 태어나자 나는 □□ □□가 된 것만 같았다.

3 한국 사람들은 외국인 관광객에게 □□□□□.

4 아무리 비가 오고 태풍이 몰아쳐도 우리 집은 □□□□ 거야!

온조 | 두 번째 이야기

다음 빈칸에 들어갈 말을 골라 알맞게 고쳐 쓰세요.

설득	백성	볼멘소리	자책하다

1 학교 연극에서 공주 역을 맞지 않겠다는 친구를 간신히 □□했다.

2 세종대왕께서 □□을 위해 만드신 언어가 바로 훈민정음이다.

3 손님이 오신다고 급하게 방 청소를 시키는 엄마께 □□□□를 했다.

4 컴퓨터 게임을 하느라 강아지가 아픈 것도 몰랐던 나는 한참을 □□□□.

맥락 파악하기

주몽

이야기를 순서에 맞게 나열해 보세요.

1 질투에 눈먼 일곱 왕자의 거짓말로 인해 마구간에서 일하게 된 주몽은 꾀를 내어 가장 좋은 말을 자신의 것으로 만들었어요.

2 한숨 돌린 주몽은 이내 씨앗을 잃어버린 것을 알게 되어 낙담했어요.

3 주몽은 도망가던 와중에 큰 강에 이르렀으나, 물고기와 자라들의 도움으로 강을 건널 수 있었어요.

4 다행히 날아오는 비둘기에게서 보리 씨앗을 찾을 수 있었고, 주몽 일행은 무사히 졸본 땅에 갔어요.

5 주몽은 세 친구와 함께 그 말을 타고 유화가 준 씨앗을 챙겨 달아났고, 화가 난 금와왕은 군사를 보내 주몽을 뒤쫓게 했어요.

6 어느 날 유화가 햇빛을 품고 알을 낳았는데, 그 알을 깨고 나온 아이가 주몽이었어요.

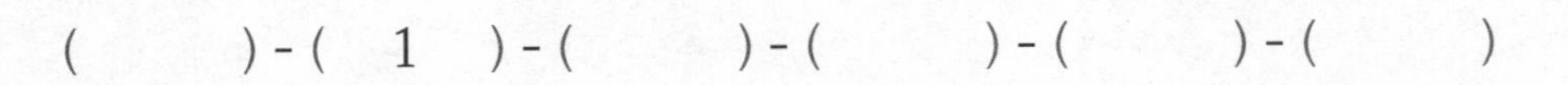

( ) - (1) - ( ) - ( ) - ( ) - ( )

온조

이야기를 순서에 맞게 나열해 보세요.

1 남겨진 미추홀의 백성들은 온조가 다스리는 나라로 갔고, 온조는 그들을 기쁜 마음으로 받아들여 이후 나라 이름을 백제로 바꾸었어요.

2 주몽은 졸본 왕의 둘째 딸인 소서노와 혼인하여 비류와 온조 형제를 낳고, 고구려를 세웠어요.

3 어느 날, 주몽의 또 다른 아들 유리가 찾아와 왕 자리를 잇게 되자, 찬밥 신세가 된 비류와 온조는 일부 신하들과 함께 고구려를 떠났어요.

4 시간이 흐르자 비류의 예상과는 달리 미추홀의 백성들 사이에 볼멘소리만 가득하게 되었어요.

5 하남 땅에 도착한 온조와 신하들은 이곳을 도읍으로 하길 원했으나, 비류는 자신의 무리를 데리고 바닷가 근처인 미추홀로 가 나라를 세웠어요.

6 비류는 온조가 다스리는 하남 땅으로 가 그곳의 백성들이 배불리 잘 지내는 것을 보고, 부끄러움을 이기지 못해 세상을 떠나고 말았어요.

( ) - ( ) - ( ) - ( ) - (6) - ( )

고사성어 떠올리기

다음은 <주몽> 이야기의 한 부분이에요. 빈칸에 들어갈 알맞은 고사성어를 적어 보고, 이야기에 해당하는 장면을 그려 보세요.

유화는 나무로 만든 활과 화살을 주몽에게 건넸어요. 그러자 주몽은 곧바로 파리 떼가 있는 곳에 화살을 겨누었어요. 그런데 한 마리, 두 마리, 세 마리…! 주몽이 쏘기만 하면 ☐☐☐☐ 이었어요.

다음은 <온조> 이야기의 한 장면입니다.
신하들의 모습을 그리고, 빈칸에 알맞은 고사성어를 써 보세요.

이곳 하남에 정착하는 것이 좋겠습니다.

그렇습니다. 보기 드문 귀한 곳입니다.

북쪽엔 한강, 남쪽엔 기름진 땅, 동쪽엔 높은 산, 그리고 서쪽엔 큰 바다가 있어 다른 나라의 침략에도 끄떡없을 겁니다!

신하들은 ☐☐☐☐ 으로 하남에 도읍을 세워야 한다고 했어요.

신라 <박혁거세> & 가야 <김수로>

1일차	2일차	3일차	4일차
박혁거세 ①	박혁거세 ②	김수로 ①	김수로 ②
학습 어휘	학습 어휘	학습 어휘	학습 어휘
우두머리	범상하다	생계	배필
골머리를 앓다	평소	유지하다	팔을 걷어붙이다
머리를 맞대다	조언을 얻다	상서롭다	태연하다
의논하다	어김없이	수없이	의도
우왕좌왕하다	단칼에 거절하다	방문하다	파악하다
바로잡다	단박에	공손히	마중을 나가다
동감하다	노발대발하다	애지중지	드러내다
탄생	충격에 휩싸이다	보름	거느리다
온	난데없이	만반의 준비	머나멀다
흠	훼방을 놓다	현명하다	극진하다
공부한 날 ( )월 ( )일	공부한 날 ( )월 ( )일	공부한 날 ( )월 ( )일	공부한 날 ( )월 ( )일

5일차 | 복습하기 공부한 날 ( )월 ( )일

신라 <박혁거세> | 첫 번째 이야기

생각하며 준비하기

사고력 키우기

여섯 마을의 우두머리가 모여 이야기하고 있어요. 우두머리들은 다음 물음에 어떤 말을 했을까요? 상상해 보고 말풍선에 자유롭게 써 보세요.

사람들이 너무 많아져서
온 마을이 정신없어요.
어떻게 하면 모두가
잘 지낼 수 있을까요?

'사람들을 잘 이끄는 지도자'란 어떤 사람일까요?
자유롭게 생각해 보고 빈칸에 써 보세요.

- 모두의 말을 귀 기울여 잘 들어주는 사람
- 사람들에게 필요한 것이 무엇인지 잘 아는 사람
- ______________________ 사람
- ______________________ 사람

추측하며 읽고 풀기

독해력 키우기

빨간색으로 표시된 단어의 뜻을 생각하면서 다음 이야기를 읽어 보세요.

한반도 남쪽 땅에 여섯 마을이 있었어요. 여섯 마을에는 각각의 우두머리가 있었지만, 사람들이 점차 많아짐에 따라 우두머리들이 골머리를 앓는 일이 많아졌어요.

결국, 여섯 우두머리는 '알천' 강에 모여 머리를 맞대고 의논했어요.

"무슨 일만 일어났다 하면 사람들이 우왕좌왕하기 바빠요."

"우리에겐 모두를 바로잡아줄 왕이 필요합니다."

"그 말에 동감합니다. 하지만 누가…?"

시간이 지나도 좀처럼 시원한 답이 나오지 않자, 한 우두머리가 말했어요.

"이러지 말고, 차라리 왕을 정하기 전에 도읍지부터 정합시다."

"그게 낫겠어요. 높은 곳에 올라가 어떤 곳이 좋을지 좀 볼까요?"

그들은 땅을 한눈에 살피기 위해 산꼭대기에 올랐어요. 그런데 그때였어요.

"어? 저기 좀 보세요!"

'나정'이라는 우물가에서 **기상천외(奇想天外)**한 일이 벌어지고 있었어요. 새하얀 말 한 마리가 무릎을 꿇고 절을 하고 있는 게 아니겠어요?

모두가 깜짝 놀라 그곳으로 뛰어가니, 말은 "히힝!" 크게 한 번 울고 하늘로 날아가 버렸어요. 말이 사라지자 그곳에는 붉은빛의 큼직한 알 하나가 남았어요.

"쩌억, 쩍…."

그런데 그때, 알에 하나둘 금이 가기 시작했어요. 그리고 조금 뒤, 알을 깨고 세상에 나온 것은 다름 아닌 인간 남자아이였지요.

㉠ "   "

우두머리들이 아이를 데려가 씻기자 아이의 몸에서 번쩍번쩍 빛이 났어요. 그 날따라 태양이 더욱 밝게 빛나는 것도 모자라 온갖 동물들이 아이 주변에 모여들었지요.

"모두가 아이의 탄생을 기뻐하는 것 같군요. 온 세상을 밝게 다스린다는 뜻으로 이름을 '혁거세'라고 지읍시다."

"박과 같이 생긴 알에서 나왔으니 성은 '박'으로 해요."

그렇게 아이는 '박혁거세'라는 이름을 가지게 되었어요.

그런데 얼마 지나지 않아, 또다시 믿기 힘든 일이 일어났어요. '알영정'이라는 우물가에 닭의 얼굴을 가진 용이 나타난 거예요. 더 놀라운 것은, 용의 왼쪽 옆구리에서 여자아이가 태어났다는 것이었어요. 아이는 곱디고왔지만, 입술이 닭의 부리 마냥 뾰족한 것이 흠이었어요.

그러나 한 할머니가 아이를 냇가로 데려가 깨끗이 씻기자, 부리는 빠지고 보통 사람의 입이 되었어요. 아이는 우물가의 이름을 따 '알영'이라는 이름을 갖게 되었지요.

이야기를 읽고 맞으면 O, 틀리면 X 하세요.

1 여섯 우두머리는 왕이 없어도 사람들이 서로 잘 지낼 수 있다고 생각했어요. ☐

2 '박혁거세'라는 이름은 '온 세상을 밝게 다스린다'라는 의미예요. ☐

3 닭의 얼굴을 가진 용의 오른쪽 옆구리에서 한 여자아이가 태어났어요. ☐

4 박혁거세와 알영은 모두 흔하지 않은 탄생 과정을 거쳤어요. ☐

5 여섯 우두머리는 박혁거세와 알영의 탄생을 '하늘의 뜻'이라며 두려워했어요. ☐

우두머리들이 ㉠에서 한 말로 가장 알맞은 것을 찾아 골라 보세요.

① 박혁거세는 이제 왕이 될 것입니다.
② 정말 무서운 일이 일어났습니다. 조심하세요.
③ 이럴 수가! 분명 하늘에서 왕을 내려주신 겁니다!
④ 얼마 지나지 않아 믿기 힘든 일이 또 생길 겁니다.

등장인물들과 관련된 것을 모두 찾아 줄로 이으세요.

1 우두머리 •
2 박혁거세 •
3 알영 •

- 닭의 부리처럼 입술이 뾰족했어요.
- 왕이 필요하다고 생각해요.
- 붉은 빛의 큼직한 알에서 나왔어요.
- 용의 왼쪽 옆구리에서 태어났어요.
- 몸에서 번쩍번쩍 빛이 났어요.
- 박혁거세의 이름을 지었어요.

추측한 어휘 확인하기

어휘력 키우기

다음 단어의 뜻과 비슷한 것에 체크하세요.

1 우두머리
☐ 큰 머리 ☐ 무리에서 가장 으뜸인 사람

2 골머리를 앓는
☐ 머리가 아플 정도로 고민하는 ☐ 머릿골이 땡기는

3 의논했어요
☐ 생각을 주고받았어요 ☐ 결정했어요

4 우왕좌왕하기
☐ 서로 잘난 체하기 ☐ 방향을 못 잡고 왔다 갔다 하기

5 흠
☐ 부족한 점 ☐ 한숨 소리

어울리는 것을 찾아 줄로 이으세요.

1	골머리를 •	• 동감했어요
2	머리를 맞대고 •	• 탄생했어요
3	잘못된 것을 •	• 앓았어요
4	어떤 말에 •	• 바로잡았어요
5	아이가 •	• 의논했어요

고사성어로 생각하기

표현력 키우기

다음 대화를 읽고, 밑줄 친 고사성어의 뜻에 해당하는 것에 표시하세요.

'나정'이라는 우물가에서 기상천외(奇想天外)한 일이 벌어지고 있었어요. 새하얀 말 한 마리가 무릎을 꿇고 절을 하고 있는 게 아니겠어요?

☐ 쉽게 짐작할 수 없을 정도로 기발하고 엉뚱하다는 뜻

☐ 누구나 다 짐작할 수 있을 정도의 평범한 일이라는 뜻

빈칸에 알맞은 고사성어를 써서 문장을 완성해 보세요.

이 책은 자기가 원하는 꿈을 사고판다는 ☐☐☐☐ 한 생각으로 만들어졌다.

다음 단어의 의미를 소리 내어 읽어 보고, 단어를 활용해 빈칸을 채워 보세요.

우두머리	어떤 일이나 집단에서 가장 뛰어나거나 지위가 높은 사람 이 토론 모임의 □□□□ 는 바로 나야.
골머리를 앓다	어떻게 해야 할지 몰라서 머리가 아플 정도로 생각하다 반장을 하고 싶다는 학생이 없어서 선생님은 □□□□ □□□.
머리를 맞대다	어떤 일에 관해 이야기하거나 결정하기 위해 서로 마주 대하다 엄마의 깜짝 생일 파티를 열기 위해 동생과 나는 □□□ □□□.
의논하다	어떤 일에 대해 서로의 생각을 주고받다 여럿이 하는 숙제를 해결하기 위해 모두 모여서 □□□□.
우왕좌왕하다	이리저리 왔다 갔다 하며 나아가는 방향을 정하지 못하다 운동회 중 선생님이 잠깐 자리를 비우자 아이들은 □□□□□□.
바로잡다	잘못된 것을 올바르게 고치다 나는 내 동생의 안 좋은 행동을 □□□□ 싶었다.
동감하다	어떤 의견에 같은 생각을 가지다 늦은 사람에게 벌을 주자는 친구의 말에 □□□□.
탄생	사람이 태어남 가족 모두가 아기의 □□ 을 진심으로 기뻐했다.
온	전부의, 또는 모두의 5월 5일은 □ 세상 어린이를 위한 날이야.
흠	사람의 성격이나 말, 행동에 나타나는 부족한 점 그의 □ 은 말을 함부로 한다는 점이다.

신라 <박혁거세> | 두 번째 이야기

생각하며 준비하기

사고력 키우기

지난 이야기에서 읽은 내용을 아래 말을 사용해서 써 보세요.

기상천외	일	꿇고	태어났어요	박혁거세	절한
말	무릎	새하얀	붉은 알	벌어졌어요	자리에

☐☐☐☐한 일이 ☐☐☐☐☐. ☐☐☐

말이 ☐☐을 꿇고 ☐☐ 자리에 ☐☐

☐이 있었는데 거기서 ☐☐☐☐가

☐☐☐☐☐.

박혁거세와 알영의 탄생은 보통의 사람들과는 매우 달랐어요.
두 사람은 앞으로 어떻게 될까요? 상상해 보고 자유롭게 써 보세요.

박혁거세 ______________________________

알영 ______________________________

추측하며 읽고 풀기

독해력 키우기

빨간색으로 표시된 단어의 뜻을 생각하면서 다음 이야기를 읽어 보세요.

이 모든 일이 범상치 않은 일임을 직감한 여섯 우두머리는 말했어요.

"알영을 장차 왕이 되실 박혁거세의 부인으로 모십시다. 이것은 분명 하늘 신의 뜻일 거예요."

"저도 같은 생각입니다."

여섯 우두머리는 남산에 궁전을 짓고, 그곳에 두 아이를 데려와 정성껏 길렀어요.

박혁거세는 모두의 애정을 듬뿍 받으며 빠르게 성장했어요. 그리고 열세 살이 되던 해, 그는 왕의 자리에 올라 나라 이름을 '서라벌'이라 짓고, 알영과 혼인했어요. 두 사람은 61년이라는 긴 시간 동안 나라를 훌륭히 다스렸지요.

평소에 박혁거세는 나랏일에 문제가 생기면 하얀 말을 타고 하늘로 올라가 신의 조언을 얻곤 했어요.

어느 날이었어요. 이날도 어김없이 그는 하늘로 올라갔지요. 그런데 한 궁녀가 박혁거세가 하늘로 올라가는 모습을 보고는, 재빨리 그에게 다가와 고개 숙이며 말했어요.

"왕이시여, 하늘에 가실 때 저도 함께 데려가 주십시오."

궁녀의 말에 박혁거세는 표정을 굳히고, 단칼에 거절했어요.

"절대 아니 된다. 보통의 인간이 하늘나라에 가는 것은 허락되지 않는 일이야."

하지만 궁녀는 포기하지 않았어요. 결국, 마법을 부려 박혁거세의 눈을 속이기로 마음먹었지요. 궁녀는 파리로 모습을 바꾸어 박혁거세가 타고 가는 하얀 말의 몸에 착 달라붙었어요. 그렇게 그녀는 하늘로 올라갔어요.

이 사실을 단박에 알아차린 하늘 신은 노발대발하여 박혁거세를 거칠게 몰아세웠어요.

"네 이놈! 감히 인간을 하늘에 데려오다니! 너에게 벌을 내리겠다. 너의 영혼은 이곳에 남고, 몸만 인간 세상으로 돌아가게 될 것이야!"

말이 끝나기 무섭게 박혁거세는 몸이 다섯 조각 난 채 땅으로 떨어지고 말았어요. 이 일로 모두 충격에 휩싸였어요. 하루아침에 남편을 잃게 된 알영은 결국 얼마 지나지 않아 세상을 떠나고 말았지요.

사람들은 박혁거세의 다섯 조각 난 몸을 하나로 모아 무덤을 만들려 했어요. 그런데 난데없이 어디선가 큰 구렁이가 나타나 사람들을 따라다니며 훼방을 놓기 시작했어요. 사람들은 어쩔 수 없이 그의 조각 난 몸을 따로 묻어야 했어요. 그렇게 만들어진 다섯 개의 무덤은 '오릉'이라 불리게 되었어요. 그리고 나라의 이름은 이후 '신라'로 바뀌었답니다.

이야기를 읽고 맞으면 O, 틀리면 X 하세요.

1 여섯 우두머리는 알영 역시 박혁거세와 마찬가지로 범상치 않은 인물이라 여겼어요. ☐

2 박혁거세는 70년이 넘는 긴 세월 동안 나라를 훌륭하게 다스렸어요. ☐

3 하얀 말을 타고 하늘로 올라가는 것은 보통 사람들에게는 불가능한 일이었어요. ☐

4 궁녀는 박혁거세의 단호한 거절에 어쩔 수 없이 뜻을 굽혔어요. ☐

5 사람들은 박혁거세의 조각난 몸을 하나로 모아 무덤을 만들어 주었어요. ☐

인물들이 한 행동과 이유로 알맞은 것에 줄을 이으세요.

박혁거세 •	• 하늘로 올라갔어요 •	• 몰래 하늘로 따라가려고
궁녀 •	• 크게 화를 냈어요 •	• 궁녀가 하늘에 와서
하늘 신 •	• 파리로 모습을 바꾸었어요 •	• 조언을 얻으려고

하늘 신이 박혁거세에게 벌을 내린 이유로 알맞은 것을 고르세요.

① 나랏일에 문제가 자주 생겨서
② 궁녀의 부탁을 단칼에 거절해서
③ 하늘 신에게 노발대발 화를 내서
④ 인간을 하늘에 데려왔다고 생각해서

추측한 어휘 확인하기

어휘력 키우기

다음 단어의 뜻과 비슷한 것에 체크하세요.

1 범상치 않은
- ☐ 왠지 모르게 무서운
- ☐ 평범하지 않은

2 평소에
- ☐ 특별한 일이 없는 보통 때에
- ☐ 종종

3 조언을 얻고는
- ☐ 잘못을 깨닫고는
- ☐ 말로 도움을 얻고는

4 노발대발하여
- ☐ 못마땅하여 입이 앞으로 나와
- ☐ 펄펄 뛸 정도로 몹시 화가 나

5 훼방을 놓기
- ☐ 방해하기
- ☐ 자리를 어지럽히기

어울리는 것을 찾아 줄로 이으세요.

1	조언을 •	• 휩싸였어요
2	단칼에 •	• 알아차렸어요
3	충격에 •	• 놓았어요
4	단번에 •	• 거절했어요
5	훼방을 •	• 얻었어요

생각대로 표현하기

표현력 키우기

다음 빈칸에 들어갈 말을 자유롭게 써 보세요.

1

친구: 무거운 짐을 같이 들자는 제 부탁을 친구는 **단칼에 거절했어요.**

나: ________________________ **단칼에 거절했어요.**

2

친구: 숙제를 하고 있는데 동생이 자꾸 장난을 치면서 **훼방을 놓았어요.**

나: ________________________ **훼방을 놓았어요.**

다음 단어의 의미를 소리 내어 읽어 보고, 단어를 활용해 빈칸을 채워 보세요.

단어	의미와 예문
범상하다	중요하거나 특별하지 않고 평범하다 나가는 대회마다 상을 받는 것을 보니 □□□□ 않은 학생이다.
평소	특별한 일이 없는 보통 때 주현이는 □□ 초록색 옷을 즐겨 입는다.
조언을 얻다	말로써 깨우치기 위한 도움을 얻다 선생님께 □□□ □으니 문제가 금방 해결됐다.
어김없이	어기거나 틀리는 일이 없이 매일 아침 9시면 □□□□ 빵을 사러 오는 손님이 있다.
단칼에 거절하다	망설임 없이 한 번에 거절하다 민호는 같이 영화 보러 가자는 내 제안을 □□□ □□□□.
단박에	그 자리에서 바로 음식에 관한 문제가 나오자 아이들은 □□□ 답을 맞혔다.
노발대발하다	몹시 화가 나 펄펄 뛰며 성을 내다 아이가 남의 물건을 훔쳤다는 소식을 듣고 아빠는 □□□□□□.
충격에 휩싸이다	뜻밖의 사건으로 마음에 심한 자극이나 영향을 받다 가장 친한 친구가 전학을 가야 한다고 해서 □□□ □□□□.
난데없이	갑자기 불쑥 나타나 어디서 왔는지 알 수 없게 □□□□ 강아지 한 마리가 나타나 사람들을 따라다니기 시작했다.
훼방을 놓다	남의 일을 방해하다 친구가 □□□ □□ 바람에 게임에서 지고 말았다.

가야 <김수로> | 첫 번째 이야기

생각하며 준비하기

사고력 키우기

지금까지 읽은 건국 신화중에서 가장 재미있었던 것은 무엇이에요? 가장 재미있었던 것에 체크하고, 그것의 내용과 재미있다고 생각한 이유에 대해 자유롭게 써 보세요.

단군　　해모수와 유화　　주몽　　박혁거세

내용	
재미있는 이유	

이번 이야기는 가야 왕 김수로의 탄생 이야기입니다. 김수로의 탄생을 상상해 보고 아래 상자에 있는 단어들 중에서 자유롭게 골라 문장을 써 보세요.

동굴　　물고기　　빛 한 줄기　　새하얀 말　　여섯 개의 알　　노래

보기

바다에서 태어났을 수도 있어요.
물고기들이 보호해 주면서 물 위로 올려 줬을 것 같아요.

추측하며 읽고 풀기

독해력 키우기

빨간색으로 표시된 단어의 뜻을 생각하면서 다음 이야기를 읽어 보세요.

한반도 남쪽의 가야 땅에는 나라도, 왕도 없었어요. 오로지 '간'이라 불리는 아홉 우두머리가 각 마을을 이끌 뿐이었지요. 사람들은 산이나 들에 모여 각자의 방식대로 생계를 유지하고 있었어요.

그런데 어느 날이었어요. 북쪽의 '구지봉'에서 왠지 모를 상서로운 기운이 한참 맴돌더니, 하늘에서 낯선 목소리가 들려왔어요.

"거기 누구 있느냐?"

그곳에 있던 사람들이 화들짝 놀라 대답했어요.

"저, 저희가 있습니다! 하늘이시여!"

사람들의 외침에 하늘의 목소리는 말을 이어갔어요.

"하늘 신께서 내게 이곳에 나라를 세우고 왕이 되라고 명령하셨다. 너희들은 구지봉 꼭대기에서 이 노래를 부르고 춤을 추어라. 그러면 곧 왕을 맞이하게 될 것이다."

거북아, 거북아
머리를 내밀어라.
내밀지 않으면
잡아서 구워 먹으리.

사람들은 목소리가 시키는 대로 구지봉 꼭대기에 올라 노래를 부르고 춤을 추었어요. 그러자 하늘 위에서 자주색 빛 한 줄기가 내렸어요. 빛이 닿은 곳을 가 보니 빛나는 여섯 개의 알이 있었어요.

"하늘 신께서 우리에게 왕을 내리신 겁니다!"

사람들은 놀랍고도 기쁜 마음에 여섯 알을 향해 수없이 절을 했어요. 그리고 우두머리 중 하나인 '아도간'의 집에 알들을 보관하기로 했어요.

다음 날, 아도간의 집에 방문한 우두머리들은 두 눈을 의심했어요. 그곳에는 여섯 개의 알이 아닌, 여섯 명의 남자아이가 있었기 때문이죠.

아홉 우두머리는 여섯 아이에게 공손히 절을 했어요. 그리고 그들을 데려가 애지중지 보살폈어요.

여섯 아이는 믿을 수 없는 속도로 자라, 고작 열흘이 지났음에도 키가 무려 9척(2.7m)에 이르는 어른이 되었어요. 그중 첫째는 세상에 처음 나타났다는 뜻의 '수로'라는 이름을 가지게 되었어요.

수로는 그달 보름에 '가야국' 왕의 자리에 올랐어요. 그리고 나머지 다섯도 각각 대가야, 성산가야, 아라가야, 소가야, 고령가야의 왕이 되었지요.

수로왕은 도읍을 정하고 궁궐을 짓는 등 나라를 잘 다스리기 위한 만반의 준비를 했어요. 이제 남은 것은 왕의 부인인 왕후를 맞이하는 것뿐이었어요.

신하들은 수로왕이 하루빨리 현명한 왕후를 맞이하기를 **학수고대(鶴首苦待)**했어요. 하지만 수로왕은 짝을 구할 생각이 전혀 없어 보였어요.

이야기를 읽고 맞으면 O, 틀리면 X 하세요.

1 가야 땅에는 왕이 없는 상태로, 아홉 우두머리가 마을을 이끌고 있었어요. ( )

2 하늘의 목소리는 사람들에게 산 아래쪽에 가서 노래를 부르라고 시켰어요. ( )

3 알에서 나온 여섯 명의 아이들은 키가 무척 큰 어른이 되었어요. ( )

4 수로왕은 '대가야'의 왕이 되어 나라를 잘 다스리기 위해 노력했어요. ( )

5 수로왕은 하루빨리 아름다운 부인을 맞이하고 싶은 마음이 컸어요. ( )

사람들은 다음과 같은 노래를 불렀어요. 왜 불렀어요?

거북아, 거북아
머리를 내밀어라.
내밀지 않으면
잡아서 구워 먹으리.

① 현명한 왕후를 맞이하고 싶어서
② 여섯 개의 상서로운 알이 나타나서
③ 왕이 내려와서 놀라고 기뻤기 때문에
④ 노래를 부르면 왕을 맞이할 수 있다고 해서

수로가 가야국의 왕이 되기까지 일어난 일을 순서대로 나열해 보세요.

㉠ 그중 세상에 처음 태어난 수로가 가야국의 왕이 되었어요.
㉡ 구지봉에서 노래를 부르고 춤을 추면 왕을 맞이한다는 목소리가 들렸어요.
㉢ 알에서 여섯 명의 남자아이가 태어났어요.
㉣ 사람들이 하늘의 목소리를 듣고 노래와 춤을 췄어요.
㉤ 하늘 위에서 빛이 내렸는데 그곳에 여섯 개의 알이 있었어요.

(　　) - (　　) - (　　) - (　　) - (　　)

추측한 어휘 확인하기

어휘력 키우기

다음 단어의 뜻과 비슷한 것에 체크하세요.

1 생계를 유지하고
- ☐ 먹고 살기를 계속하고
- ☐ 위험한 순간으로부터 겨우 살아남고

2 수없이
- ☐ 오직 단 한 번
- ☐ 셀 수 없을 만큼 많이

3 방문한
- ☐ 어떤 장소를 찾아간
- ☐ 문을 두드린

4 애지중지
- ☐ 투명하게 바라봄
- ☐ 매우 사랑하고 소중히 여김

5 만반의 준비
- ☐ 할 수 있는 모든 준비
- ☐ 시간이 오래 걸리는 준비

어울리는 것을 찾아 줄로 이으세요.

1	생계를	절했어요
2	상서로운	보살폈어요
3	공손히	유지하고 있었어요
4	애지중지	준비
5	만반의	기운

고사성어로 생각하기

표현력 키우기

다음 대화를 읽고, 밑줄 친 고사성어의 뜻에 해당하는 것에 표시하세요.

신하들은 수로왕이 하루빨리 현명한 왕후를 맞이하기를 학수고대(鶴首苦待)했지만, 수로왕은 짝을 구할 생각이 전혀 없어 보였어요.

- [ ] 겁이 나서 그 일이 절대 일어나지 않기를 바란다는 뜻
- [ ] 학의 목처럼 목을 길게 빼고 간절하게 기다린다는 뜻

빈칸에 알맞은 고사성어를 써서 문장을 완성해 보세요.

늦잠도 자고 숙제를 안 해도 되니까 방학을 □□□□ 하고 있다.

다음 단어의 의미를 소리 내어 읽어 보고, 단어를 활용해 빈칸을 채워 보세요.

생계	살림을 살아 나갈 방법 이건 □□가 달린 문제라서 더욱 간절하다.
유지하다	어떤 상태나 상황을 변함없이 계속하게 하다 지금처럼 책 읽는 습관을 잘 □□□도록해.
상서롭다	복되고 좋은 일이 일어날 조짐이 있다 북쪽의 구지봉에서 □□□□ 기운이 맴돌기 시작했다.
수없이	셀 수 없을 만큼 그 수가 많이 그곳의 하늘에는 □□□ 많은 별들이 뜨곤 해.
방문하다	어떤 사람이나 장소를 찾아가서 만나거나 보다 오늘은 할머니 댁에 □□□기로 한 날이다.
공손히	예의 바른 말이나 행동으로 다혜는 두 손을 모아 선생님께 □□□ 인사를 드렸다.
애지중지	매우 사랑하고 소중히 여기는 모양 겨우 얻은 자식인 만큼, 그들은 하나뿐인 딸을 □□□□ 키웠다.
보름	음력으로 그달의 열다섯 번째 되는 날 오늘은 □□이라서 달이 아주 크다.
만반의 준비	마련할 수 있는 모든 준비 그림 그리기 대회에서 좋은 결과를 얻기 위해 □□□ □□를 했다.
현명하다	어질고 슬기롭다 신하들은 수로왕이 하루빨리 □□□ 왕후를 맞이하기를 바랐다.

가야 <김수로> | 두 번째 이야기

생각하며 준비하기

사고력 키우기

지난 이야기에서 읽은 내용을 아래 말을 사용해서 써 보세요.

학수고대	되었어요	열흘	어른
신하들	~~맞이하기를~~	가야국	왕후
알	태어난	왕	

□에서 □□□ 수로는 □□ 만에

□□이 되어 □□□의 왕이 □□□□.

□□□은 그가 □□를 맞이하기를

□□□□했어요.

수로왕은 과연 왕후를 맞이할까요? 만약 그렇다면, 왕후는 어떤 사람일까요?
아래 상자 안의 단어들을 자유롭게 골라 문장으로 써 보세요.

현명하다	범상하다	보기 드물다	호의적이다	비범하다	야위다

추측하며 읽고 풀기

독해력 키우기

빨간색으로 표시된 단어의 뜻을 생각하면서 다음 이야기를 읽어 보세요.

그 후 6년이라는 시간이 지났지만, 수로왕의 곁에는 여전히 왕후가 없었어요.

"왕후의 자리가 너무 오래 비어 있어 걱정이옵니다. 신들이 좋은 배필을 구해오겠나이다."

신하들은 팔을 걷어붙이고 수로왕의 배필을 찾아 나서려고 했지만, 신하들의 걱정과는 달리 수로왕은 너무도 태연했어요.

"나는 하늘의 명을 받아 내려왔다. 내 배필 역시 하늘이 정해줄 터이니 걱정 마라."

신하들은 왕의 의도를 파악할 수 없어 답답했지만, 그의 말을 따를 수밖에 없었어요.

그러던 어느 날, 수로왕이 신하들을 모아 놓고 말했어요.

"이제 왕후를 맞이할 때가 되었다. 배와 말을 줄 터이니 망산도에 가서 기다려라."

신하들은 갑작스러운 명령에 어리둥절했으나, 왕이 시킨대로 망산도에 갔어요.

조금 뒤, 바다 저편에서 붉은 깃발을 휘날리는 배가 보였어요. 그 배에는 공주가 타고 있었어요. 신하들은 발빠르게 움직여 수로왕에게 기쁜 소식을 알렸어요.

소식을 들은 수로왕은 직접 마중을 나가기 위해 바닷가로 나갔어요. 얼마 지나지 않아 배가 가까이 다가왔고, 그 안에서 공주가 모습을 드러냈어요.

"저는 인도 아유타국의 공주입니다. 이름은 허왕옥, 나이는 열여섯입니다."

공주는 수십 명의 사람들을 거느리고 있었으며, 배에는 값비싼 보석들이 가득했어요.

신하들이 공주를 향해 고개 숙여 인사하자, 공주는 말을 이어갔어요.

"이 머나먼 땅까지 오게 된 것은 오로지 아버지께서 꾸신 꿈 때문입니다. 몇 달 전, 아버지께서 꿈에 하늘 신을 뵈었는데, 하늘 신께서 가야국 왕은 하늘이 보낸 사람인데 아직 배필을 정하지 못했으니 공주를 보내어 왕후가 되게 하라 하셨답니다."

허왕옥의 말에 수로왕은 미소 지으며 말했어요.

"공주가 나를 찾아올 것을 나는 이미 알고 있었소. 드디어 공주가 이렇게 오셨으니 무척 기쁘오."

수로왕은 공주와 공주를 따라온 이들을 궁전으로 데리고 가 극진하게 대접했어요.

그리고 얼마 뒤, 두 사람은 혼인했어요. 이들은 긴 세월 동안 서로를 위해 주며 정성을 다해 나라를 다스렸어요. 그 덕에 사람들은 이전보다 편히 자고, 배불리 먹을 수 있었지요.

시간이 흘러 흘러 허왕후가 157세로, 그리고 10년 뒤 수로왕이 158세의 나이로 각각 세상을 떠났어요. 이때, 온 백성이 마치 나라를 잃은 듯한 슬픔에 잠겼다고 합니다.

이야기를 읽고 맞으면 O, 틀리면 X 하세요.

1 신하들은 왕후의 자리가 오래 비어 있는 것이 좋지 않다고 생각했어요. ☐

2 신하들은 왕의 생각을 알 수 없어 답답한 마음에 왕의 명령을 따르지 않았어요. ☐

3 배에서 내린 여인은 머나먼 땅인 인도 아유타국에서 온 공주였어요. ☐

4 수로왕은 공주가 올 것을 예상 못 해 무척 당황했지만, 그렇지 않은 척했어요. ☐

5 허왕옥이 이곳에 온 이유는 오로지 그녀의 어머니가 꾼 꿈 때문이었어요. ☐

수로왕은 신하들과 달리 왜 배필을 적극적으로 찾지 않았어요?

① 왕후 자리가 오래 비어 있지 않았기 때문에
② 신하들의 말을 믿을 수가 없었기 때문에
③ 하늘이 배필을 정해줄 것이기 때문에
④ 신하들의 좋은 배필을 찾아올 것이기 때문에

수로왕에 대한 설명으로 알맞은 것을 모두 찾아 ✔표시하세요.

- ☐ 수로왕은 허왕후와 혼인 후 얼마 되지 않아 세상을 떠났어요.
- ☐ 수로왕은 바닷가로 공주를 직접 마중 나갔어요.
- ☐ 수로왕은 공주를 배필로 정하라는 하늘 신의 꿈을 꾸었어요
- ☐ 수로왕은 공주가 와서 기뻐하며 극진히 대접했어요.
- ☐ 수로왕과 허왕후 덕분에 사람들은 더 편히 살게 되었어요.

추측한 어휘 확인하기

어휘력 키우기

다음 단어의 뜻과 비슷한 것에 체크하세요.

1 팔을 걷어붙이고
☐ 옷이 불편해서 소매를 걷고 ☐ 어떤 일에 적극적으로 나서

2 배필
☐ 가족 ☐ 부부로서의 짝

3 태연했어요
☐ 걱정되는 상황에서도 아무렇지 않았어요 ☐ 자신감이 넘쳤어요

4 의도를 파악할 수 없어
☐ 생각을 알 수 없어 ☐ 계획을 짤 수 없어

5 마중을 나가기 위해
☐ 마지막 인사를 하기 위해 ☐ 오는 사람을 나가서 맞이하기 위해

_____월 _____일

어울리는 것을 찾아 줄로 이으세요.

1 배필을 •	• 거느렸어요
2 팔을 •	• 파악할 수 없었어요
3 의도를 •	• 대접했어요
4 사람들을 •	• 걷어붙이고
5 극진하게 •	• 구해오겠어요

생각대로 표현하기

표현력 키우기

다음 빈칸에 들어갈 말을 자유롭게 써 보세요.

1 
친구

선생님이 가장 잘한 모둠에 선물을 주시겠다고 하자,
민수는 **팔을 걷어붙이고** 친구들과 모둠 발표 연습을 열심히 했어요.

나

_______________ **팔을 걷어붙이고**
_______________.

2 
친구

나는 선생님의 **의도를 파악하고** 친구에게 조용히 하라는 눈빛을 보냈어.

나

_______________ **의도를 파악하고** _______________.

다음 단어의 의미를 소리 내어 읽어 보고, 단어를 활용해 빈칸을 채워 보세요.

배필	부부로서의 짝 내 ☐☐로는 용감하고 씩씩한 사람이 좋겠어.
팔을 걷어붙이다	어떤 일에 뛰어들어 적극적으로 일하려 하다 새로 온 친구가 반 친구들과 잘 지내도록 ☐☐ ☐☐☐☐☐ 도왔다.
태연하다	머뭇거리거나 두려워할 만한 상황에서 아무렇지도 않은 듯하다 거짓말을 너무나 ☐☐☐☐ 하는 사람은 조심해야 해.
의도	무엇을 하고자 하는 생각이나 계획 나쁜 ☐☐로 그 말을 한 건 아니었어.
파악하다	내용을 확실하게 이해하여 알다 선생님께서 말씀하시는 내용이 무엇인지 제대로 ☐☐☐☐.
마중을 나가다	오는 사람을 나가서 맞이하다 몇 년 만에 한국에 온 삼촌의 ☐☐☐ ☐☐☐ 위해 서둘러 나섰다.
드러내다	가려있거나 보이지 않던 것을 보이게 하다 배 안에서 모습을 ☐☐☐ 사람은 아유타국의 공주였다.
거느리다	누구를 데리고 이끌거나 함께 행동하다 공주는 수십 명의 사람들을 ☐☐☐☐ 있었다.
머나멀다	몹시 멀다 저 ☐☐☐ 바다 끝에는 무엇이 있을까?
극진하다	정성을 다하다 누나는 아픈 동생을 ☐☐☐☐ 보살폈다.

<박혁거세> & <김수로> 복습하기

어휘 확인하기

다음 단어를 보고 아는 것에 ✓ 표시하세요.

박혁거세 1	박혁거세 2	김수로 1	김수로 2
☐ 우두머리	☐ 범상하다	☐ 생계	☐ 배필
☐ 골머리를 앓다	☐ 평소	☐ 유지하다	☐ 팔을 걷어붙이다
☐ 머리를 맞대다	☐ 조언을 얻다	☐ 상서롭다	☐ 태연하다
☐ 의논하다	☐ 어김없이	☐ 수없이	☐ 의도
☐ 우왕좌왕하다	☐ 단칼에 거절하다	☐ 방문하다	☐ 파악하다
☐ 바로잡다	☐ 단박에	☐ 공손히	☐ 마중을 나가다
☐ 동감하다	☐ 노발대발하다	☐ 애지중지	☐ 드러내다
☐ 탄생	☐ 충격에 휩싸이다	☐ 보름	☐ 거느리다
☐ 온	☐ 난데없이	☐ 만반의 준비	☐ 머나멀다
☐ 흠	☐ 훼방을 놓다	☐ 현명하다	☐ 극진하다

어휘 연습하기

박혁거세 | 첫 번째 이야기

다음 빈칸에 들어갈 말을 골라 알맞게 고쳐 쓰세요.

골머리를 앓다	온	흠	의논하다

1 선생님은 수업 시간에 떠드는 학생들 때문에 □□□□ □□□.

2 친구와 함께 장기자랑 때 무엇을 할지 □□□□.

3 눈이 내리자 □ 세상이 하얗게 물들었어요.

4 달리기를 잘하지 못하는 건 전혀 □이 아니야. 너무 걱정하지 마!

박혁거세 | 두 번째 이야기

다음 빈칸에 들어갈 말을 골라 알맞게 고쳐 쓰세요.

노발대발하다	단칼에 거절하다	어김없이	조언을 얻다

1 시험 점수를 올리고 싶어 선생님께 공부 방법에 대한 □□□ □□□.

2 민규는 오늘도 □□□□ 지각했다.

3 오빠는 하루만 노트북을 빌려달라는 나의 부탁을 □□□ □□□□.

4 동생이 누나가 아끼는 펜을 부러뜨리자 누나는 □□□□□□.

김수로 | 첫 번째 이야기

다음 빈칸에 들어갈 말을 골라 알맞게 고쳐 쓰세요.

방문하다　　애지중지　　유지하다　　공손히

1 우리 반 반장은 정말 대단하다. 1년 내내 전 과목 1등을 □□□□.

2 저희 집에 □□□ 주셔서 감사합니다.

3 할아버지가 오시자 아이들은 자리에서 일어나 □□□ 인사드렸다.

4 선생님께서는 하나뿐인 딸을 □□□□ 키우고 있으셔.

김수로 | 두 번째 이야기

다음 빈칸에 들어갈 말을 골라 알맞게 고쳐 쓰세요.

태연하다　　극진하다　　머나멀다　　파악하다

1 새치기해 놓고 그렇게 □□□ 표정을 짓다니!

2 이 책의 내용을 □□□□ 것이 너무 어려워.

3 내 친구네 가족은 □□□ 도시로 이사했다.

4 아픈 동생을 □□□□ 보살폈더니, 다음 날 다행히 싹 나았다.

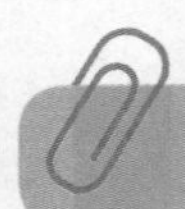

맥락 파악하기

박혁거세

이야기를 순서에 맞게 나열해 보세요.

1 사람들이 박혁거세의 몸을 모아 묻으려 하자 구렁이가 방해하는 바람에 다섯 무덤을 따로 만들었고, 이후 나라 이름은 '신라'로 바뀌었어요.

2 이를 단박에 알아차린 하늘 신은 화가 나 박혁거세에게 벌을 내렸고, 박혁거세는 몸이 다섯 조각 난 채 땅으로 떨어지고 말았어요.

3 '나정'이라는 우물가에서 하얀 말이 절하고 간 자리에 붉은 알이 남았는데, 그 알에서 박혁거세가 태어났어요.

4 어느 날, 하늘에 데리고 가달라는 궁녀의 말에 박혁거세는 거절했으나, 궁녀는 파리로 변해 박혁거세의 말의 몸에 붙어 하늘로 따라갔어요.

5 얼마 뒤 '알영정'이란 우물가의 용에게서 입이 뾰족한 '알영'이란 아이가 태어났는데, 깨끗이 씻기자 보통 사람의 입이 되었어요.

6 시간이 흘러 박혁거세는 '서라벌'의 왕이 되어 알영과 혼인했고, 그는 나랏일의 조언을 얻고자 하얀 말을 타고 하늘 위로 올라가곤 했어요.

(　　) - (　　) - (　　) - (4) - (　　) - (　　)

김수로

이야기를 순서에 맞게 나열해 보세요.

1 그중 첫째 수로는 가야국 왕이 되었고, 신하들의 바람에도 불구하고 수로왕은 6년 동안 왕후를 들이지 않았어요.

2 그러던 어느 날, 망산도에서 왕후를 맞이하라는 수로왕의 말에 신하들이 망산도로 가 기다리자 배가 한 척 나타났어요.

3 배에는 아유타국 공주 허왕옥이 타고 있었는데, 그녀는 아버지의 꿈 때문에 왕의 배필이 되기 위해 가야국에 온 것이었어요.

4 '구지봉에서 노래를 부르고 춤을 추라'는 하늘 신의 말대로 하자 빛나는 여섯 알이 나왔고, 아홉 우두머리 중 하나의 집에 이를 보관했어요.

5 다음 날, 여섯 알은 여섯 남자아이가 되어 있었고, 그들은 믿을 수 없는 속도로 자라 열흘 만에 어른이 되었어요.

6 수로왕과 허왕옥은 혼인하였고, 두 사람은 정성을 다해 나라를 다스렸어요.

(　　) - (5) - (　　) - (　　) - (　　) - (　　)

고사성어 떠올리기

<박혁거세> 이야기에는 '기상천외'한 일이 두 번이나 나와요. 각각의 상황을 그림으로 자유롭게 표현하고, 어떤 장면인지 글로도 설명해 보세요.

<그림 1>

<이야기 글 1>

<그림 1>

<이야기 글 1>

<김수로> 이야기에는 '학수고대'라는 고사성어가 나왔어요.
읽은 내용을 생각하면서 다음 문제에 대한 답을 자유롭게 써 보세요.

학	수	고	대

이 고사성어의 뜻이 뭐예요?

지금 내가 가장 학수고대하는 것은 뭐예요?

고려 <호경> & 고려 <작제건>

1일차 호경 ①	2일차 호경 ②	3일차 작제건 ①	4일차 작제건 ②
학습 어휘	학습 어휘	학습 어휘	학습 어휘
날쌔다	시선이 집중되다	또렷하다	유람하다
방방곡곡	굶주리다	비상하다	묵다
목을 축이다	입을 떼다	길하다	눈여겨보다
눈에 익다	초조하다	예사롭다	척하면 삼천리
날이 저물다	누구 할 것 없이	총명하다	관심
헤매다	희생되다	망신스럽다	가까이하다
곯아떨어지다	눈앞이 아찔하다	상기되다	묘안
고요하다	질끈	맨입	마음을 빼앗기다
기척	화를 면하다	눈독 들이다	우렁차다
안절부절못하다	조상	딴말하다	건장하다
공부한 날 ( )월 ( )일	공부한 날 ( )월 ( )일	공부한 날 ( )월 ( )일	공부한 날 ( )월 ( )일

5일차 | 복습하기 — 공부한 날 ( )월 ( )일

고려 <호경> | 첫 번째 이야기

생각하며 준비하기

사고력 키우기

다음 속담들의 빈칸에 들어가는 단어는 무엇일까요?
말풍선 안 힌트를 보고 맞혀 보세요.

- ________도 제 말 하면 온다.
- 하룻강아지 ________무서운 줄 모른다.
- ________에게 물려 가도 정신만 차리면 산다.

힌트 ① 동물
② 산속
③ 단군신화

위 문제의 답인 ________을 실제로 본 적이 있어요? 그것은 어떤 동물이에요?
그것의 모습을 내 마음대로 그려 보고, 그것의 특징에 대해 자유롭게 써 보세요.

- ________________
- ________________
- ________________
- ________________
- ________________
- ________________

<내가 생각하는 ________의 모습>

<________의 특징>

추측하며 읽고 풀기

독해력 키우기

빨간색으로 표시된 단어의 뜻을 생각하면서 다음 이야기를 읽어 보세요.

백두산 땅에 '호경'이라는 이름의 남자가 살고 있었어요. 호경은 평소 활 쏘는 능력이 뛰어나 산 이곳저곳을 다니며 짐승을 사냥하곤 했어요. 그가 활을 겨누기만 하면 제아무리 날쌘 짐승이라도 그의 활을 피해갈 수 없었어요.

어느 날, 호경은 문득 지금껏 살던 곳을 벗어나 낯선 땅에서 새 삶을 꾸리고 싶은 마음이 들었어요. 그는 바로 짐을 꾸려 길을 나섰어요.

호경은 그렇게 전국 방방곡곡을 다니며 정착할 만한 곳을 찾았어요. 목이 마르면 냇가의 물로 목을 축였고, 배가 고플 때면 사냥을 하여 배고픔을 달랬지요.

'아름다운 산과 물도 보고, 사냥도 마음껏 하니 **일석이조**(一石二鳥)로구나!'

그러다가 호경의 발걸음을 멈추게 한 곳이 있었으니, 바로 경기도 땅의 부소산(지금의 송악산)이었어요.

'이곳은 땅이 기름지니 먹고 살기에 아주 좋겠어.'

마침내 그는 이곳에 정착했어요. 그리고 마을의 아리따운 여인과 혼인하여 행복한 가정도 꾸렸지요.

호경은 매일이 즐거워 웃음이 끊이지 않았어요. 그러던 중 하루는 마을 사람 아홉 명과 함께 산속으로 사냥을 나갔어요. 이들은 모두 호경만큼이나 뛰어난 사냥 실력을 가지고 있었어요.

"자, 어디 한 번 센 놈으로 잡아봅시다!"

"오늘은 좀 더 깊게 들어가 보죠!"

호경과 마을 사람들은 자신만만한 표정으로 산속 깊은 곳을 향해 성큼성큼 발을 내딛기 시작했어요. 그런데 어느 순간, ㉠그들의 눈동자에 왠지 모를 불안감이 비쳤어요.

"이상하네요. 이곳은 눈에 익지 않은데…."

어느새 날이 저물어 사방이 캄캄해졌어요. 그들은 결국 근처 동굴 안에서 밤을

보내기로 했어요. 이리저리 길을 헤매느라 몹시 지쳤던 모양인지 얼마 지나지 않아 모두 드르렁드르렁 소리를 내며 곯아떨어졌지요.

그렇게 모두가 잠든 고요한 새벽, 어디선가 이상한 기척이 느껴지기 시작했어요. 그런데 바로 그때였어요.

"어흥!!!"

커다란 짐승의 소리에 모두가 깜짝 놀라 후다닥 일어났어요.

"아니! 저건 분명 호랑이 울음소리예요!"

"이럴 수가, 우리 모두 호랑이에게 잡아 먹힐 거야! 이제 어쩌죠?"

안절부절못하는 사람들 사이에서 누군가 조심스레 말을 꺼냈어요.

"…우리가 살아나갈 방법이 하나 있긴 합니다만."

모두가 간절한 마음으로 그가 있는 쪽을 바라봤어요.

이야기를 읽고 맞으면 O, 틀리면 X 하세요.

1 호경은 활 쏘는 능력이 뛰어났지만, 산속 사냥을 하는 데에는 어려움이 있었어요. ☐

2 호경은 몇 날 며칠을 깊이 고민한 뒤에야 전국 방방곡곡을 다니기 시작했어요. ☐

3 호경이 새 삶을 살기 위해 정착한 곳은 '부소산'으로, 땅이 매우 비옥했어요. ☐

4 호경과 사람들은 자신 있게 사냥에 나섰지만, 익숙하지 않은 길이 나오자 불안했어요. ☐

5 사람들은 호랑이 울음소리에 깜짝 놀라 잠에서 깼지만, 애써 놀라지 않은 척했어요. ☐

호경에 대한 설명으로 알맞은 것에 모두 ✔표시하세요.

- □ 활을 아주 잘 쏘았어요
- □ 뛰어난 능력을 숨기고 살았어요
- □ 이상한 기척을 가장 빨리 알아챘어요
- □ 아름다운 여인과 결혼했어요
- □ 마을 사람들과 함께 사냥을 나갔어요
- □ 무서워하는 사람들을 안심시켰어요

밑줄 친 ㉠을 읽고 추측할 수 있는 것으로 알맞은 것을 고르세요.

① 깊은 산속으로 계속 들어갔어요.
② 모두가 지쳐 금세 곯아떨어졌어요.
③ 뭔가 무서운 일이 벌어질 것 같아요.
④ 모두가 간절한 마음으로 기도할 거예요.

앞으로 호경에게 무슨 일이 벌어질지에 대해 친구들이 이야기하고 있습니다. 누구의 의견에 찬성하는지 체크하고, 그 이유를 써 보세요.

호경은 활을 쏘아 호랑이를 잡을 것 같아. 그리고 그는 사람들을 구해 영웅이 될 거야.

□

호경은 하늘의 신에게 기도를 드릴 것 같아. 하늘의 신이 호경을 도와줘서 위기를 극복할 것 같아.

□

추측한 어휘 확인하기

어휘력 키우기

다음 단어의 뜻과 비슷한 것에 체크하세요.

1	방방곡곡	□ 갈 수 있는 모든 곳	□ 살기 좋은 곳
2	눈에 익지 않은데	□ 보기에 예쁘지 않은데	□ 익숙하지 않은데

3 곯아떨어졌지요 ☐ 몹시 피곤해서 바로 잠들었지요 ☐ 몸이 아파 겨우 잠들었지요

4 기척 ☐ 맡기 힘든 고약한 냄새 ☐ 누가 있는 줄 알 만한 소리나 낌새

5 안절부절못하는 ☐ 불안해서 어쩔 줄 모르는 ☐ 간지러워서 가만히 있지 못하는

어울리는 것을 찾아 줄로 이으세요.

1 날쌘 • • 새벽

2 목을 • • 익지 않았어요

3 눈에 • • 저물었어요

4 날이 • • 축였어요

5 고요한 • • 짐승

고사성어로 생각하기

표현력 키우기

다음 내용을 읽고, 밑줄 친 고사성어의 뜻에 해당하는 것에 표시하세요.

'아름다운 산과 물도 보고, 사냥도 마음껏 하니 일석이조(一石二鳥)로구나!'

☐ 한 가지 일을 해서 두 가지 이득을 얻는다는 뜻

☐ 둘 중에 한 가지 일을 선택해야 한다는 뜻

빈칸에 알맞은 고사성어를 써서 문장을 완성해 보세요.

운동을 하니까 기분도 좋아지고 건강도 좋아져. ☐☐☐☐ 다!

다음 단어의 의미를 소리 내어 읽어 보고, 단어를 활용해 빈칸을 채워 보세요.

단어	의미와 예문
날쌔다	움직임이 나는 듯이 재빠르다 머리 위에 비둘기 똥이 떨어지는 순간, 그는 □□□ 피했다.
방방곡곡	한 군데도 빠짐이 없는 모든 곳 우리나라는 전국 □□□□에 버스나 지하철이 있어 편리하다.
목을 축이다	목이 말라 물 등을 마시다 경주를 마친 아이들은 반장이 건넨 음료수로 재빨리 □□ □□□.
눈에 익다	여러 번 보아서 익숙하다 어쩐지 □□ □□ 했더니, 네가 어렸을 적 옆집 살던 아이였구나!
날이 저물다	해가 져서 어두워지다 금세 □□ □□□□ 어둑어둑해졌다.
헤매다	갈 바를 몰라 이리저리 돌아다니다 길 잃은 소년은 골목 이곳저곳을 □□□.
곯아떨어지다	몹시 피곤하거나 술에 취하여 정신을 잃고 자다 밤새 공부한 재희는 시험이 끝나고 집에 오자마자 □□□□□□.
고요하다	조용하고 잠잠하다 모두가 잠든 □□□ 새벽, 방 안에 달빛 한 줄기가 흘러들어왔다.
기척	누가 있는 줄 알 만한 소리나 기색 도둑 아니야? 방금 누군가가 후다닥 도망가는 □□을 들었어!
안절부절못하다	마음이 불안하고 초조하여 어찌할 줄을 모르다 엄마 목걸이를 망가뜨린 지수는 들킬까 봐 □□□□□□□.

고려 <호경> | 두 번째 이야기

생각하며 준비하기

사고력 키우기

지난 이야기에서 읽은 내용을 아래 말을 사용해서 써 보세요.

곯아떨어졌어요	~~새벽에~~	~~들리자~~	고요한	~~지친~~
울음소리	호랑이	안절부절못했어요	호경	사람들

지 친 □ □ 과 □ □ □ 은 □ □ □ □ □ □ □.

하 지 만 □ □ □ 새 벽 에 □ □ □ □ □ □ □

가 들 리 자 모 두 가 □ □ □ □ □ □ □ □.

지난 이야기의 마지막 부분이에요. 호랑이로부터 살아남을 수 있는 방법은 무엇일까요? 상상해 보고 자유롭게 써 보세요.

안절부절못하는 사람들 사이에서 누군가 조심스레 말을 꺼냈어요.
"…우리가 살아나갈 방법이 하나 있긴 합니다만."
모두가 간절한 마음으로 그가 있는 쪽을 바라봤어요.

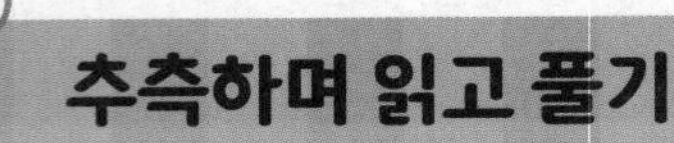

추측하며 읽고 풀기

독해력 키우기

빨간색으로 표시된 단어의 뜻을 생각하면서 다음 이야기를 읽어 보세요.

모든 이의 시선이 집중되자, 그는 침을 한 번 꼴깍 삼킨 뒤 말했어요.

"저 호랑이는 분명 먹이를 먹지 못해 굶주린 상태일 겁니다. 그러니까…."

"그러니까…?"

불안이 가득한 눈들을 바라보며 그는 어렵게 입을 떼었어요.

"…우리 중 하나가 호랑이 밥이 되어야 나머지 사람들이라도 살 수 있다는 거예요."

그의 말에 어느 누구도 쉽게 대답하지 못했어요.

"어흥!!"

하지만 호랑이 울음소리가 더욱더 가까이 들려 오자, 초조해진 사람들은 누구할 것 없이 그의 말에 따르기로 했어요.

"그런데 호랑이에게 희생될 한 명은 어떻게 정하죠?"

"각자 모자를 굴 밖으로 던져 호랑이가 무는 모자의 주인이 호랑이 밥이 되는 걸로 하죠."

그렇게 열 명의 사람들은 모두 쓰고 있던 모자를 벗어 굴 밖으로 힘껏 던졌어요.

'제발 나는 아니길….'

호경 역시 두 손을 모아 간절하게 바라고 또 바랐어요.

곧 호랑이가 어슬렁어슬렁 걸어와 누군가의 모자를 입으로 물었어요. 호랑이가 물어 올린 모자는 바로 '호경'의 것이었어요.

호경은 눈앞이 아찔했어요. 하지만 정한 대로 따라야 했기에 두 눈을 질끈 감고 굴 밖으

로 한 발짝 두 발짝 걸어 나왔어요.

마침내 호경이 굴 밖으로 두 발을 모두 내디딘 순간이었어요. '쿵!' 하는 소리와 함께 동굴이 와르르 무너지기 시작했어요. 동굴 안에 있던 사람들은 모두 목숨을 잃고 말았어요. 놀랍게도 호랑이 밥이 되기로 정해져 있던 호경만이 화를 면하게 되었지요.

호경은 죽은 아홉 명의 몸을 거두어 땅에 고이 묻어 주고, 산신께 감사 인사를 올렸어요. 그러자 산신이 호경 앞에 모습을 드러냈어요.

"나는 이 산을 다스리는 산신으로, 오랫동안 남편을 잃고 혼자 살아왔소. 당신을 구한 건 나와 부부가 되게 하기 위함이었지. 당신은 곧 이 산의 대왕이 될 것이오."

그렇게 호경은 산신의 남편이자 산의 대왕이 되었어요. 하지만 그는 집에 두고 온 아내 생각에 쉽사리 잠을 이루지 못했어요. 그래서 매일 밤 몰래 집으로 가 아내와 함께 밤을 보냈지요.

그 뒤, 호경의 아내는 아들을 가지게 되었어요. 호경은 아이에게 '강충'이라는 이름을 붙여 주었어요. 강충은 훗날 세 나라를 합쳐 '고려'를 세운 '왕건'의 조상이랍니다.

이야기를 읽고 맞으면 O, 틀리면 X 하세요.

1 사람들은 어느 한 사람이 호랑이의 밥이 되는 것을 끝까지 원하지 않았어요. [ ]

2 호랑이가 물어 올린 모자는 다름 아닌 호경의 것이었어요. [ ]

3 동굴이 와르르 무너지는 바람에 아홉 명 중 일부가 목숨을 잃고 말았어요. [ ]

4 호경은 사람들이 목숨을 잃은 것이 모두 산신의 탓이라고 생각했어요. [ ]

5 '강충'은 호경과 산신 사이에서 태어난 아들이었어요. [ ]

위 이야기의 핵심이 되는 사건 세 가지를 아래 상자에서 골라 순서대로 써 보세요.

- 호랑이가 호경의 모자를 물었어요
- 동굴이 무너져 호경만 살아남았어요
- 호경은 쉽게 대답하지 못했어요
- 호경은 두 눈을 질끈 감았어요
- 호경은 산신의 남편이 되었어요
- 호경은 활쏘기를 잘했어요

호경이 무사할 수 있었던 이유로 알맞은 것에 ✔표시하세요.

☐ 호경이 활로 호랑이를 쏘아서
☐ 호경이 정한 방법대로 사람들이 따라서
☐ 열 명의 사람들이 한꺼번에 모자를 던져서
☐ 산신이 부부가 되기 위해 호경을 구해줘서

'강충'이라는 인물에 대한 설명으로 알맞은 것을 고르세요.

① 강충은 산신의 남편이자 산의 대왕이었어요.
② 아내를 몹시 사랑하고 아끼는 사람이었어요.
③ 강충은 호경의 아들로 고려 왕건의 조상이에요.
④ 강충은 산신의 보호를 받으며 왕이 되었어요.

추측한 어휘 확인하기

어휘력 키우기

다음 단어의 뜻과 비슷한 것에 체크하세요.

1	누구 할 것 없이	☐ 모두	☐ 단 한 명
2	희생될	☐ 거칠게 싸울	☐ 목숨이나 재산 등이 버려질
3	아찔했어요	☐ 신이 났어요	☐ 놀라서 정신이 없고 어지러웠어요

4 화를 면했어요 ☐ 화가 나는 것을 참았어요 ☐ 안 좋은 일을 피했어요

5 조상 ☐ 아버지 ☐ 부모 위로 대대의 어른

어울리는 것을 찾아 줄로 이으세요.

1	시선이 •	• 사람들
2	입을 •	• 면하게 되었어요
3	초조해진 •	• 눈을 감았어요
4	질끈 •	• 떼었어요
5	화를 •	• 집중되었어요

생각대로 표현하기

표현력 키우기

다음 빈칸에 들어갈 말을 자유롭게 써 보세요.

1 친구: 학생들의 **시선이 집중되자** 소영이의 얼굴은 빨개지고 목소리가 떨리기 시작했다.

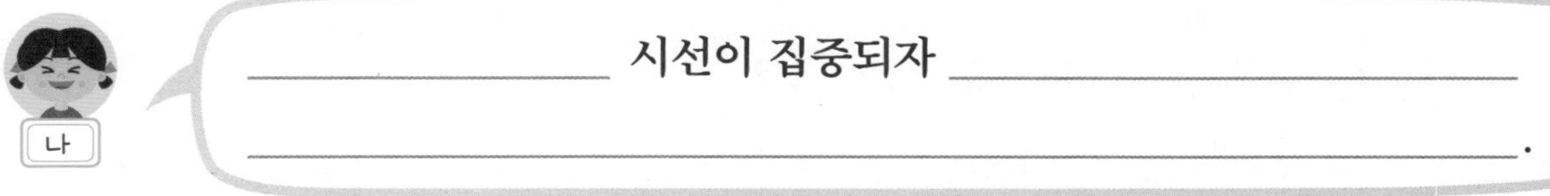

나: ____________ **시선이 집중되자** ____________
____________________________.

2 친구: 사이렌 소리가 울리자 사람들은 **누구 할 것 없이** 모두 서둘러 계단을 뛰어 내려갔다.

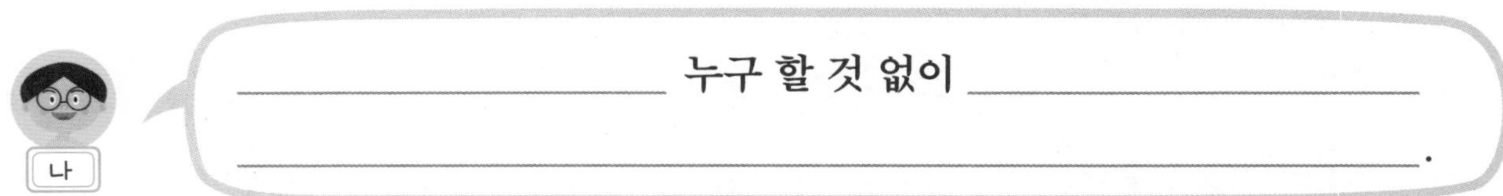

나: ____________ **누구 할 것 없이** ____________
____________________________.

다음 단어의 의미를 소리 내어 읽어 보고, 단어를 활용해 빈칸을 채워 보세요.

시선이 집중되다	주의나 관심이 쏠리다 새로 오신 멋쟁이 선생님에게 아이들의 □□□ □□□□.
굶주리다	먹을 것이 없어서 배를 곯다 □□□ 호랑이는 사람들이 사는 마을까지 내려왔다.
입을 떼다	말을 꺼내다 새 학기 첫날, 짝꿍을 향해 조심스럽게 □□ □□.
초조하다	애가 타서 마음이 조마조마하다 좋아하는 가수의 콘서트 표를 예매하지 못할까 봐 무척 □□□□.
누구 할 것 없이	누구라 가릴 것 없이 모두 다 □□ □ □ □□ 존경했던 선생님이 계셨다.
희생되다	누군가를 위하거나 어떤 목적 때문에 목숨이나 재산 등이 버려지다 호랑이가 무는 모자의 주인이 호랑이에게 □□□ 사람이야..
눈앞이 아찔하다	절망적인 생각이 들어 어찌할 바를 모르거나 긴장되다 다 그린 수채화에 우유를 엎지른 순간 □□□ □□□□.
질끈	바짝 힘을 주어 사이를 눌러 붙이는 모양 번쩍이는 카메라 불빛에 두 눈을 □□ 감았다.
화를 면하다	안 좋은 일을 당하지 않게 되다 호랑이 밥이 되기로 정해져 있던 호경만이 □□ □□□□.
조상	돌아가신 부모 위로 대대의 어른 명절에 우리 집안 □□ 님의 산소를 찾아가 인사를 드렸다.

고려 <작제건> | 첫 번째 이야기

생각하며 준비하기

사고력 키우기

기억에 남을 만한 꿈을 꾼 적이 있었어요? 어떤 꿈이었어요?
꿈속에서의 장면을 그려 보고, 자유롭게 이야기해 보세요.

꿈에서 친구가 솜사탕을 줬는데
너무 달콤하고 맛있어서
깨고 나서도 기분이 좋았어요.

꿈의 내용 ______________________________

가지고 싶은 물건이 있어요? 만약 내가 가진 물건 중 하나와 바꿀 수 있다면, 어떤 것들을 주고받고 싶어요? 왜 그것을 주고받고 싶어요? 자유롭게 써 보세요.

<줄 물건>

<받을 물건>

이유 ______________________________

추측하며 읽고 풀기

독해력 키우기

빨간색으로 표시된 단어의 뜻을 생각하면서 다음 이야기를 읽어 보세요.

강충에게는 두 명의 아들이 있었어요. 첫째는 '이제건', 그리고 둘째는 지리산 스님이 된 '보육'이었어요.

보육이 산에서 내려와 고향 집에서 지낼 때였어요. 하루는 희한한 꿈을 꾸었어요.

꿈에서 보육은 '곡령'이라는 고개에 올라 세상을 내려다보았어요. 그런데 갑자기 오줌이 너무 마려운 거예요. 그는 남쪽을 향해 시원하게 오줌을 누었어요. 그런데 그의 오줌 줄기가 끊이지 않는 게 아니겠어요? 보육의 오줌은 사방으로 흘러서 온 땅을 뒤덮었고, 결국 오줌 바다를 이루고 말았어요.

꿈에서 깬 보육은 꿈속의 장면이 도저히 머릿속에서 잊히지 않았어요.

"눈앞의 오줌 바다가 아직도 또렷하게 기억나는군. 형님께 말씀드려야겠어!"

보육이 형 이제건을 불러 꿈 이야기를 늘어놓자, 이제건은 기쁜 목소리로 말했어요.

"아우야, 이것은 비상한 인물을 낳을 것이라는 길한 꿈이 틀림없다!"

형의 말에 보육은 의아한 표정을 지었어요.

"그렇지만, 형님! 저는 아직 혼인하지 않은 몸인걸요?"

"허허, 내 정신 좀 봐. 이것 참 아쉽게 됐구나. 예사로운 꿈이 아닌 듯한데."

이제건은 잠시 생각에 잠기더니, 보육의 손을 잡고 말했어요.

"아우야! 내 딸 덕주와 혼인하는 것이 어떻겠느냐?"

보육은 잠시 당황했으나, 이내 미소 지으며 답했어요.

"형님 뜻대로 하지요."

그렇게 보육은 이제건의 딸인 덕주와 혼인하여 두 명의 딸을 낳았어요. 그리고 시간이 흘러 보육의 두 딸은 어느덧 아리따운 여인이 되었지요. 특히나 둘째 딸 '진의'는 **문일지십(聞一知十)**일 정도로 총명했어요.

그러던 어느 날이었어요. 첫째 딸이 신기한 꿈을 꾸게 되자, 서둘러 동생 진의를 불러 꿈 이야기를 했어요.

"내가 무슨 꿈을 꾸었는지 아니? 오관산에 올라 오줌을 누었는데, 그것이 흘러 천하를 뒤덮는 게 아니겠니! 망신스러워서 원, 어디 가서 말도 못 꺼내겠어."

잔뜩 상기된 얼굴로 손부채질하는 언니와 달리, 진의는 두 눈을 반짝이며 말했어요.

"언니! 그 꿈 나한테 파는 거 어때?"

첫째는 고개를 갸우뚱하더니, 이내 입꼬리를 슬쩍 올렸어요.

"맨입으로?"

"언니가 눈독 들이던 내 비단 치마 있지? 그걸 줄 테니 나한테 그 꿈을 팔아."

"좋아! 딴말하기 없기다?"

진의는 언니에게 꿈 이야기를 다시 해 달라고 하고는, 둥글게 무언가를 받아 가슴에 안는 시늉을 세 번이나 했어요.

이야기를 읽고 맞으면 O, 틀리면 X 하세요.

1 꿈에서 오관산에 오른 보육이 오줌을 누자, 온 땅이 오줌 바다가 되었어요. ☐

2 시간이 흘러 꿈에 대한 기억이 흐릿해지자 보육은 무척 아쉬워했어요. ☐

3 이제건은 보육이 꾼 꿈이 흔치 않은 좋은 꿈이라고 생각했어요. ☐

4 첫째 딸은 자신의 꿈을 부끄럽게 여겼지만, 동생 진의는 그렇지 않았어요. ☐

5 첫째 딸은 동생 진의의 비단 치마를 받는 대신 자신이 꾼 꿈을 넘겨주었어요. ☐

보육과 보육의 첫째 딸이 꾼 꿈은 무엇이었어요?
아래 상자에서 알맞은 단어들을 골라 한 문장으로 써 보세요.

덮다	또렷하다	높은 곳	총명하다	누다	세상	혼인하다

__________에 올라가서 오줌을 ______는데 오줌이 ______을 __________.

진의는 언니의 꿈을 왜 샀을까요? 가장 적절한 대답을 한 친구를 골라 보세요.

석훈: 부끄러워하는 언니를 위해서 망신스러운 꿈을 산 것 같아. ☐

세연: 뭔가 좋은 일이 일어날 꿈이라는 것을 직감하고 꿈을 산 것 같아. ☐

지은: 언니가 비단 치마를 갖고 싶어 해서 돈 대신 꿈을 받고 판 것 같아. ☐

첫째 딸의 꿈은 어떤 일이 일어날 꿈일까요?

① 부끄러운 일이 일어날 꿈
② 비단 치마를 얻게 될 꿈
③ 훌륭한 인물을 낳게 될 꿈
④ 비상한 인물과 혼인하게 될 꿈

추측한 어휘 확인하기

어휘력 키우기

다음 단어의 뜻과 비슷한 것에 체크하세요.

1 예사로운 ☐ 평범한 ☐ 독특한

2 망신스러워서 ☐ 자랑스러워서 ☐ 창피스러워서

3 맨입 ☐ 아무런 대가도 없는 상태 ☐ 어느 정도의 돈

4 눈독 들이던 ☐ 눈을 다쳐 아프던 ☐ 평소에 가지고 싶어 하던

5 딴말하기 ☐ 미리 정해진 것과 다르게 말하기 ☐ 기분 나쁜 소리를 하기

어울리는 것을 찾아 줄로 이으세요.

1	또렷하게 •	• 인물
2	비상한 •	• 얼굴
3	길한 •	• 말도 못 꺼내겠어요
4	망신스러워서 •	• 꿈
5	상기된 •	• 기억났어요

고사성어로 생각하기

표현력 키우기

다음 내용을 읽고, 밑줄 친 고사성어의 뜻에 해당하는 것에 표시하세요.

보육은 두 명의 딸을 낳았어요. 특히 둘째 딸 '진의'는 문일지십(聞一知十)일 정도로 총명했어요.

☐ 하나를 듣고 열 가지를 미루어 알 만큼 총명하다는 뜻

☐ 하나의 질문에 대답을 열 번이나 할 만큼 말이 많다는 뜻

빈칸에 알맞은 고사성어를 써서 문장을 완성해 보세요.

너 정말 ☐☐☐☐ 이구나. 하나를 들으면 열을 깨우치네!

다음 단어의 의미를 소리 내어 읽어 보고, 단어를 활용해 빈칸을 채워 보세요.

또렷하다	엉클어지거나 흐리지 않고 분명하다 어렸을 때 부모님과 놀이동산에 갔던 기억이 아직도 □□□□.
비상하다	평범하지 않고 뛰어나다 10살밖에 안 됐는데 이런 그림을 그릴 수 있다니 □□□ 아이구나!
길하다	운이 좋거나 상서롭다 오줌을 누어 온 세상이 오줌 바다가 되는 꿈은 □□ 꿈이 틀림없어!
예사롭다	흔히 있을 만하다 황금빛 구름이 나타나다니 □□□□ 않은 일이다.
총명하다	영리하고 재주가 있다 진의는 하나를 가르쳐 주면 열을 알 만큼 □□□□.
망신스럽다	망신을 당하는 느낌이 있다 이불에 오줌을 싼 것을 동생에게 들켜서 너무 □□□□□□.
상기되다	흥분이나 부끄러움으로 얼굴이 붉어지다 짝사랑하는 친구와 눈이 마주치자 민호의 얼굴은 잔뜩 □□□□.
맨입	아무런 대가도 치르지 아니한 상태를 비유적으로 이르는 말 언니는 자신에게 꿈을 팔라는 진의에게 "□□으로?"라고 물었다.
눈독 들이다	욕심을 내어 살펴보다 옆 친구가 자꾸 내 병아리 캐릭터 필통에 □□ □□□ 것 같아.
딴말하다	미리 정해진 것이나 본뜻에 어긋나는 말을 하다 나중에 □□□□ 않기로 지금 나랑 손가락 걸고 약속해!

고려 <작제건> | 두 번째 이야기

생각하며 준비하기

사고력 키우기

지난 이야기에서 읽은 내용을 아래 말을 사용해서 써 보세요.

비단 치마 꿈 산 올라 오줌 천하
주고 샀어요 꾸었어요 ~~누자~~ ~~뒤덮이는~~

첫째 딸이 ___에 올라 ___을 누자
___가 오줌으로 뒤덮이는 ___을
____. 진의는 언니에게 ___ ___
를 ___ 꿈을 ___.

비단 치마를 주고 언니의 꿈을 산 진의에게 과연 어떤 일이 일어날까요?
상상해 보고 자유롭게 써 보세요.

추측하며 읽고 풀기

독해력 키우기

빨간색으로 표시된 단어의 뜻을 생각하면서 다음 이야기를 읽어 보세요.

얼마 뒤, 보육의 집에 귀한 손님이 찾아오게 되었어요. 그는 당나라에서 온 사람이었는데, 아름다운 산과 강을 찾아 유람하다가 이 나라 고구려까지 오게 된 것이었어요. 그는 고구려에서 가장 크고 으리으리한 집인 보육의 집을 찾아갔어요.

"나는 당나라의 귀족입니다. 이곳에서 하룻밤을 묵으려 하는데 괜찮겠습니까?"

보육은 그가 보통 귀족이 아님을 직감했어요. 그는 당나라 손님을 극진히 대접하고, 손님의 행동을 눈여겨보았어요. 얼마 지나지 않아 보육은 당나라 손님이 자신의 두 딸에게 눈을 떼지 못하고 있다는 것을 알아차릴 수 있었어요.

"척하면 삼천리지. 내 딸들에게 관심이 있는 게 틀림없군."

당나라 손님은 보육의 두 딸과 가까이하고 싶었어요. 그는 고민 끝에 묘안을 생각해 냈어요. 그는 자신의 옷자락를 쥐어 보이며 보육에게 말했어요.

㉠ "   "

보육은 그의 말에 웃으며 대답했어요.

"걱정 마세요. 제 딸들의 바느질 솜씨가 무척 좋답니다."

보육은 첫째 딸을 당나라 손님의 방에 들여보냈어요. 그런데 이게 웬일이에요? 첫째 딸이 문을 열고 들어가려다 발을 헛디디는 바람에 바닥에 크게 넘어지고 만 것이었어요. 첫째 딸이 코피를 쏟는 바람에 보육은 둘째 딸 진의를 대신 들여보냈어요.

그날 밤, 당나라 손님은 고운 얼굴에 총명함까지 가진 진의에게 마음을 빼앗긴 듯했어요. 두 사람은 밤새 이야기꽃을 피우고 다음 날 아침을 함께 맞이했지요. 그렇게 하룻밤 묵으려던 것이 며칠이 되고, 며칠이 몇 달이 되었어요.

그러던 어느 날 진의는 당나라 손님의 아이를 가지게 되었어요. 더 놀라운 것은, 당나라 손님이 바로 당나라의 왕자였다는 사실이었어요.

얼마 뒤, 당나라 왕자는 진의의 손에 무언가를 소중히 건네었어요. 그것은 바로 활과 화살이었어요.

"우리의 아이가 태어나 자라거든, 이 활과 화살을 주시오."

당나라 왕자는 그 말을 마지막으로 당나라로 떠났어요.

"으앙! 으앙!"

시간이 흘러 보육의 집에서는 우렁찬 사내아이의 울음소리를 들을 수 있었어요. 아이는 무럭무럭 자라 활 솜씨가 뛰어난 건장한 청년으로 자랐어요. 이 청년의 이름은 '작제건'이랍니다. 훗날, 그의 손자인 '왕건'이 '고려'를 세우게 되지요.

이야기를 읽고 맞으면 O, 틀리면 X 하세요.

1 보육의 집에 찾아온 사람은 고구려의 귀족이었어요. ☐

2 당나라 손님은 보육의 두 딸을 더 알아가고 싶은 마음에 꾀를 내었어요. ☐

3 보육은 첫째 딸의 바느질 솜씨를 자랑하고자 첫째 딸만 손님 방에 들어가게 했어요. ☐

4 첫째 딸이 방에 들어가려다 넘어지는 바람에 둘째인 진의가 대신 들어갔어요. ☐

5 작제건의 할아버지는 '고려'라는 나라를 세운 '왕건'이에요. ☐

당나라 손님은 보육의 두 딸과 가까워지고 싶었어요. 그가 생각해 낸 묘안은 무엇이었을까요? 본문의 ㉠에 들어갈 말로 알맞은 것을 찾아보세요.

걱정 마세요.
제 딸들의 바느질 솜씨가
아주 좋답니다.
보육

① 옷에 지저분한 것이 묻었군요. 좀 닦아주실 수 있을까요?
② 옷에 구멍이 났군요. 갈아입을 옷을 주실 수 있겠습니까?
③ 제 옷자락이 조금 찢어졌군요. 누가 그랬는지 찾아주십시오.
④ 제 옷자락이 조금 찢어졌군요. 옷을 꿰매어 줄 만한 분이 계실까요?

진의에게 일어난 일을 정리한 글입니다.
밑줄 친 단어 중 틀린 부분을 찾아 고쳐 보세요. (3개)

진의는 산에 올라가 오줌을 누는 꿈을 팔았어요. 진의는 그 꿈이 길한 꿈이라고 생각했기 때문이에요. 얼마 후 당나라 왕자가 진의의 집에서 머물게 되었어요. 진의는 당나라 왕자의 떨어진 가방을 꿰매주게 되었고, 그 일을 계기로 왕자와 진의는 가까워졌어요. 그러던 어느 날 두 사람 사이에서 아이가 태어났어요. 태어난 아이는 '작제건'으로, 그의 아들이 고려를 세운 왕건이에요.

1 ______________ → ______________

2 ______________ → ______________

3 ______________ → ______________

추측한 어휘 확인하기

어휘력 키우기

다음 단어의 뜻과 비슷한 것에 체크하세요.

1	유람하다가	☐ 돌아다니며 보다가	☐ 배를 타다가
2	눈여겨보았어요	☐ 뚫어지게 쳐다보았어요	☐ 주의 깊게 살폈어요
3	척하면 삼천리	☐ 생각을 빠르게 알아차리다	☐ 자신만만하다

4	묘안	☐ 특이한 생각	☐ 좋은 생각
5	가까이하고 싶었어요	☐ 친하게 지내고 싶었어요	☐ 바짝 붙고 싶었어요

어울리는 것을 찾아 줄로 이으세요.

1	하룻밤 •		• 울음소리
2	척하면 •		• 빼앗긴
3	마음을 •		• 삼천리
4	우렁찬 •		• 청년
5	건장한 •		• 묵으려 하는데

생각대로 표현하기

표현력 키우기

어떨 때 '척하면 삼천리'라는 말을 쓸 수 있을까요?

친구의 표정만 봐도 친구가 그 놀이를 하고 싶은지 아닌지 알 수 있을 때 쓸 수 있어요.

____

______________________________.

무언가에 마음을 빼앗긴 적이 있어요? 언제, 무엇 때문에 그랬어요?

새로 나온 장난감에 마음을 빼앗겨서 부모님께 계속 사달라고 졸랐어요.

______________________________.

다음 단어의 의미를 소리 내어 읽어 보고, 단어를 활용해 빈칸을 채워 보세요.

단어	의미 및 예문
유람하다	돌아다니며 구경하다 나는 세계 각지의 아름다운 숲을 □□□□ 싶다.
묵다	일정한 곳에서 나그네로 머무르다 시골 할머니 댁에서 며칠 □□ 되었다.
눈여겨보다	주의 깊게 잘 살펴보다 선생님은 문제 학생의 행동을 하나하나 □□□□□.
척하면 삼천리	상대의 의도나 돌아가는 상황을 재빠르게 알아차림을 비유적으로 이르는 말 내가 널 몇 년이나 봤는데, □□□ □□□지!
관심	마음이 끌려 주의를 기울임 요새 □□이 가는 동화책들이 몇 권 있다.
가까이하다	사람과 사람 사이의 관계를 친밀하게 하다 말을 함부로 하는 친구는 □□□□□ 말아라.
묘안	뛰어나게 좋은 생각 며칠 밤을 고민하고 또 해봐도 □□이 떠오르지 않아.
마음을 빼앗기다	어떠한 것에 마음이 사로잡혀 쏠리게 되다 아름다운 목소리의 가수에게 □□□ □□□□ 그의 팬이 되었다.
우렁차다	소리의 울림이 매우 크고 힘차다 옆집 꼬마가 아침부터 □□□ 목소리로 노래를 불러댔다.
건장하다	몸이 튼튼하고 기운이 세다 우리 삼촌은 태권도를 해서 그런지 몸이 아주 □□□□.

<호경> & <작제건> 복습하기

어휘 확인하기

다음 단어를 보고 아는 것에 ✓ 표시하세요.

호경 1	호경 2	작제건 1	작제건 2
□ 날쌔다	□ 시선이 집중되다	□ 또렷하다	□ 유람하다
□ 방방곡곡	□ 굶주리다	□ 비상하다	□ 묵다
□ 목을 축이다	□ 입을 떼다	□ 길하다	□ 눈여겨보다
□ 눈에 익다	□ 초조하다	□ 예사롭다	□ 척하면 삼천리
□ 날이 저물다	□ 누구 할 것 없이	□ 총명하다	□ 관심
□ 헤매다	□ 희생되다	□ 망신스럽다	□ 가까이하다
□ 곯아떨어지다	□ 눈앞이 아찔하다	□ 상기되다	□ 묘안
□ 고요하다	□ 질끈	□ 맨입	□ 마음을 빼앗기다
□ 기척	□ 화를 면하다	□ 눈독 들이다	□ 우렁차다
□ 안절부절못하다	□ 조상	□ 딴말하다	□ 건장하다

어휘 연습하기

호경 | 첫 번째 이야기

다음 빈칸에 들어갈 말을 골라 알맞게 고쳐 쓰세요.

눈에 익다	안절부절못하다	방방곡곡	곯아떨어지다

1 우리나라 ______ 의 맛있는 음식들을 모두 먹어 보고 싶어!

2 ______ 길이 나와 드디어 안심했다.

3 부모님을 따라 등산을 갔다 온 날, 집에 오자마자 ______.

4 거짓말한 것을 들킬까 봐 ______.

호경 | 두 번째 이야기

다음 빈칸에 들어갈 말을 골라 알맞게 고쳐 쓰세요.

눈앞이 아찔하다	초조하다	시선이 집중되다	입을 떼다

1 선생님이 전학생을 소개하자 반 아이들의 ______.

2 처음 본 사람들이 모인 자리에서 한 사람이 어렵게 ______.

3 잃어버린 지갑을 영영 못 찾을까 봐 ______.

4 사촌 동생이 내 방을 마구 어지럽힌 걸 본 순간, ______.

작제건 | 첫 번째 이야기

다음 빈칸에 들어갈 말을 골라 알맞게 고쳐 쓰세요.

맨입　　눈독 들이다　　또렷하다　　총명하다

1 날씨가 맑아서 그런지 밤하늘에 뜬 별이 오늘따라 □□□□ 보인다.

2 내 친구는 하나를 배우면 열을 아는 □□□ 친구다.

3 □□으로 부탁하면 내가 들어줄 것 같아?

4 동생이 자꾸 내 하늘색 치마에 □□ □□□.

작제건 | 두 번째 이야기

다음 빈칸에 들어갈 말을 골라 알맞게 고쳐 쓰세요.

척하면 삼천리　　눈여겨보다　　우렁차다　　관심

1 좋아하는 드라마의 한 장면 한 장면을 □□□□□.

2 엄마는 □□□ □□□지. 우리 딸 얼굴만 봐도 무슨 생각 하는지 다 알아!

3 언제부턴가 요리하는 것에 □□이 생기기 시작했다.

4 선생님이 출석번호를 부르자 아이들은 □□□ 목소리로 대답하기 시작했다.

맥락 파악하기

호경

이야기를 순서에 맞게 나열해 보세요.

1 곧 산신이 호경 앞에 모습을 드러내며 부부가 될 것을 원하여 호경은 산신의 남편이자 산의 대왕이 되었어요.

2 호랑이가 결국 호경의 모자를 무는 바람에 호경이 동굴 밖으로 나온 순간, 동굴이 무너져서 아홉 마을 사람은 죽고 호경만이 살 수 있었어요.

3 어느 날, 호경과 아홉 명의 마을 사람들은 산속 사냥을 나갔다가 길을 잃어 동굴에서 하룻밤을 보내게 되었어요.

4 그런데 고요한 새벽, 호랑이 울음소리가 들리자 사람들은 모자를 굴 밖으로 던져 호랑이가 무는 모자의 주인이 호랑이 밥이 되기로 정했어요.

5 방방곡곡을 다니던 호경은 부소산에 정착해 행복한 가정을 꾸렸어요.

6 하지만 호경은 예전 아내가 그리워 매일 밤 몰래 아내를 찾아가 밤을 보냈고, 호경의 아내는 아들을 낳았어요. 그는 '강충'으로, 왕건의 조상이에요.

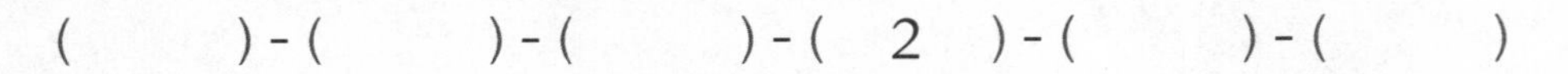

(　　) - (　　) - (　　) - (2) - (　　) - (　　)

작제건

이야기를 순서에 맞게 나열해 보세요.

1 하루는 보육이 고개에 올라 오줌을 누자 오줌이 온 땅을 뒤덮어 바다를 이루는 꿈을 꾸었어요.

2 얼마 뒤, 보육의 집에 묵게 된 당나라 왕자는 보육의 두 딸에게 반해 꾀를 내어 보육에게 자신의 찢어진 옷자락을 꿰매어 줄 사람이 없냐고 물었어요.

3 길한 꿈임을 알아본 이제건은 보육을 자신의 딸 덕주와 혼인하게 했고, 두 사람 사이에 두 딸이 태어났어요.

4 보육은 당나라 왕자의 의도를 파악하고 첫째를 그의 방에 보냈지만, 넘어져서 코피가 나는 바람에 둘째인 진의가 대신 들어가게 되었어요.

5 보육의 첫째 딸 역시 오줌 바다를 이루는 꿈을 꾸었는데, 둘째인 진의가 첫째에게 비단치마를 주고 그 꿈을 샀어요.

6 당나라 왕자와 진의는 함께 밤을 보냈고, 진의는 당나라 왕자의 아이인 '작제건'을 낳게 되는데, 그가 고려를 세운 왕건의 할아버지랍니다.

(1) - (　　) - (　　) - (　　) - (　　) - (　　)

고사성어 떠올리기

<호경> 이야기에서 '일석이조'라는 고사성어가 등장했어요.
다음 표현 중 '일석이조'와 비슷한 뜻을 가진 것을 찾아 모두 O 표시해 보세요.

- 아름다운 산과 물도 보고, 사냥도 마음껏 하니 참으로 좋구나!
- 홍익인간
- 백발백중
- 꿩 먹고 알 먹고
- 헛수고하다
- 방방곡곡
- 학수고대
- 진수성찬
- 도랑 치고 가재 잡고
- 기상천외
- 이구동성
- 한 개의 돌을 던져 두 마리의 새를 잡다

<작제건> 이야기에서 '문일지십'에 해당하는 사람이 있었어요. 그 사람은 누구인가요?
그 사람을 그려 보고, 그에 대한 물음에 자유롭게 답해 보세요.

<인물 그림>

<인물의 이름>

<문일지십에 해당하는 이유>

정답과 해설

1주차 1일

고조선 <단군> | 첫 번째 이야기

생각하며 준비하기 사고력 키우기

다음 질문에 대한 여러분의 생각을 자유롭게 써 보세요.

소원이 있어요? 뭐예요?

(예시) 제 소원은 제가 쓴 그림 일기를 모아 책을 내는 거예요.

어떻게 하면 그 소원이 이루어질 수 있을까요?

(예시) 매일 밤마다 그림 일기를 빠뜨리지 않고 써야 할 것 같아요.

다음은 단군 신화에 나오는 장면 중의 하나입니다.
곰과 호랑이에게 환웅은 뭐라고 말했을까요? 상상해 보고 자유롭게 써 보세요.

사람이 되고 싶습니다!

(예시) 너희가 사람이 되려면
저 동굴에 들어가서 100일 동안
쑥과 마늘만 먹고 버텨야 한다.

한 번에 키우기 11

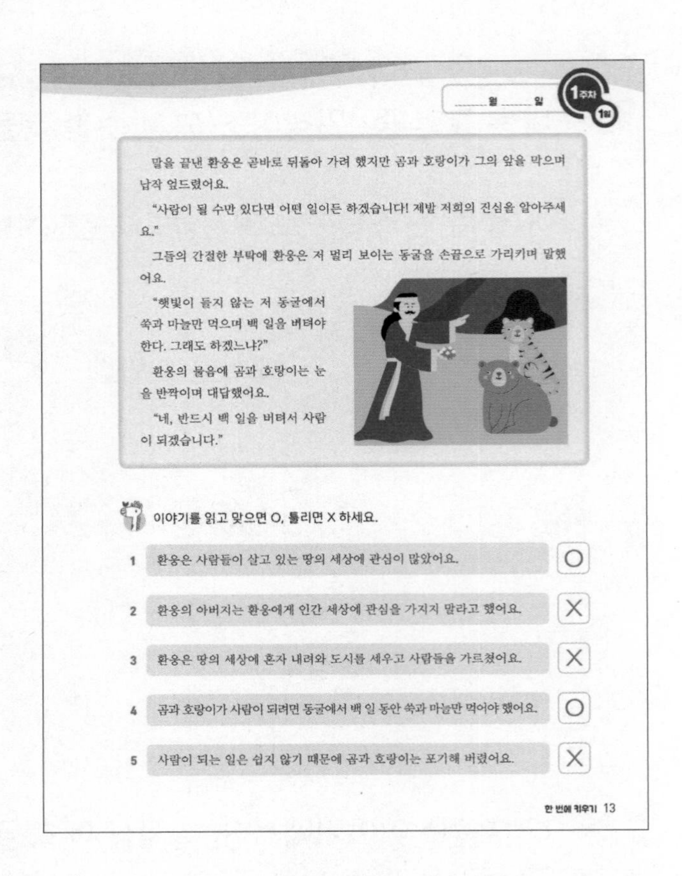

___월 ___일 1주차 1일

말을 끝낸 환웅은 곧바로 뒤돌아 가려 했지만 곰과 호랑이가 그의 앞을 막으며 납작 엎드렸어요.

"사람이 될 수만 있다면 어떤 일이든 하겠습니다! 제발 저희의 진심을 알아주세요."

그들의 간절한 부탁에 환웅은 저 멀리 보이는 동굴을 손끝으로 가리키며 말했어요.

"햇빛이 들지 않는 저 동굴에서 쑥과 마늘만 먹으며 백 일을 버텨야 한다. 그래도 하겠느냐?"

환웅의 물음에 곰과 호랑이는 눈을 반짝이며 대답했어요.

"네, 반드시 백 일을 버텨서 사람이 되겠습니다."

이야기를 읽고 맞으면 O, 틀리면 X 하세요.

1. 환웅은 사람들이 살고 있는 땅의 세상에 관심이 많았어요. (O)
2. 환웅의 아버지는 환웅에게 인간 세상에 관심을 가지지 말라고 했어요. (X)
3. 환웅은 땅의 세상에 혼자 내려와 도시를 세우고 사람들을 가르쳤어요. (X)
4. 곰과 호랑이가 사람이 되려면 동굴에서 백 일 동안 쑥과 마늘만 먹어야 했어요. (O)
5. 사람이 되는 일은 쉽지 않기 때문에 곰과 호랑이는 포기해 버렸어요. (X)

한 번에 키우기 13

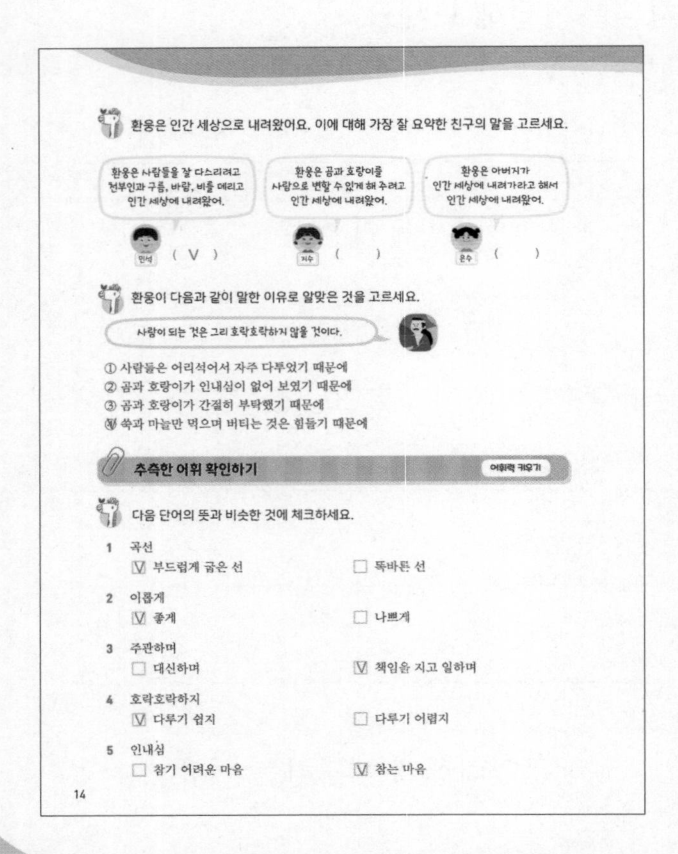

환웅은 인간 세상으로 내려왔어요. 이에 대해 가장 잘 요약한 친구의 말을 고르세요.

- 민석: 환웅은 사람들을 잘 다스리려고 천부인과 구름, 바람, 비를 데리고 인간 세상에 내려왔어. (V)
- 지수: 환웅은 곰과 호랑이를 사람으로 변할 수 있게 해 주려고 인간 세상에 내려왔어. ( )
- 은수: 환웅은 아버지가 인간 세상에 내려가라고 해서 인간 세상에 내려왔어. ( )

환웅이 다음과 같이 말한 이유로 알맞은 것을 고르세요.

사람이 되는 것은 그리 호락호락하지 않을 것이다.

① 사람들은 어리석어서 자주 다투었기 때문에
② 곰과 호랑이가 인내심이 없어 보였기 때문에
③ 곰과 호랑이가 간절히 부탁했기 때문에
④ 쑥과 마늘만 먹으며 버티는 것은 힘들기 때문에 (V)

추측한 어휘 확인하기 어휘력 키우기

다음 단어의 뜻과 비슷한 것에 체크하세요.

1. 곡선
   - [V] 부드럽게 굽은 선
   - [ ] 똑바른 선
2. 이롭게
   - [V] 좋게
   - [ ] 나쁘게
3. 주관하며
   - [ ] 대신하며
   - [V] 책임을 지고 일하며
4. 호락호락하지
   - [V] 다루기 쉽지
   - [ ] 다루기 어렵지
5. 인내심
   - [ ] 참기 어려운 마음
   - [V] 참는 마음

14

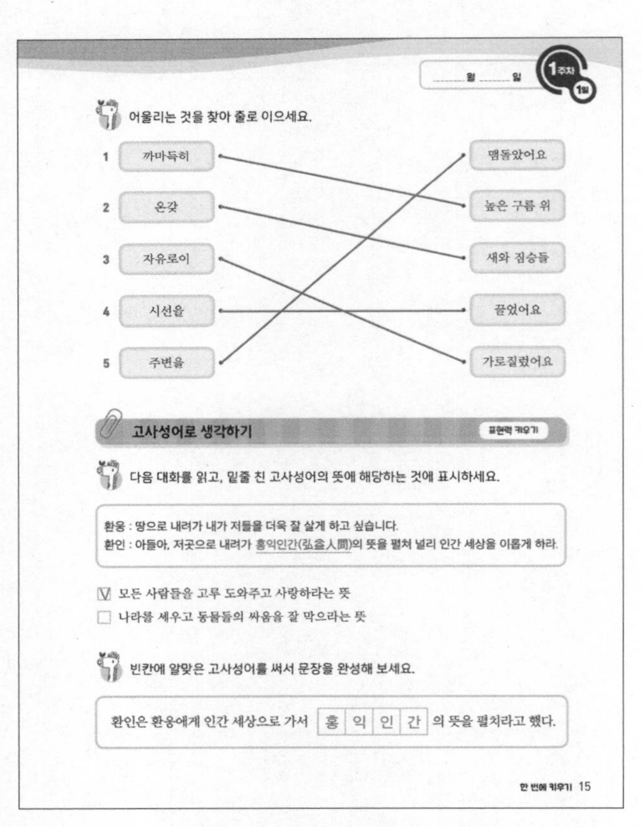

___월 ___일 1주차 1일

어울리는 것을 찾아 줄로 이으세요.

1. 까마득히 — 높은 구름 위
2. 온갖 — 새와 짐승들
3. 자유로이 — 가로질렀어요
4. 시선을 — 끝었어요
5. 주변을 — 맴돌았어요

고사성어로 생각하기 표현력 키우기

다음 대화를 읽고, 밑줄 친 고사성어의 뜻에 해당하는 것에 표시하세요.

환웅 : 땅으로 내려가 내가 저들을 더욱 잘 살게 하고 싶습니다.
환인 : 아들아, 저곳으로 내려가 홍익인간(弘益人間)의 뜻을 펼쳐 널리 인간 세상을 이롭게 하라.

- [V] 모든 사람들을 고루 도와주고 사랑하라는 뜻
- [ ] 나라를 세우고 동물들의 싸움을 잘 막으라는 뜻

빈칸에 알맞은 고사성어를 써서 문장을 완성해 보세요.

환인은 환웅에게 인간 세상으로 가서 홍 익 인 간 의 뜻을 펼치라고 했다.

한 번에 키우기 15

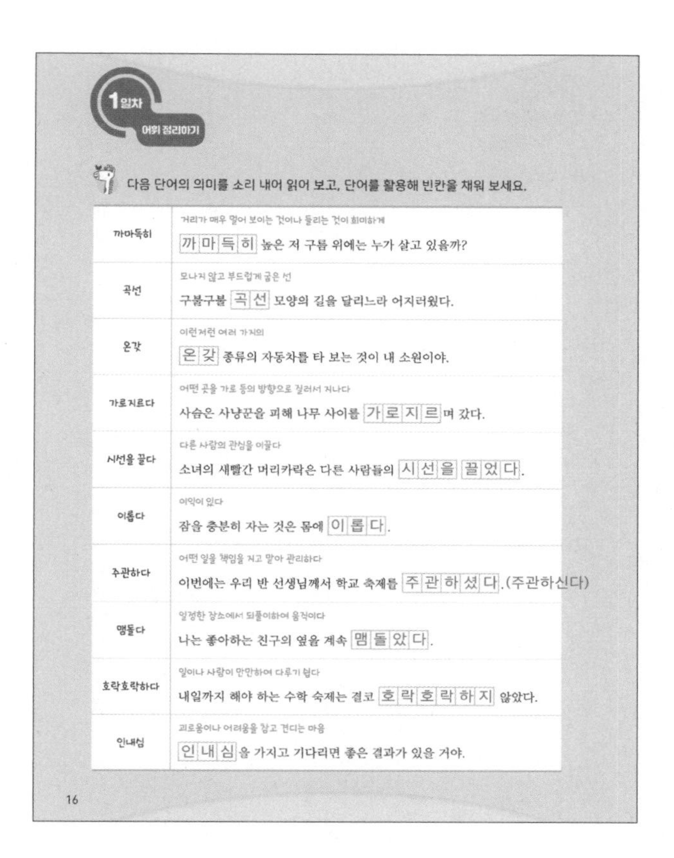

1일차 어휘 정리하기

다음 단어의 의미를 소리 내어 읽어 보고, 단어를 활용해 빈칸을 채워 보세요.

까마득히	거리가 매우 멀어 보이는 것이나 들리는 것이 희미하게 까마득히 높은 저 구름 위에는 누가 살고 있을까?
곡선	모나지 않고 부드럽게 굽은 선 구불구불 곡선 모양의 길을 달리느라 어지러웠다.
온갖	이런저런 여러 가지의 온갖 종류의 자동차를 타 보는 것이 내 소원이야.
가로지르다	어떤 곳을 가로 등의 방향으로 질러서 지나다 사슴은 사냥꾼을 피해 나무 사이를 가로지르며 갔다.
시선을 끌다	다른 사람의 관심을 이끌다 소녀의 새빨간 머리카락은 다른 사람들의 시선을 끌었다.
이롭다	이익이 있다 잠을 충분히 자는 것은 몸에 이롭다.
주관하다	어떤 일을 책임을 지고 맡아 관리하다 이번에는 우리 반 선생님께서 학교 축제를 주관하셨다.(주관하신다)
맴돌다	일정한 장소에서 되풀이하여 움직이다 나는 좋아하는 친구의 옆을 계속 맴돌았다.
호락호락하다	일이나 사람이 만만하여 다루기 쉽다 내일까지 해야 하는 수학 숙제는 결코 호락호락하지 않았다.
인내심	괴로움이나 어려움을 참고 견디는 마음 인내심을 가지고 기다리면 좋은 결과가 있을 거야.

16

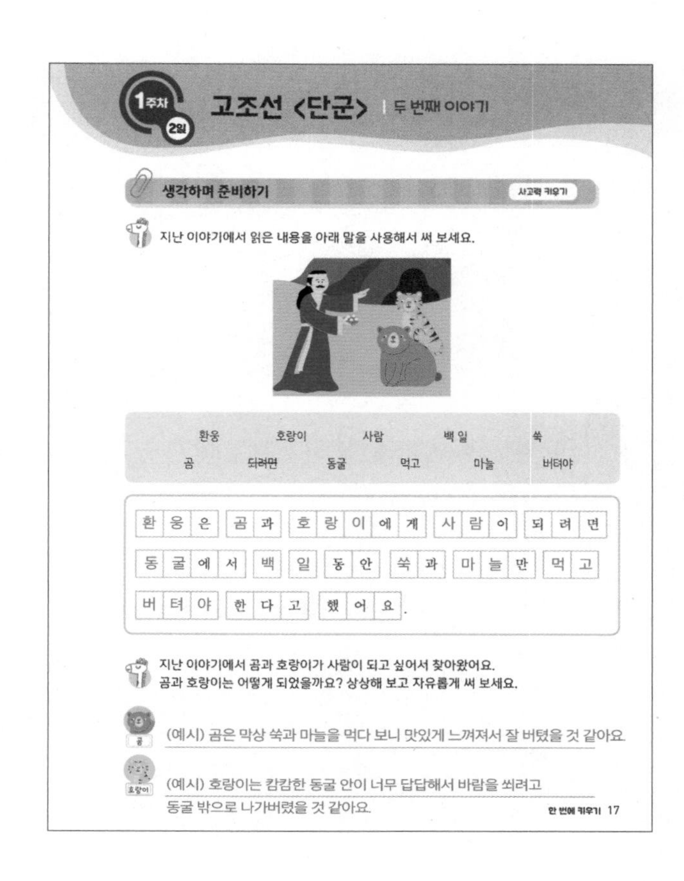

1주차 2일 고조선 <단군> | 두 번째 이야기

생각하며 준비하기 — 사고력 키우기

지난 이야기에서 읽은 내용을 아래 말을 사용해서 써 보세요.

환웅 호랑이 사람 백 일 쑥
곰 되려면 동굴 먹고 마늘 버텨야

환웅은 곰과 호랑이에게 사람이 되려면 동굴에서 백 일 동안 쑥과 마늘만 먹고 버텨야 한다고 했어요.

지난 이야기에서 곰과 호랑이가 사람이 되고 싶어서 찾아왔어요.
곰과 호랑이는 어떻게 되었을까요? 상상해 보고 자유롭게 써 보세요.

곰: (예시) 곰은 막상 쑥과 마늘을 먹다 보니 맛있게 느껴져서 잘 버텼을 것 같아요.

호랑이: (예시) 호랑이는 캄캄한 동굴 안이 너무 답답해서 바람을 쐬려고 동굴 밖으로 나가버렸을 것 같아요.

한 번에 키우기 17

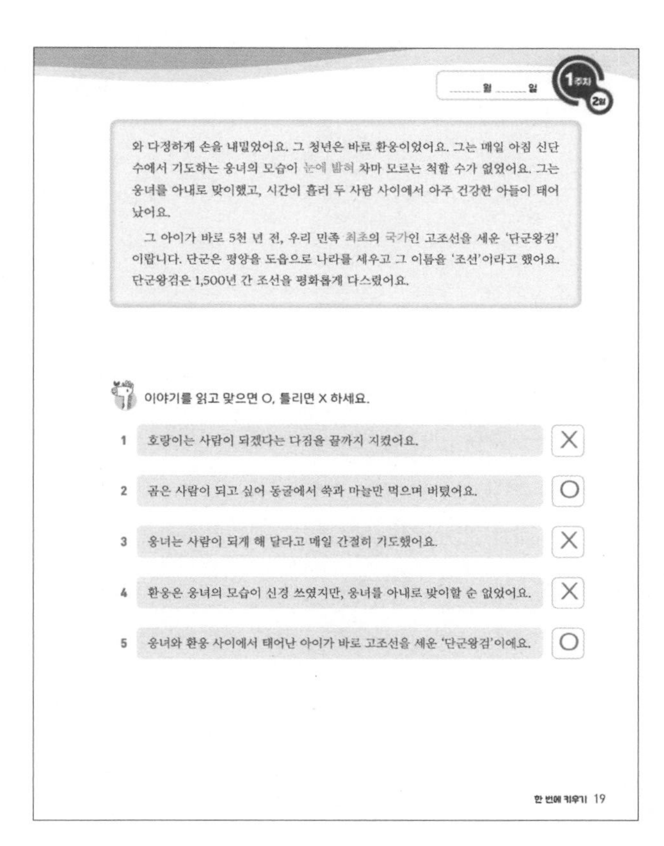

____월 ____일 1주차 2일

와 다정하게 손을 내밀었어요. 그 청년은 바로 환웅이었어요. 그는 매일 아침 신단수에서 기도하는 웅녀의 모습이 눈에 밟혀 차마 모르는 척할 수가 없었어요. 그는 웅녀를 아내로 맞이했고, 시간이 흘러 두 사람 사이에서 아주 건강한 아들이 태어났어요.

그 아이가 바로 5천 년 전, 우리 민족 최초의 국가인 고조선을 세운 '단군왕검'이랍니다. 단군은 평양을 도읍으로 나라를 세우고 그 이름을 '조선'이라고 했어요. 단군왕검은 1,500년 간 조선을 평화롭게 다스렸어요.

이야기를 읽고 맞으면 O, 틀리면 X 하세요.

1 호랑이는 사람이 되겠다는 다짐을 끝까지 지켰어요. X
2 곰은 사람이 되고 싶어 동굴에서 쑥과 마늘만 먹으며 버텼어요. O
3 웅녀는 사람이 되게 해 달라고 매일 간절히 기도했어요. X
4 환웅은 웅녀의 모습이 신경 쓰였지만, 웅녀를 아내로 맞이할 순 없었어요. X
5 웅녀와 환웅 사이에서 태어난 아이가 바로 고조선을 세운 '단군왕검'이에요. O

한 번에 키우기 19

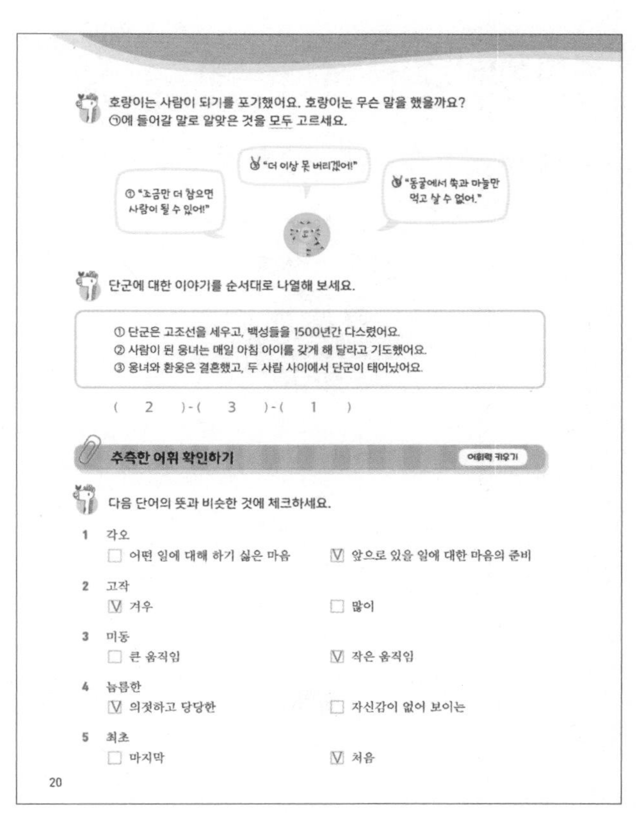

호랑이는 사람이 되기를 포기했어요. 호랑이는 무슨 말을 했을까요?
㉠에 들어갈 말로 알맞은 것을 모두 고르세요.

단군에 대한 이야기를 순서대로 나열해 보세요.

① 단군은 고조선을 세우고, 백성들을 1500년간 다스렸어요.
② 사람이 된 웅녀는 매일 아침 아이를 갖게 해 달라고 기도했어요.
③ 웅녀와 환웅은 결혼했고, 두 사람 사이에서 단군이 태어났어요.

(2)-(3)-(1)

추측한 어휘 확인하기 — 어휘력 키우기

다음 단어의 뜻과 비슷한 것에 체크하세요.

1 각오
☐ 어떤 일에 대해 하기 싫은 마음 ☑ 앞으로 있을 일에 대한 마음의 준비

2 고작
☑ 겨우 ☐ 많이

3 미동
☐ 큰 움직임 ☑ 작은 움직임

4 늠름한
☑ 의젓하고 당당한 ☐ 자신감이 없어 보이는

5 최초
☐ 마지막 ☑ 처음

20

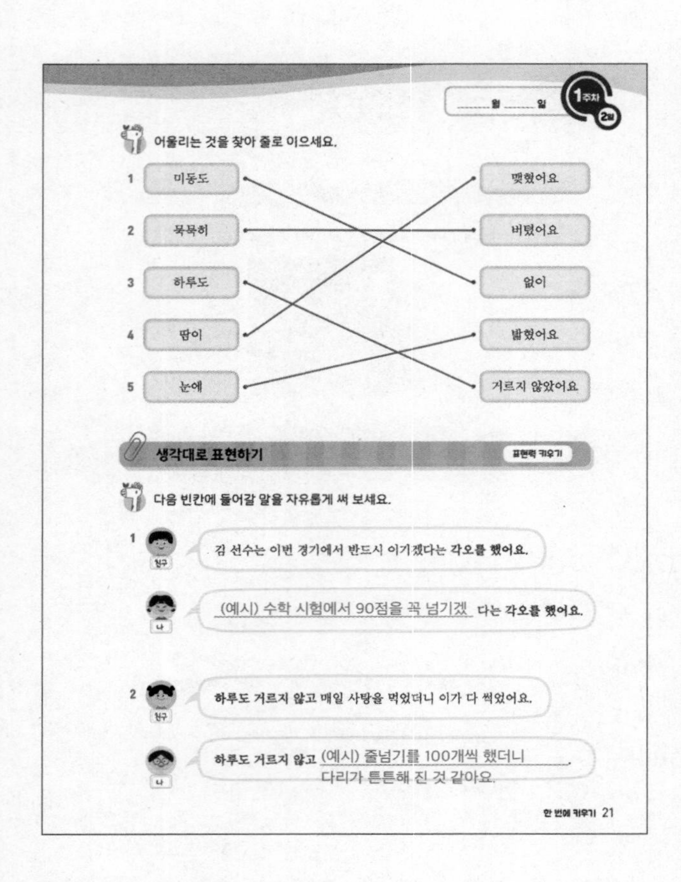

___월 ___일 1주차 2일

어울리는 것을 찾아 줄로 이으세요.

1 미동도 — 없이
2 묵묵히 — 버텼어요
3 하루도 — 거르지 않았어요
4 땀이 — 맺혔어요
5 눈에 — 밟혔어요

생각대로 표현하기 표현력 키우기

다음 빈칸에 들어갈 말을 자유롭게 써 보세요.

1
친구: 김 선수는 이번 경기에서 반드시 이기겠다는 각오를 했어요.
나: (예시) 수학 시험에서 90점을 꼭 넘기겠 다는 각오를 했어요.

2
친구: 하루도 거르지 않고 매일 사탕을 먹었더니 이가 다 썩었어요.
나: 하루도 거르지 않고 (예시) 줄넘기를 100개씩 했더니 다리가 튼튼해 진 것 같아요.

한 번에 키우기 21

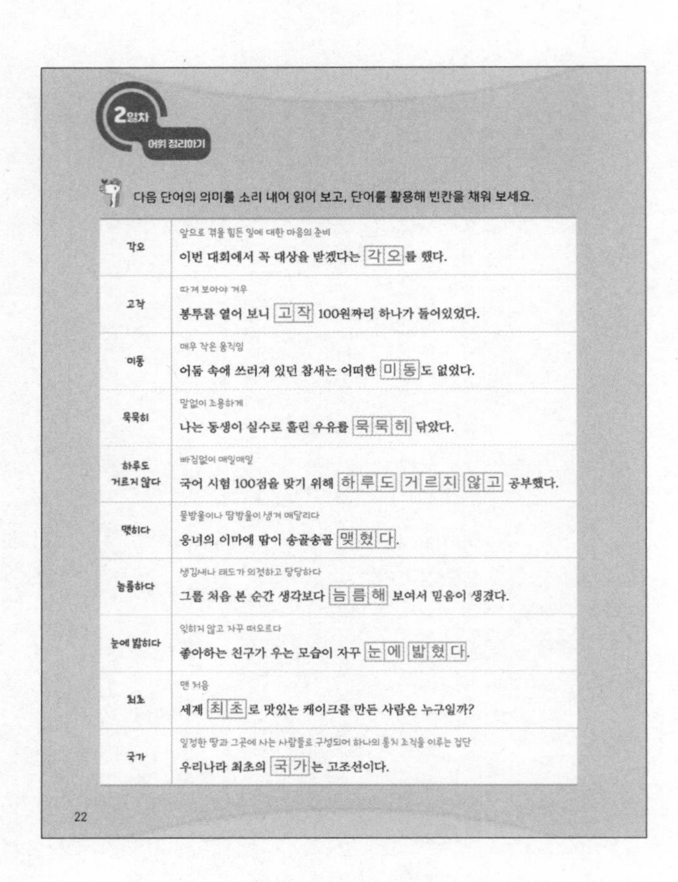

2일차 어휘 정리하기

다음 단어의 의미를 소리 내어 읽어 보고, 단어를 활용해 빈칸을 채워 보세요.

각오	앞으로 겪을 힘든 일에 대한 마음의 준비 이번 대회에서 꼭 대상을 받겠다는 [각오]를 했다.
고작	따져 보아야 겨우 봉투를 열어 보니 [고작] 100원짜리 하나가 들어있었다.
미동	매우 작은 움직임 어둠 속에 쓰러져 있던 참새는 어떠한 [미동]도 없었다.
묵묵히	말없이 조용하게 나는 동생이 실수로 흘린 우유를 [묵묵히] 닦았다.
하루도 거르지 않다	빠짐없이 매일매일 국어 시험 100점을 맞기 위해 [하루도 거르지 않고] 공부했다.
맺히다	물방울이나 땀방울이 생겨 매달리다 웅녀의 이마에 땀이 송골송골 [맺혔다].
늠름하다	생김새나 태도가 의젓하고 당당하다 그를 처음 본 순간 생각보다 [늠름해] 보여서 믿음이 생겼다.
눈에 밟히다	잊히지 않고 자꾸 떠오르다 좋아하는 친구가 우는 모습이 자꾸 [눈에 밟혔다].
최초	맨 처음 세계 [최초]로 맛있는 케이크를 만든 사람은 누구일까?
국가	일정한 땅과 그곳에 사는 사람들로 구성되어 하나의 통치 조직을 이루는 집단 우리나라 최초의 [국가]는 고조선이다.

22

1주차 3일 고구려 <해모수와 유화> | 첫 번째 이야기

생각하며 준비하기 사고력 키우기

다음 그림은 어떤 장면일까요?
제시된 단어들을 활용해 다음 장면을 자유롭게 묘사해 보세요.

(예시) 해모수는 다섯 마리 용이 끄는 수레를 타고 구름 위를 날았어요.
해모수의 뒤에는 많은 부하들이 따르고 있었어요.

만약 특별한 능력을 가질 수 있다면, 어떤 능력이었으면 좋겠어요?
그리고 그 능력으로 무엇을 하고 싶어요? 자유롭게 써 보세요.

(예시) 물 속에서도 오랫동안 숨을 쉬게 할 수 있는 능력을 갖고 싶어요!

그 능력으로 (예시) 깊은 바닷속을 마음껏 구경하 고 싶어요.

한 번에 키우기 23

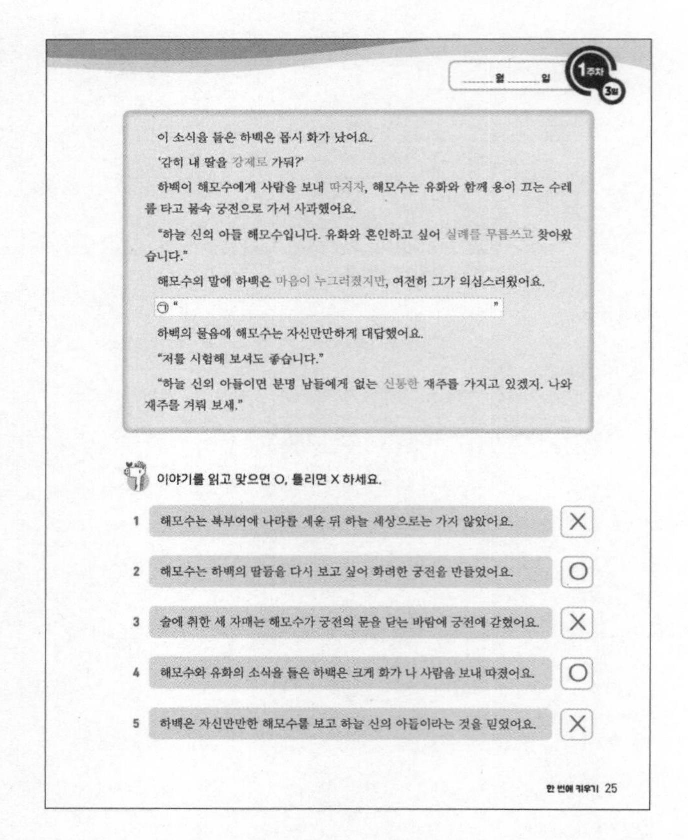

___월 ___일 1주차 3일

이 소식을 들은 하백은 몹시 화가 났어요.

'감히 내 딸을 강제로 가둬?'

하백이 해모수에게 사람을 보내 따지자, 해모수는 유화와 함께 용이 끄는 수레를 타고 물속 궁전으로 가서 사과했어요.

"하늘 신의 아들 해모수입니다. 유화와 혼인하고 싶어 실례를 무릅쓰고 찾아왔습니다."

해모수의 말에 하백은 마음이 누그러졌지만, 여전히 그가 의심스러웠어요.

㉠ "   "

하백의 물음에 해모수는 자신만만하게 대답했어요.

"저를 시험해 보셔도 좋습니다."

"하늘 신의 아들이면 분명 남들에게 없는 신통한 재주를 가지고 있겠지. 나와 재주를 겨뤄 보세."

이야기를 읽고 맞으면 O, 틀리면 X 하세요.

1 해모수는 북부여에 나라를 세운 뒤 하늘 세상으로는 가지 않았어요. X
2 해모수는 하백의 딸들을 다시 보고 싶어 화려한 궁전을 만들었어요. O
3 술에 취한 세 자매는 해모수가 궁전의 문을 닫는 바람에 궁전에 갇혔어요. X
4 해모수와 유화의 소식을 들은 하백은 크게 화가 나 사람을 보내 따졌어요. O
5 하백은 자신만만한 해모수를 보고 하늘 신의 아들이라는 것을 믿었어요. X

한 번에 키우기 25

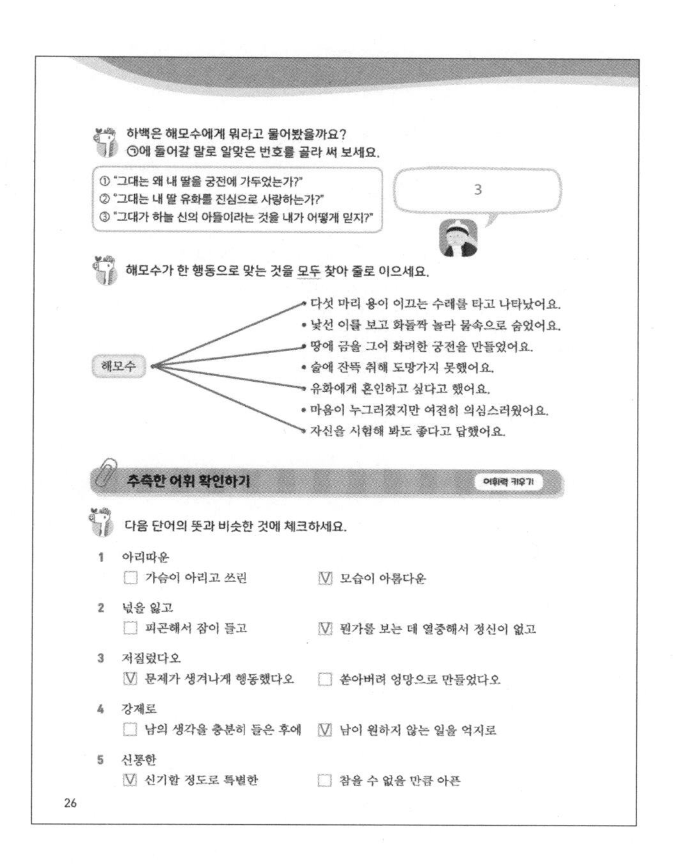

하백은 해모수에게 뭐라고 물어봤을까요? ㉠에 들어갈 말로 알맞은 번호를 골라 써 보세요.

① "그대는 왜 내 딸을 궁전에 가두었는가?"
② "그대는 내 딸 유화를 진심으로 사랑하는가?"
③ "그대가 하늘 신의 아들이라는 것을 내가 어떻게 믿지?"

3

해모수가 한 행동으로 맞는 것을 모두 찾아 줄로 이으세요.

해모수
- 다섯 마리 용이 이끄는 수레를 타고 나타났어요.
- 낯선 이를 보고 화들짝 놀라 물속으로 숨었어요.
- 땅에 금을 그어 화려한 궁전을 만들었어요.
- 술에 잔뜩 취해 도망가지 못했어요.
- 유화에게 혼인하고 싶다고 했어요.
- 마음이 누그러졌지만 여전히 의심스러웠어요.
- 자신을 시험해 봐도 좋다고 답했어요.

추측한 어휘 확인하기 | 어휘력 키우기

다음 단어의 뜻과 비슷한 것에 체크하세요.

1 아리따운
□ 가슴이 아리고 쓰린 ☑ 모습이 아름다운

2 넋을 잃고
□ 피곤해서 잠이 들고 ☑ 뭔가를 보는 데 열중해서 정신이 없고

3 저질렀다오
☑ 문제가 생겨나게 행동했다오 □ 쏟아버려 엉망으로 만들었다오

4 강제로
□ 남의 생각을 충분히 들은 후에 ☑ 남이 원하지 않는 일을 억지로

5 신통한
☑ 신기할 정도로 특별한 □ 참을 수 없을 만큼 아픈

26

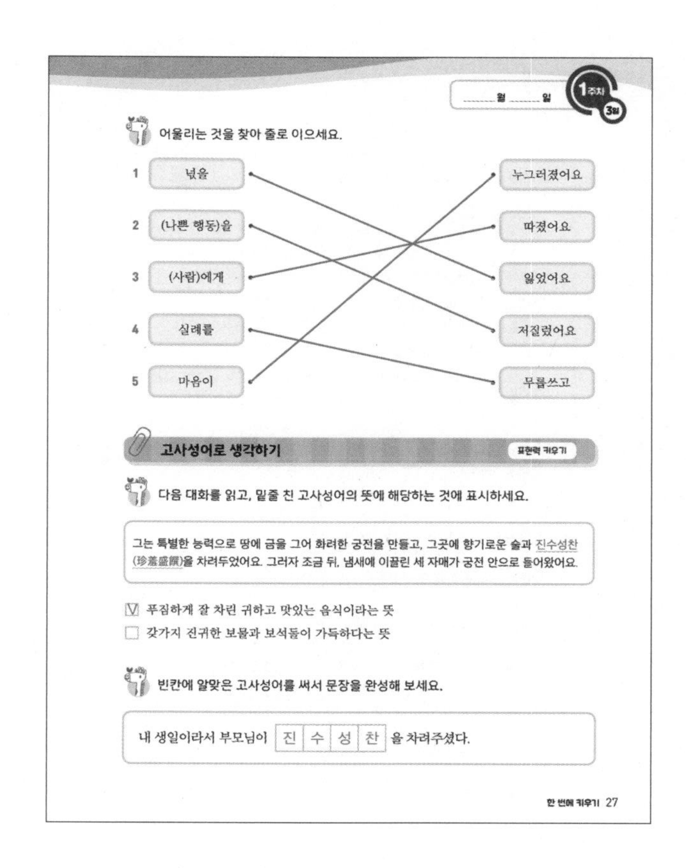

____월 ____일 1주차 3일

어울리는 것을 찾아 줄로 이으세요.

1 넋을 — 잃었어요
2 (나쁜 행동)을 — 저질렀어요
3 (사람)에게 — 따졌어요
4 실례를 — 무릅쓰고
5 마음이 — 누그러졌어요

고사성어로 생각하기 | 표현력 키우기

다음 대화를 읽고, 밑줄 친 고사성어의 뜻에 해당하는 것에 표시하세요.

그는 특별한 능력으로 땅에 금을 그어 화려한 궁전을 만들고, 그곳에 향기로운 술과 진수성찬(珍羞盛饌)을 차려두었어요. 그러자 조금 뒤, 냄새에 이끌린 세 자매가 궁전 안으로 들어왔어요.

☑ 푸짐하게 잘 차린 귀하고 맛있는 음식이라는 뜻
□ 갖가지 진귀한 보물과 보석들이 가득하다는 뜻

빈칸에 알맞은 고사성어를 써서 문장을 완성해 보세요.

내 생일이라서 부모님이 진 수 성 찬 을 차려주셨다.

한 번에 키우기 27

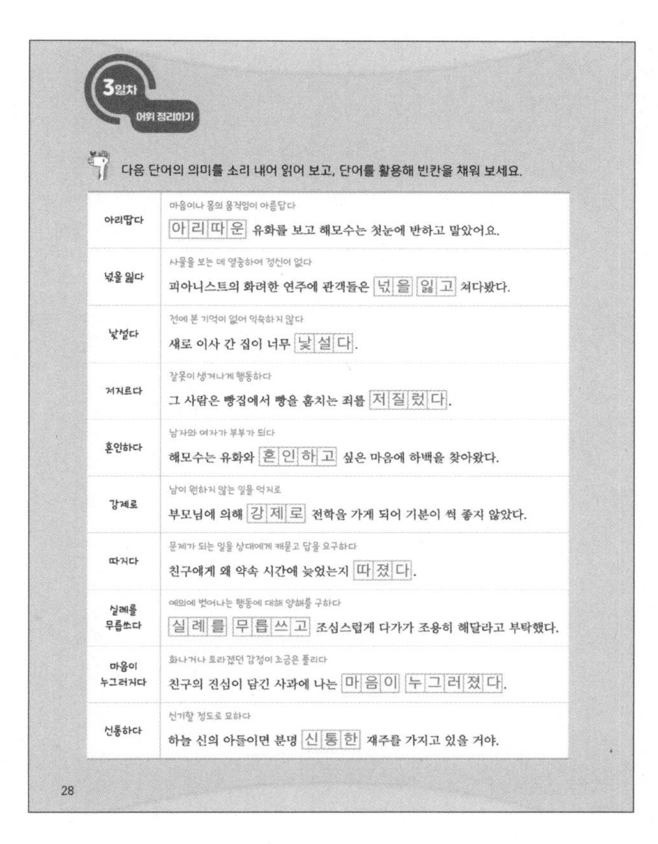

3일차 어휘 정리하기

다음 단어의 의미를 소리 내어 읽어 보고, 단어를 활용해 빈칸을 채워 보세요.

단어	뜻과 예문
아리땁다	마음이나 몸의 움직임이 아름답다 아 리 따 운 유화를 보고 해모수는 첫눈에 반하고 말았어요.
넋을 잃다	사물을 보는 데 열중하여 정신이 없다 피아니스트의 화려한 연주에 관객들은 넋 을 잃 고 쳐다봤다.
낯설다	전에 본 기억이 없어 익숙하지 않다 새로 이사 간 집이 너무 낯 설 다.
저지르다	잘못이 생겨나게 행동하다 그 사람은 빵집에서 빵을 훔치는 죄를 저 질 렀 다.
혼인하다	남자와 여자가 부부가 되다 해모수는 유화와 혼 인 하 고 싶은 마음에 하백을 찾아왔다.
강제로	남이 원하지 않는 일을 억지로 부모님에 의해 강 제 로 전학을 가게 되어 기분이 썩 좋지 않았다.
따지다	문제가 되는 일을 상대에게 캐묻고 답을 요구하다 친구에게 왜 약속 시간에 늦었는지 따 졌 다.
실례를 무릅쓰다	예의에 벗어나는 행동에 대해 양해를 구하다 실 례 를 무 릅 쓰 고 조심스럽게 다가가 조용히 해달라고 부탁했다.
마음이 누그러지다	화나거나 흥분했던 감정이 조금은 풀리다 친구의 진심이 담긴 사과에 나는 마 음 이 누 그 러 졌 다.
신통하다	신기할 정도로 묘하다 하늘 신의 아들이면 분명 신 통 한 재주를 가지고 있을 거야.

28

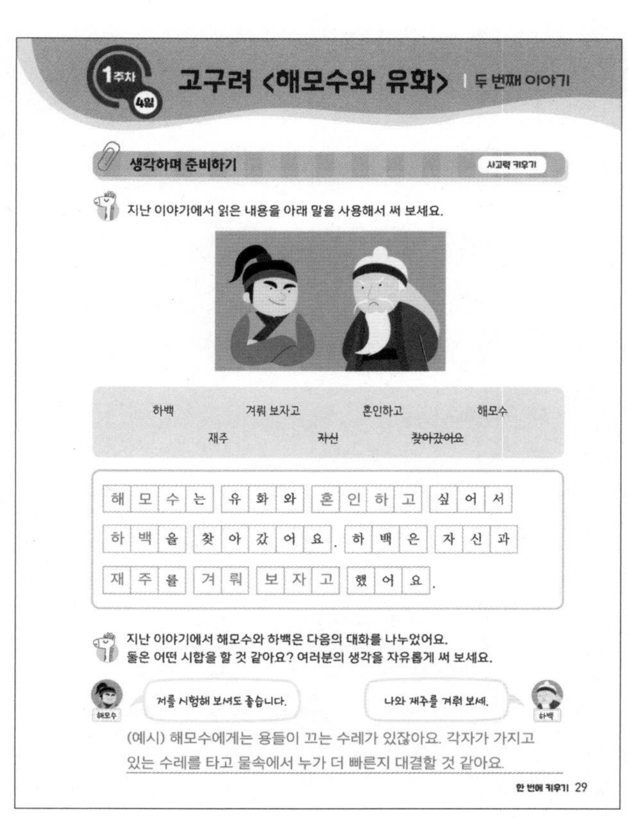

1주차 4일 고구려 <해모수와 유화> | 두 번째 이야기

생각하며 준비하기 | 사고력 키우기

지난 이야기에서 읽은 내용을 아래 말을 사용해서 써 보세요.

하백 겨뤄 보자고 혼인하고 해모수 재주 자신 찾아갔어요

해 모 수 는 유 화 와 혼 인 하 고 싶 어 서 하 백 을 찾 아 갔 어 요. 하 백 은 자 신 과 재 주 를 겨 뤄 보 자 고 했 어 요.

지난 이야기에서 해모수와 하백은 다음의 대화를 나누었어요. 둘은 어떤 시합을 할 것 같아요? 여러분의 생각을 자유롭게 써 보세요.

해모수: 저를 시험해 보셔도 좋습니다.
하백: 나와 재주를 겨뤄 보세.

(예시) 해모수에게는 용들이 끄는 수레가 있잖아요. 각자가 가지고 있는 수레를 타고 물속에서 누가 더 빠른지 대결할 것 같아요.

한 번에 키우기 29

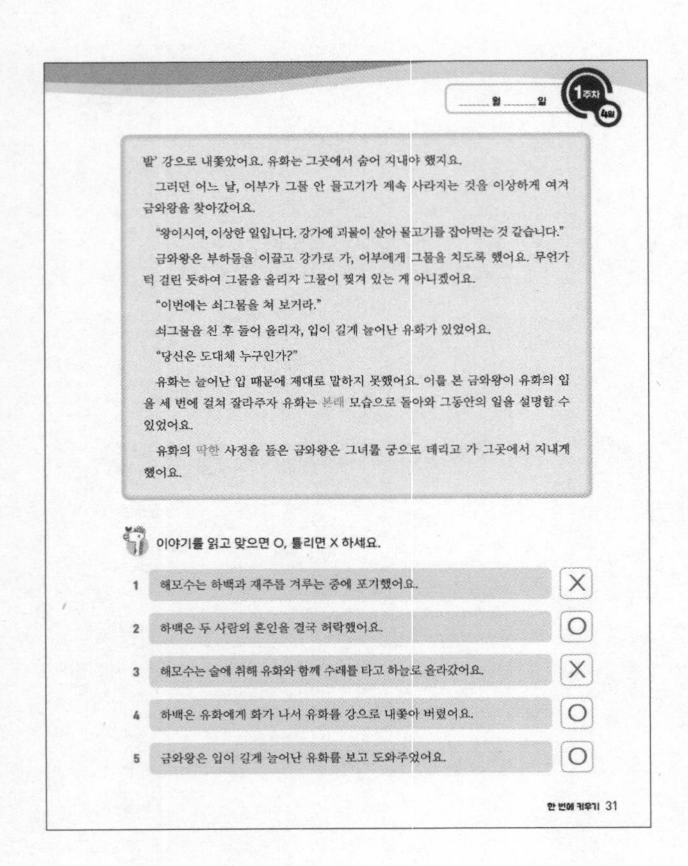

____월 ____일 1주차 4회

발' 강으로 내쫓았어요. 유화는 그곳에서 숨어 지내야 했지요.

그러던 어느 날, 어부가 그물 안 물고기가 계속 사라지는 것을 이상하게 여겨 금와왕을 찾아갔어요.

"왕이시여, 이상한 일입니다. 강가에 괴물이 살아 물고기를 잡아먹는 것 같습니다."

금와왕은 부하들을 이끌고 강가로 가, 어부에게 그물을 치도록 했어요. 무언가 턱 걸린 듯하여 그물을 올리자 그물이 찢겨 있는 게 아니겠어요.

"이번에는 쇠그물을 쳐 보거라."

쇠그물을 친 후 들어 올리자, 입이 길게 늘어난 유화가 있었어요.

"당신은 도대체 누구인가?"

유화는 늘어난 입 때문에 제대로 말하지 못했어요. 이를 본 금와왕이 유화의 입을 세 번에 걸쳐 잘라주자 유화는 본래 모습으로 돌아와 그동안의 일을 설명할 수 있었어요.

유화의 딱한 사정을 들은 금와왕은 그녀를 궁으로 데리고 가 그곳에서 지내게 했어요.

이야기를 읽고 맞으면 O, 틀리면 X 하세요.

1 해모수는 하백과 재주를 겨루는 중에 포기했어요. X
2 하백은 두 사람의 혼인을 결국 허락했어요. O
3 해모수는 술에 취해 유화와 함께 수레를 타고 하늘로 올라갔어요. X
4 하백은 유화에게 화가 나서 유화를 강으로 내쫓아 버렸어요. O
5 금와왕은 입이 길게 늘어난 유화를 보고 도와주었어요. O

한 번에 키우기 31

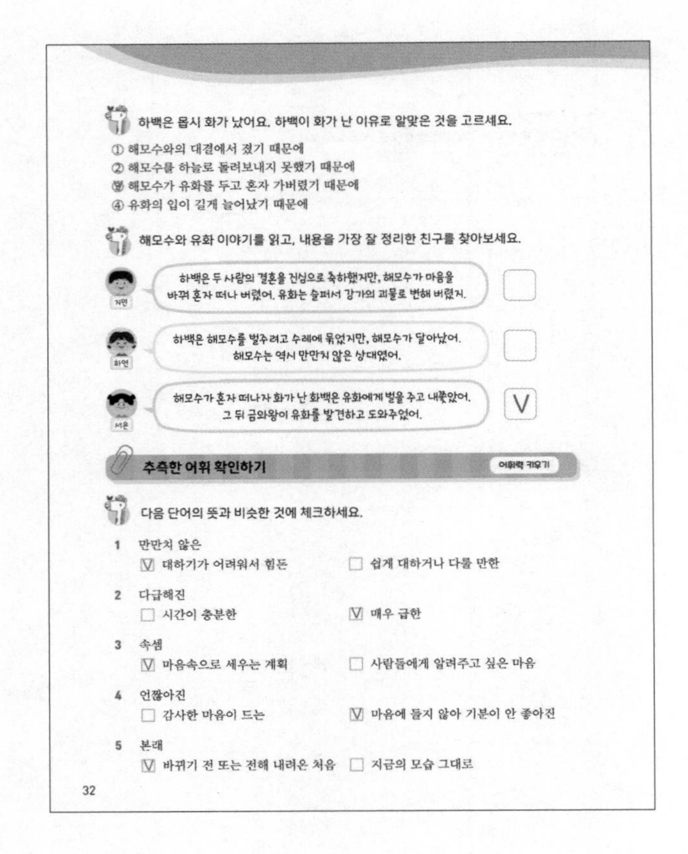

하백은 몹시 화가 났어요. 하백이 화가 난 이유로 알맞은 것을 고르세요.

① 해모수와의 대결에서 졌기 때문에
② 해모수를 하늘로 돌려보내지 못했기 때문에
③ 해모수가 유화를 두고 혼자 가버렸기 때문에 (정답)
④ 유화의 입이 길게 늘어났기 때문에

해모수와 유화 이야기를 읽고, 내용을 가장 잘 정리한 친구를 찾아보세요.

지민: 하백은 두 사람의 결혼을 진심으로 축하했지만, 해모수가 마음을 바꿔 혼자 떠나 버렸어. 유화는 슬퍼서 강가의 괴물로 변해 버렸지. ☐
하연: 하백은 해모수를 벌주려고 수레에 묶었지만, 해모수가 달아났어. 해모수는 역시 만만치 않은 상대였어. ☐
서은: 해모수가 혼자 떠나자 화가 난 화백은 유화에게 벌을 주고 내쫓았어. 그 뒤 금와왕이 유화를 발견하고 도와주었어. V

추측한 어휘 확인하기 (어휘력 키우기)

다음 단어의 뜻과 비슷한 것에 체크하세요.

1 만만치 않은
☑ 대하기가 어려워서 힘든 ☐ 쉽게 대하거나 다룰 만한
2 다급해진
☐ 시간이 충분한 ☑ 매우 급한
3 속셈
☑ 마음속으로 세우는 계획 ☐ 사람들에게 알려주고 싶은 마음
4 언짢아진
☐ 감사한 마음이 드는 ☑ 마음에 들지 않아 기분이 안 좋아진
5 본래
☑ 바뀌기 전 또는 전해 내려온 처음 ☐ 지금의 모습 그대로

32

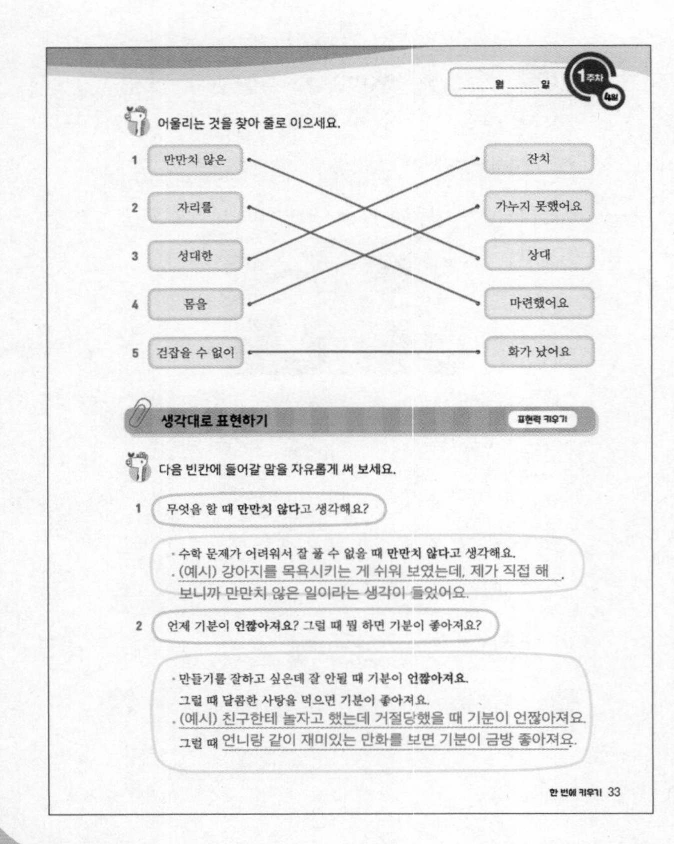

____월 ____일 1주차 4회

어울리는 것을 찾아 줄로 이으세요.

1 만만치 않은 — 상대
2 자리를 — 마련했어요
3 성대한 — 잔치
4 몸을 — 가누지 못했어요
5 걷잡을 수 없이 — 화가 났어요

생각대로 표현하기 (표현력 키우기)

다음 빈칸에 들어갈 말을 자유롭게 써 보세요.

1 무엇을 할 때 **만만치 않다**고 생각해요?
- 수학 문제가 어려워서 잘 풀 수 없을 때 **만만치 않다**고 생각해요.
- (예시) 강아지를 목욕시키는 게 쉬워 보였는데, 제가 직접 해 보니까 만만치 않은 일이라는 생각이 들었어요.

2 언제 기분이 **언짢아져요**? 그럴 때 뭘 하면 기분이 좋아져요?
- 만들기를 잘하고 싶은데 잘 안될 때 기분이 **언짢아져요**. 그럴 때 달콤한 사탕을 먹으면 기분이 좋아져요.
- (예시) 친구한테 놀자고 했는데 거절당했을 때 기분이 언짢아져요. 그럴 때 언니랑 같이 재미있는 만화를 보면 기분이 금방 좋아져요.

한 번에 키우기 33

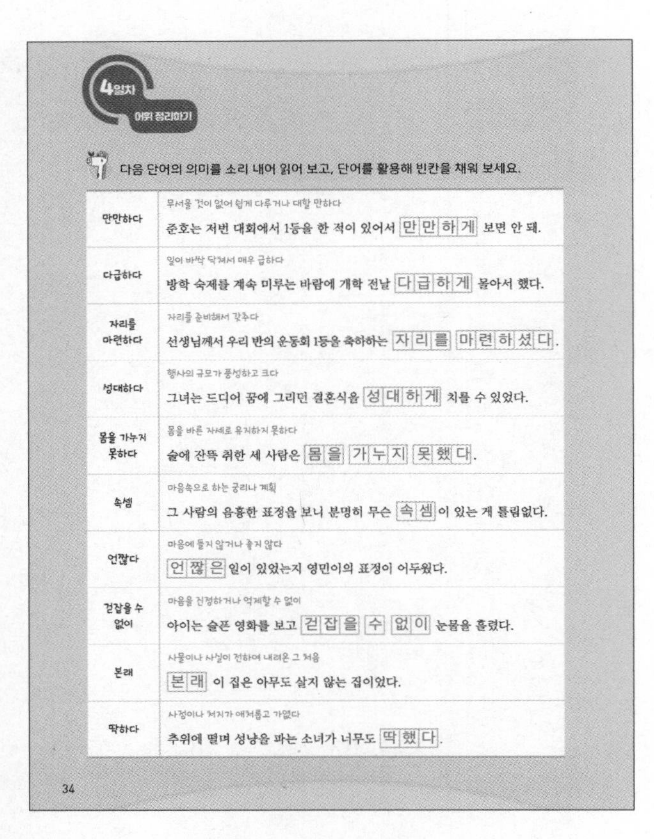

4일차 어휘 정리하기

다음 단어의 의미를 소리 내어 읽어 보고, 단어를 활용해 빈칸을 채워 보세요.

만만하다	무서울 것이 없어 쉽게 다루거나 대할 만하다 준호는 저번 대회에서 1등을 한 적이 있어서 만만하게 보면 안 돼.
다급하다	일이 바싹 닥쳐서 매우 급하다 방학 숙제를 계속 미루는 바람에 개학 전날 다급하게 몰아서 했다.
자리를 마련하다	자리를 준비해서 갖추다 선생님께서 우리 반의 운동회 1등을 축하하는 자리를 마련하셨다.
성대하다	행사의 규모가 풍성하고 크다 그녀는 드디어 꿈에 그리던 결혼식을 성대하게 치를 수 있었다.
몸을 가누지 못하다	몸을 바른 자세로 유지하지 못하다 술에 잔뜩 취한 세 사람은 몸을 가누지 못했다.
속셈	마음속으로 하는 궁리나 계획 그 사람의 음흉한 표정을 보니 분명히 무슨 속셈이 있는 게 틀림없다.
언짢다	마음에 들지 않거나 좋지 않다 언짢은 일이 있었는지 영민이의 표정이 어두웠다.
걷잡을 수 없이	마음을 진정하거나 억제할 수 없이 아이는 슬픈 영화를 보고 걷잡을 수 없이 눈물을 흘렸다.
본래	사물이나 사실이 전하여 내려온 그 처음 본래 이 집은 아무도 살지 않는 집이었다.
딱하다	사정이나 처지가 애처롭고 가엾다 추위에 떨며 성냥을 파는 소녀가 너무도 딱했다.

34

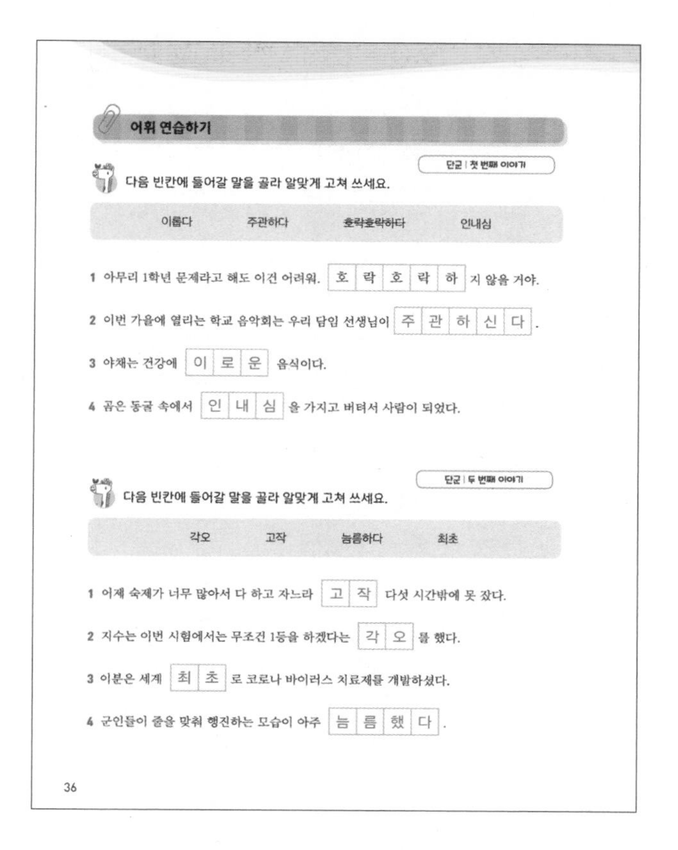

어휘 연습하기

단군 | 첫 번째 이야기

다음 빈칸에 들어갈 말을 골라 알맞게 고쳐 쓰세요.

이롭다 주관하다 호락호락하다 인내심

1 아무리 1학년 문제라고 해도 이건 어려워. 호 락 호 락 하 지 않을 거야.

2 이번 가을에 열리는 학교 음악회는 우리 담임 선생님이 주 관 하 신 다.

3 야채는 건강에 이 로 운 음식이다.

4 곰은 동굴 속에서 인 내 심 을 가지고 버텨서 사람이 되었다.

단군 | 두 번째 이야기

다음 빈칸에 들어갈 말을 골라 알맞게 고쳐 쓰세요.

각오 고작 늠름하다 최초

1 어제 숙제가 너무 많아서 다 하고 자느라 고 작 다섯 시간밖에 못 잤다.

2 지수는 이번 시험에서는 무조건 1등을 하겠다는 각 오 를 했다.

3 이분은 세계 최 초 로 코로나 바이러스 치료제를 개발하셨다.

4 군인들이 줄을 맞춰 행진하는 모습이 아주 늠 름 했 다.

36

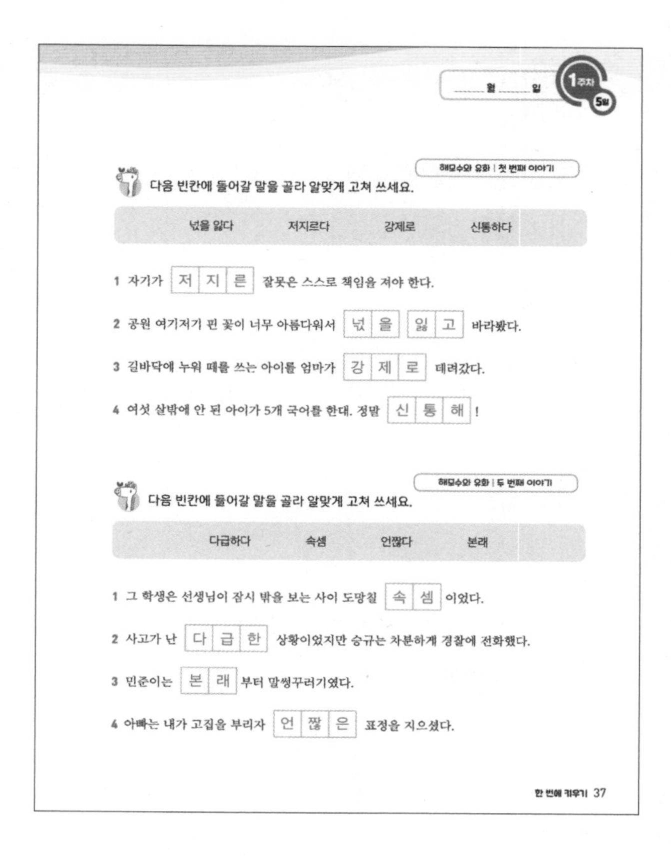

____월 ____일 1주차 5일

해모수와 유화 | 첫 번째 이야기

다음 빈칸에 들어갈 말을 골라 알맞게 고쳐 쓰세요.

넋을 잃다 저지르다 강제로 신통하다

1 자기가 저 지 른 잘못은 스스로 책임을 져야 한다.

2 공원 여기저기 핀 꽃이 너무 아름다워서 넋 을 잃 고 바라봤다.

3 길바닥에 누워 떼를 쓰는 아이를 엄마가 강 제 로 데려갔다.

4 여섯 살밖에 안 된 아이가 5개 국어를 한대. 정말 신 통 해!

해모수와 유화 | 두 번째 이야기

다음 빈칸에 들어갈 말을 골라 알맞게 고쳐 쓰세요.

다급하다 속셈 언짢다 본래

1 그 학생은 선생님이 잠시 밖을 보는 사이 도망칠 속 셈 이었다.

2 사고가 난 다 급 한 상황이었지만 승규는 차분하게 경찰에 전화했다.

3 민준이는 본 래 부터 말썽꾸러기였다.

4 아빠는 내가 고집을 부리자 언 짢 은 표정을 지으셨다.

한 번에 키우기 37

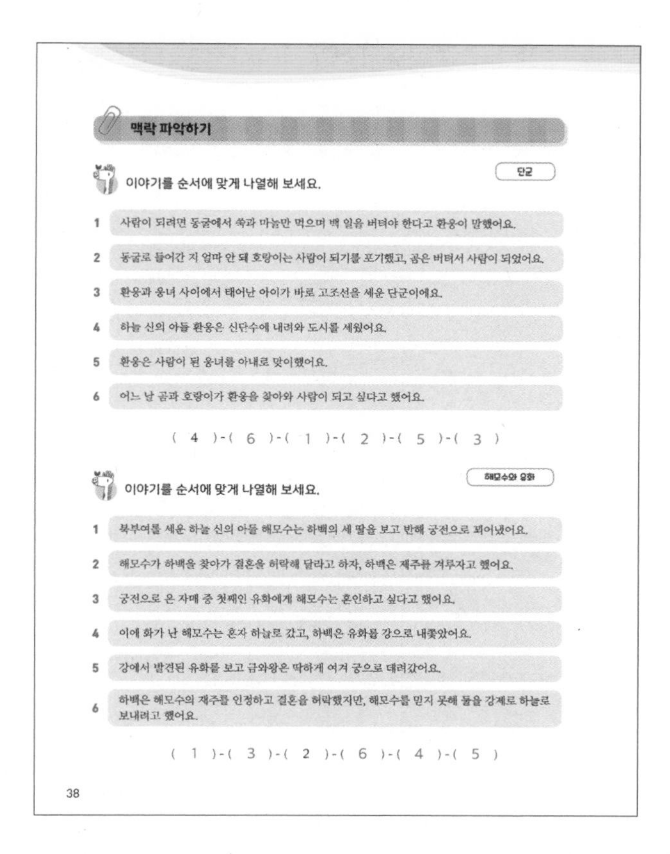

맥락 파악하기

단군

이야기를 순서에 맞게 나열해 보세요.

1 사람이 되려면 동굴에서 쑥과 마늘만 먹으며 백 일을 버텨야 한다고 환웅이 말했어요.

2 동굴로 들어간 지 얼마 안 돼 호랑이는 사람이 되기를 포기했고, 곰은 버텨서 사람이 되었어요.

3 환웅과 웅녀 사이에서 태어난 아이가 바로 고조선을 세운 단군이에요.

4 하늘 신의 아들 환웅은 신단수에 내려와 도시를 세웠어요.

5 환웅은 사람이 된 웅녀를 아내로 맞이했어요.

6 어느 날 곰과 호랑이가 환웅을 찾아와 사람이 되고 싶다고 했어요.

(4)-(6)-(1)-(2)-(5)-(3)

해모수와 유화

이야기를 순서에 맞게 나열해 보세요.

1 북부여를 세운 하늘 신의 아들 해모수는 하백의 세 딸을 보고 반해 궁전으로 꾀어냈어요.

2 해모수가 하백을 찾아가 결혼을 허락해 달라고 하자, 하백은 재주를 겨루자고 했어요.

3 궁전으로 온 자매 중 첫째인 유화에게 해모수는 혼인하고 싶다고 했어요.

4 이에 화가 난 해모수는 혼자 하늘로 갔고, 하백은 유화를 강으로 내쫓았어요.

5 강에서 발견된 유화를 보고 금와왕은 딱하게 여겨 궁으로 데려갔어요.

6 하백은 해모수의 재주를 인정하고 결혼을 허락했지만, 해모수를 믿지 못해 둘을 강제로 하늘로 보내려고 했어요.

(1)-(3)-(2)-(6)-(4)-(5)

38

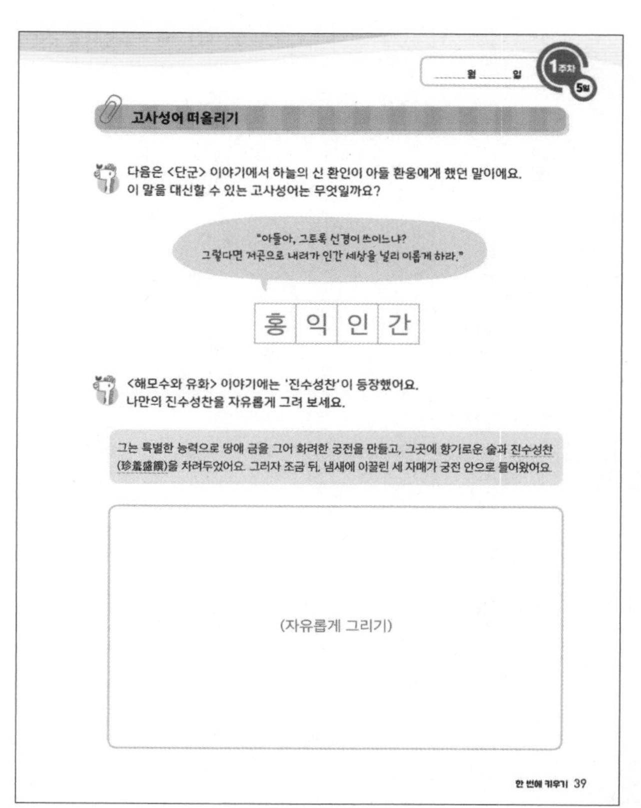

____월 ____일 1주차 5일

고사성어 떠올리기

다음은 <단군> 이야기에서 하늘의 신 환인이 아들 환웅에게 했던 말이에요.
이 말을 대신할 수 있는 고사성어는 무엇일까요?

"아들아, 그토록 신경이 쓰이느냐?
그렇다면 지상으로 내려가 인간 세상을 널리 이롭게 하라."

홍 익 인 간

<해모수와 유화> 이야기에는 '진수성찬'이 등장했어요.
나만의 진수성찬을 자유롭게 그려 보세요.

그는 특별한 능력으로 땅에 금을 그어 화려한 궁전을 만들고, 그곳에 향기로운 술과 진수성찬(珍羞盛饌)을 차려두었어요. 그러자 조금 뒤, 냄새에 이끌린 세 자매가 궁전 안으로 들어왔어요.

(자유롭게 그리기)

한 번에 키우기 39

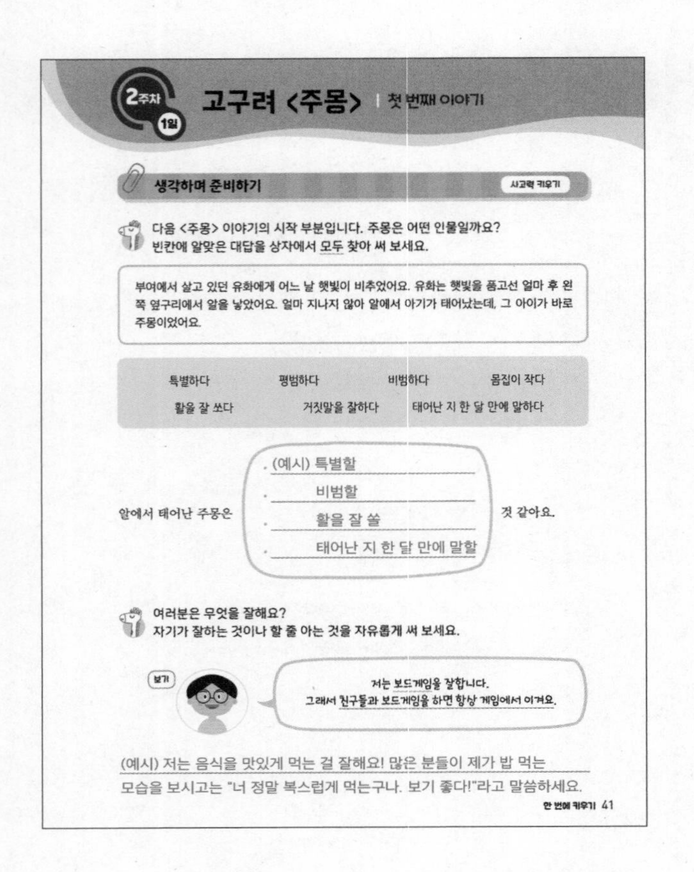

고구려 <주몽> | 첫 번째 이야기

2주차 1일

생각하며 준비하기

사고력 키우기

다음 <주몽> 이야기의 시작 부분입니다. 주몽은 어떤 인물일까요?
빈칸에 알맞은 대답을 상자에서 모두 찾아 써 보세요.

부여에서 살고 있던 유화에게 어느 날 햇빛이 비추었어요. 유화는 햇빛을 품고선 얼마 후 왼쪽 옆구리에서 알을 낳았어요. 얼마 지나지 않아 알에서 아기가 태어났는데, 그 아이가 바로 주몽이었어요.

특별하다 평범하다 비범하다 몸집이 작다
활을 잘 쏘다 거짓말을 잘하다 태어난 지 한 달 만에 말하다

알에서 태어난 주몽은
- (예시) 특별할
- 비범할
- 활을 잘 쏠
- 태어난 지 한 달 만에 말할

것 같아요.

여러분은 무엇을 잘해요?
자기가 잘하는 것이나 할 줄 아는 것을 자유롭게 써 보세요.

보기
저는 보드게임을 잘합니다.
그래서 친구들과 보드게임을 하면 항상 게임에서 이겨요.

(예시) 저는 음식을 맛있게 먹는 걸 잘해요! 많은 분들이 제가 밥 먹는 모습을 보시고는 "너 정말 복스럽게 먹는구나. 보기 좋다!"라고 말씀하세요.

한 번에 키우기 41

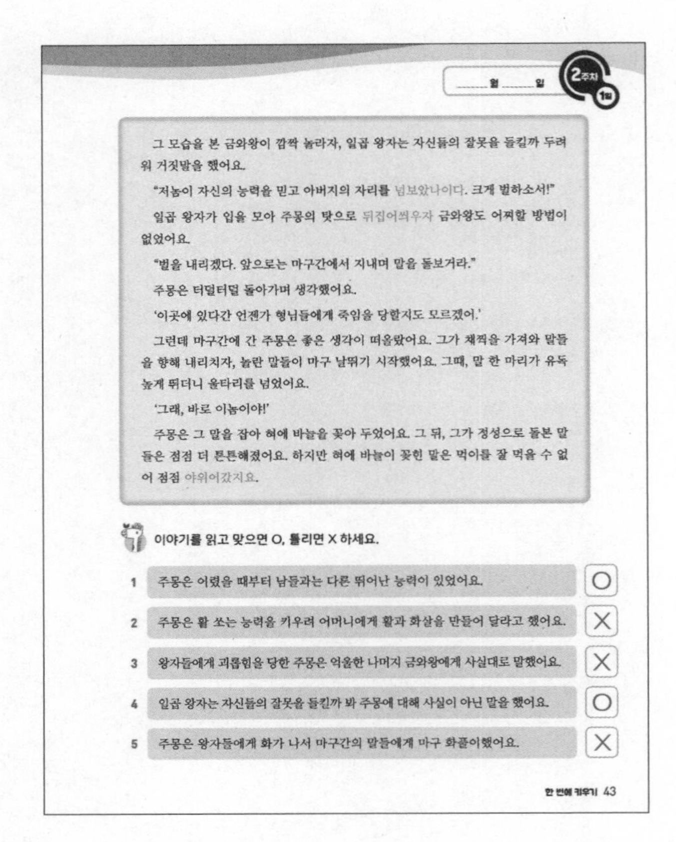

____월 ____일 2주차 1일

그 모습을 본 금와왕이 깜짝 놀라자, 일곱 왕자는 자신들의 잘못을 들킬까 두려워 거짓말을 했어요.

"저놈이 자신의 능력을 믿고 아버지의 자리를 넘보았나이다. 크게 벌하소서!"

일곱 왕자가 입을 모아 주몽의 탓으로 뒤집어씌우자 금와왕도 어찌할 방법이 없었어요.

"벌을 내리겠다. 앞으로는 마구간에서 지내며 말을 돌보거라."

주몽은 터덜터덜 돌아가며 생각했어요.

'이곳에 있다간 언젠가 형님들에게 죽임을 당할지도 모르겠어.'

그런데 마구간에 간 주몽은 좋은 생각이 떠올랐어요. 그가 채찍을 가져와 말들을 향해 내리치자, 놀란 말들이 마구 날뛰기 시작했어요. 그때, 말 한 마리가 유독 높게 뛰더니 울타리를 넘었어요.

'그래, 바로 이놈이야!'

주몽은 그 말을 잡아 혀에 바늘을 꽂아 두었어요. 그 뒤, 그가 정성으로 돌본 말들은 점점 더 튼튼해졌어요. 하지만 혀에 바늘이 꽂힌 말은 먹이를 잘 먹을 수 없어 점점 야위어갔지요.

이야기를 읽고 맞으면 O, 틀리면 X 하세요.

1 주몽은 어렸을 때부터 남들과는 다른 뛰어난 능력이 있었어요. O
2 주몽은 활 쏘는 능력을 키우려 어머니에게 활과 화살을 만들어 달라고 했어요. X
3 왕자들에게 괴롭힘을 당한 주몽은 억울한 나머지 금와왕에게 사실대로 말했어요. X
4 일곱 왕자는 자신들의 잘못을 들킬까 봐 주몽에 대해 사실이 아닌 말을 했어요. O
5 주몽은 왕자들에게 화가 나서 마구간의 말들에게 마구 화풀이했어요. X

한 번에 키우기 43

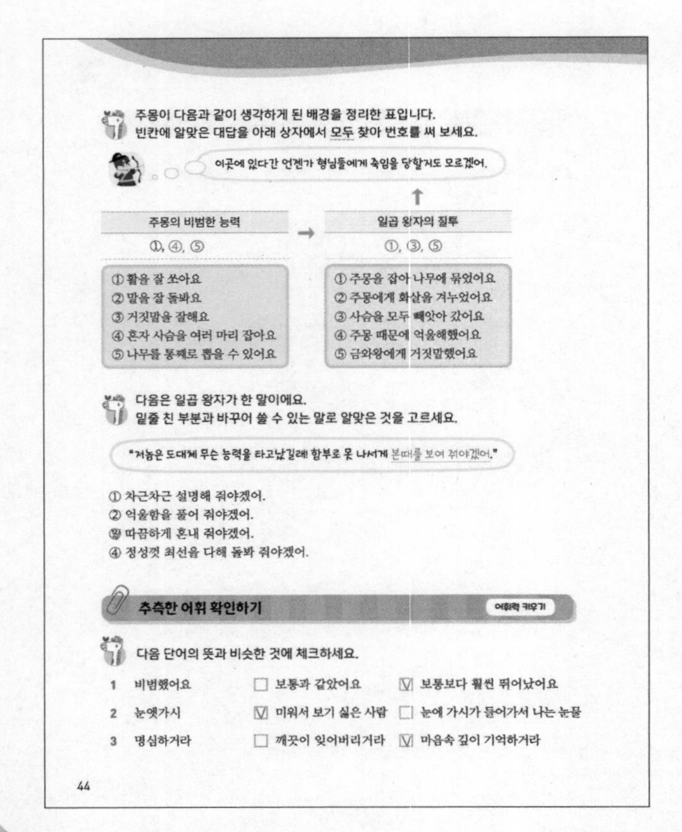

주몽이 다음과 같이 생각하게 된 배경을 정리한 표입니다.
빈칸에 알맞은 대답을 아래 상자에서 모두 찾아 번호를 써 보세요.

이곳에 있다간 언젠가 형님들에게 죽임을 당할지도 모르겠어.

주몽의 비범한 능력	→	일곱 왕자의 질투
①, ④, ⑤		①, ③, ⑤

① 활을 잘 쏘아요
② 말을 잘 돌봐요
③ 거짓말을 잘해요
④ 혼자 사슴을 여러 마리 잡아요
⑤ 나무를 통째로 뽑을 수 있어요

① 주몽을 잡아 나무에 묶었어요
② 주몽에게 화살을 겨누었어요
③ 사슴을 모두 빼앗아 갔어요
④ 주몽 때문에 억울해했어요
⑤ 금와왕에게 거짓말했어요

다음은 일곱 왕자가 한 말이에요.
밑줄 친 부분과 바꾸어 쓸 수 있는 말로 알맞은 것을 고르세요.

"저놈은 도대체 무슨 능력을 타고났길래! 함부로 못 나서게 본때를 보여 줘야겠어."

① 차근차근 설명해 줘야겠어.
② 억울함을 풀어 줘야겠어.
③ 따끔하게 혼내 줘야겠어.
④ 정성껏 최선을 다해 돌봐 줘야겠어.

추측한 어휘 확인하기

어휘력 키우기

다음 단어의 뜻과 비슷한 것에 체크하세요.

1 비범했어요 ☐ 보통과 같았어요 ☑ 보통보다 훨씬 뛰어났어요
2 눈엣가시 ☑ 미워서 보기 싫은 사람 ☐ 눈에 가시가 들어가서 나는 눈물
3 명심하거라 ☐ 깨끗이 잊어버리거라 ☑ 마음속 깊이 기억하거라

44

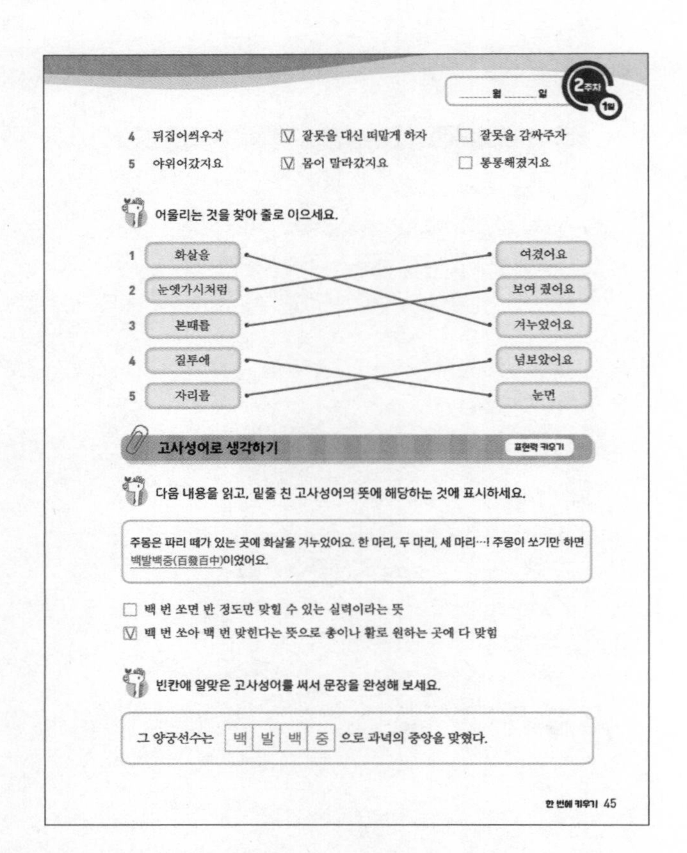

____월 ____일 2주차 1일

4 뒤집어씌우자 ☑ 잘못을 대신 떠맡게 하자 ☐ 잘못을 감싸주자
5 야위어갔지요 ☑ 몸이 말라갔지요 ☐ 통통해졌지요

어울리는 것을 찾아 줄로 이으세요.

1 화살을 — 겨누었어요
2 눈엣가시처럼 — 여겼어요
3 본때를 — 보여 줬어요
4 질투에 — 눈먼
5 자리를 — 넘보았어요

고사성어로 생각하기

표현력 키우기

다음 내용을 읽고, 밑줄 친 고사성어의 뜻에 해당하는 것에 표시하세요.

주몽은 파리 떼가 있는 곳에 화살을 겨누었어요. 한 마리, 두 마리, 세 마리…! 주몽이 쏘기만 하면 백발백중(百發百中)이었어요.

☐ 백 번 쏘면 반 정도만 맞힐 수 있는 실력이라는 뜻
☑ 백 번 쏘아 백 번 맞힌다는 뜻으로 총이나 활로 원하는 곳에 다 맞힘

빈칸에 알맞은 고사성어를 써서 문장을 완성해 보세요.

그 양궁선수는 백 발 백 중 으로 과녁의 중앙을 맞혔다.

한 번에 키우기 45

1일차 어휘 정리하기

다음 단어의 의미를 소리 내어 읽어 보고, 단어를 활용해 빈칸을 채워 보세요.

비범하다	보통 수준보다 훨씬 뛰어나다 겨우 7살인데 어른이 읽을 법한 책을 술술 읽다니! 아주 비범한 아이다.
겨누다	활이나 총을 쏠 때 목표물을 향해 방향과 거리를 잡다 사냥꾼이 사슴을 향해 화살을 겨누었다.
눈엣가시	몹시 싫거나 눈에 거슬리는 사람 일곱 왕자는 주몽을 언제나 눈엣가시처럼 여겼다.
본때를 보이다	다시는 잘못을 저지르지 않게 따끔한 맛을 보이다 개가 더는 까불지 못하게 내가 본때를 보여 줘야겠어!
질투에 눈멀다	남을 부러워하는 감정이 커져 이성을 잃다 질투에 눈먼 그 사람은 해서는 안 될 짓을 하고야 말았다.
명심하다	잊지 않도록 마음에 깊이 새겨 두다 아빠께서는 항상 학교 선생님 말씀을 가슴 깊이 명심하라고 하셨다.
억울하다	아무 잘못 없이 혼나거나 벌을 받아 화가 나고 답답하다 아무것도 훔치지 않았는데 도둑이라고 오해받아 억울했다.
넘보다	어떤 것을 욕심내어 마음에 두다 남의 것을 넘보는 것은 좋지 않은 행동이야!
뒤집어씌우다	잘못이나 책임을 남에게 떠넘기다 일곱 왕자는 거짓말을 하며 주몽에게 잘못을 뒤집어씌웠다.
야위다	몸의 살이 빠져 마르고 핏기가 없게 되다 며칠이나 굶은 탓에 아이는 몰라보게 야위었다.

46

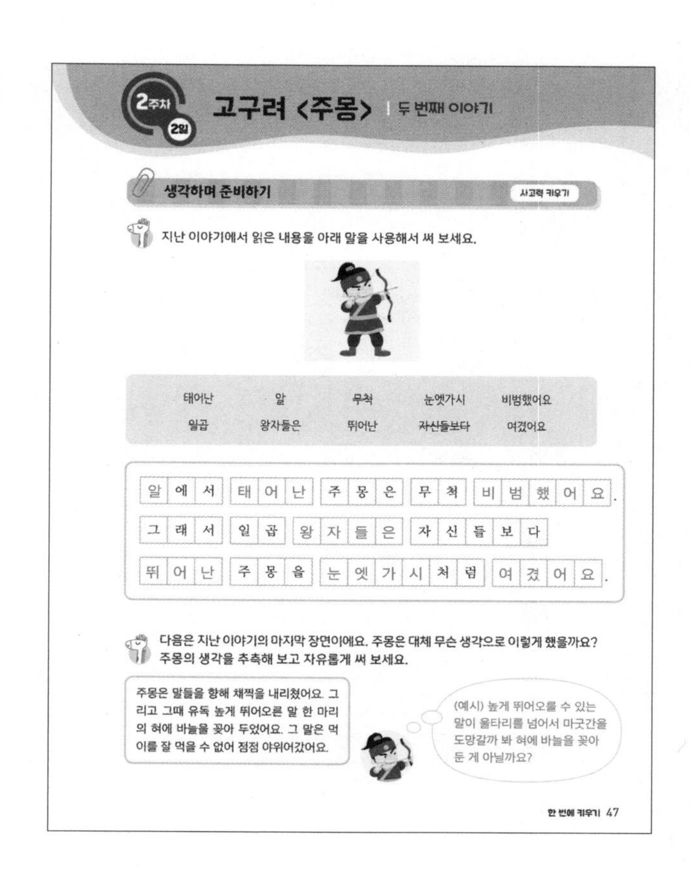
2주차 2일 고구려 <주몽> | 두 번째 이야기

생각하며 준비하기 — 사고력 키우기

지난 이야기에서 읽은 내용을 아래 말을 사용해서 써 보세요.

태어난 알 무척 눈엣가시 비범했어요
일곱 왕자들은 뛰어난 자신들보다 여겼어요

알에서 태어난 주몽은 무척 비범했어요. 그래서 일곱 왕자들은 자신들보다 뛰어난 주몽을 눈엣가시처럼 여겼어요.

다음은 지난 이야기의 마지막 장면이에요. 주몽은 대체 무슨 생각으로 이렇게 했을까요? 주몽의 생각을 추측해 보고 자유롭게 써 보세요.

주몽은 말들을 향해 채찍을 내리쳤어요. 그리고 그때 유독 높게 뛰어오른 말 한 마리의 혀에 바늘을 꽂아 두었어요. 그 말은 먹이를 잘 먹을 수 없어 점점 야위어갔어요.

(예시) 높게 뛰어오를 수 있는 말이 울타리를 넘어서 마굿간을 도망갈까 봐 혀에 바늘을 꽂아 둔 게 아닐까요?

한 번에 키우기 47

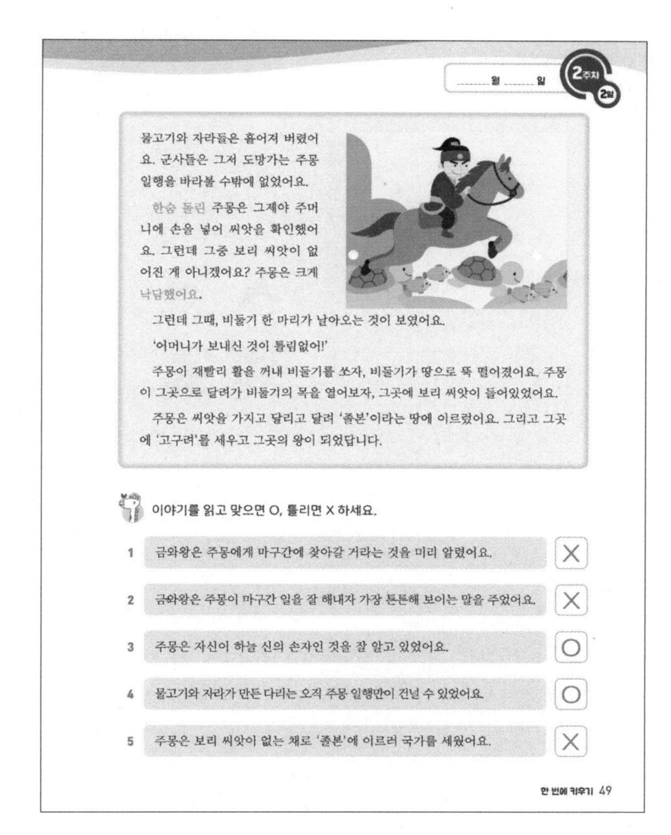
____월 ____일 2주차 2일

물고기와 자라들은 흩어져 버렸어요. 군사들은 그저 도망가는 주몽 일행을 바라볼 수밖에 없었어요.

한숨 돌린 주몽은 그제야 주머니에 손을 넣어 씨앗을 확인했어요. 그런데 그중 보리 씨앗이 없어진 게 아니겠어요? 주몽은 크게 낙담했어요.

그런데 그때, 비둘기 한 마리가 날아오는 것이 보였어요.

'어머니가 보내신 것이 틀림없어!'

주몽이 재빨리 활을 꺼내 비둘기를 쏘자, 비둘기가 땅으로 뚝 떨어졌어요. 주몽이 그곳으로 달려가 비둘기의 목을 열어보자, 그곳에 보리 씨앗이 들어있었어요.

주몽은 씨앗을 가지고 달리고 달려 '졸본'이라는 땅에 이르렀어요. 그리고 그곳에 '고구려'를 세우고 그곳의 왕이 되었답니다.

이야기를 읽고 맞으면 O, 틀리면 X 하세요.

1. 금와왕은 주몽에게 마구간에 찾아갈 거라는 것을 미리 알렸어요. X
2. 금와왕은 주몽이 마구간 일을 잘 해내자 가장 튼튼해 보이는 말을 주었어요. X
3. 주몽은 자신이 하늘 신의 손자인 것을 잘 알고 있었어요. O
4. 물고기와 자라가 만든 다리는 오직 주몽 일행만이 건널 수 있었어요. O
5. 주몽은 보리 씨앗이 없는 채로 '졸본'에 이르러 국가를 세웠어요. X

한 번에 키우기 49

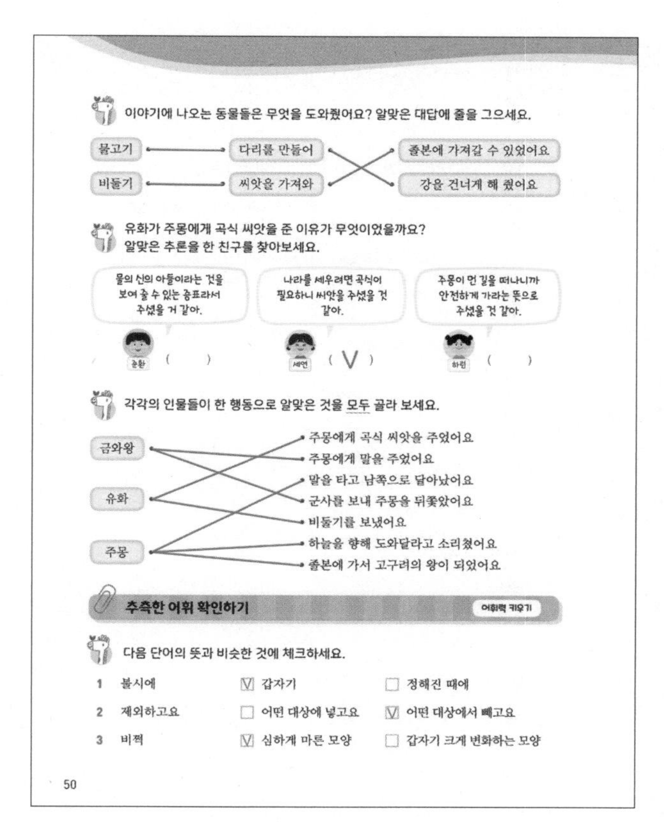
이야기에 나오는 동물들은 무엇을 도와줬어요? 알맞은 대답에 줄을 그으세요.

물고기 — 다리를 만들어 — 강을 건너게 해 줬어요
비둘기 — 씨앗을 가져와 — 졸본에 가져갈 수 있었어요

유화가 주몽에게 곡식 씨앗을 준 이유가 무엇이었을까요? 알맞은 추론을 한 친구를 찾아보세요.

윤환: 물의 신의 아들이라는 것을 보여 줄 수 있는 증표라서 주셨을 거 같아. ( )
세연: 나라를 세우려면 곡식이 필요하니 씨앗을 주셨을 것 같아. (V)
하린: 주몽이 먼 길을 떠나니까 안전하게 가라는 뜻으로 주셨을 것 같아. ( )

각각의 인물들이 한 행동으로 알맞은 것을 모두 골라 보세요.

금와왕 — 주몽에게 말을 주었어요, 군사를 보내 주몽을 뒤쫓았어요
유화 — 주몽에게 곡식 씨앗을 주었어요, 비둘기를 보냈어요
주몽 — 말을 타고 남쪽으로 달아났어요, 하늘을 향해 도와달라고 소리쳤어요, 졸본에 가서 고구려의 왕이 되었어요

추측한 어휘 확인하기 — 어휘력 키우기

다음 단어의 뜻과 비슷한 것에 체크하세요.

1. 불시에 — ☑ 갑자기 ☐ 정해진 때에
2. 제외하고요 — ☐ 어떤 대상에 넣고요 ☑ 어떤 대상에서 빼고요
3. 비쩍 — ☑ 심하게 마른 모양 ☐ 갑자기 크게 변화하는 모양

50

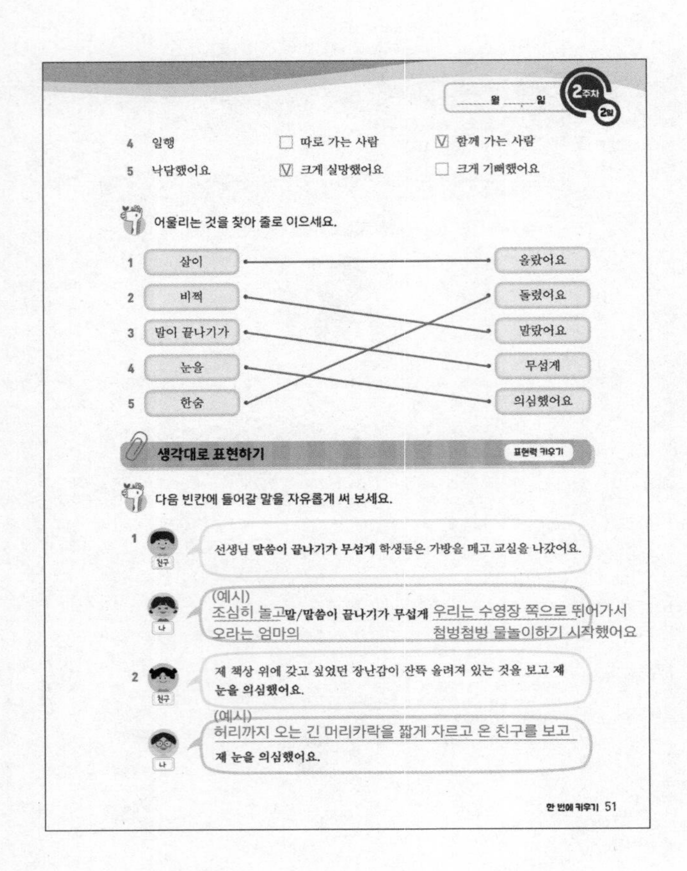

___월 ___일 2주차 2일

4 일행 ☐ 따로 가는 사람 ☑ 함께 가는 사람

5 낙담했어요 ☑ 크게 실망했어요 ☐ 크게 기뻐했어요

어울리는 것을 찾아 줄로 이으세요.

1 살이 — 올랐어요
2 비쩍 — 말랐어요
3 말이 끝나기가 — 무섭게
4 눈을 — 의심했어요
5 한숨 — 돌렸어요

생각대로 표현하기 표현력 키우기

다음 빈칸에 들어갈 말을 자유롭게 써 보세요.

1 (친구) 선생님 **말씀이 끝나기가 무섭게** 학생들은 가방을 메고 교실을 나갔어요.

(나) (예시) 조심히 놀고 오라는 엄마의 **말/말씀이 끝나기가 무섭게** 우리는 수영장 쪽으로 뛰어가서 첨벙첨벙 물놀이하기 시작했어요

2 (친구) 제 책상 위에 갖고 싶었던 장난감이 잔뜩 올려져 있는 것을 보고 제 **눈을 의심했어요.**

(나) (예시) 허리까지 오는 긴 머리카락을 짧게 자르고 온 친구를 보고 **제 눈을 의심했어요.**

한 번에 키우기 51

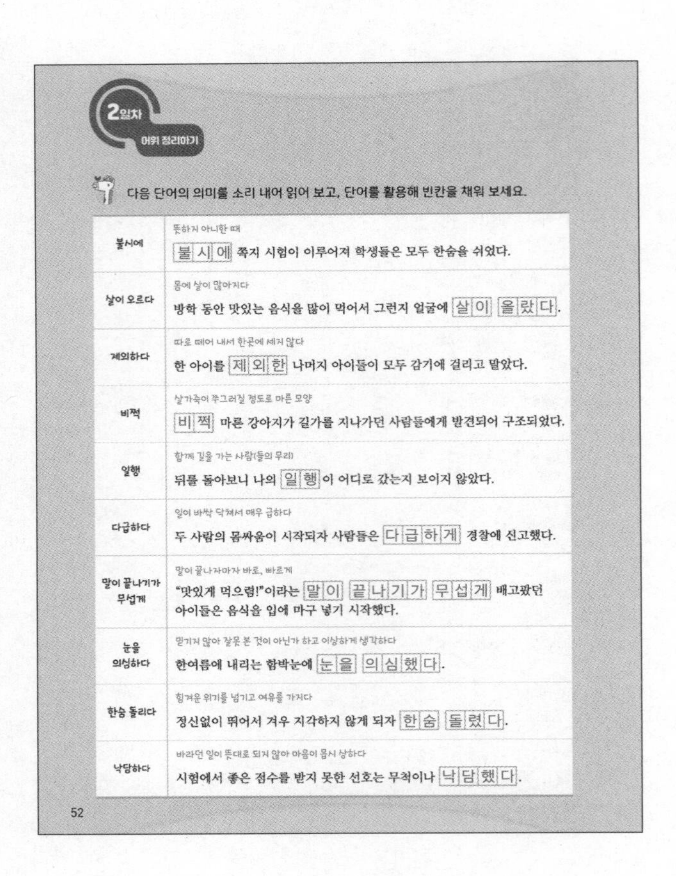

2일차 어휘 정리하기

다음 단어의 의미를 소리 내어 읽어 보고, 단어를 활용해 빈칸을 채워 보세요.

불시에	뜻하지 아니한 때 [불][시][에] 쪽지 시험이 이루어져 학생들은 모두 한숨을 쉬었다.
살이 오르다	몸에 살이 많아지다 방학 동안 맛있는 음식을 많이 먹어서 그런지 얼굴에 [살][이] [올][랐][다].
제외하다	따로 떼어 내서 한곳에 세지 않다 한 아이를 [제][외][한] 나머지 아이들이 모두 감기에 걸리고 말았다.
비쩍	살가죽이 쭈그러질 정도로 마른 모양 [비][쩍] 마른 강아지가 길가를 지나가던 사람들에게 발견되어 구조되었다.
일행	함께 길을 가는 사람(들의 무리) 뒤를 돌아보니 나의 [일][행]이 어디로 갔는지 보이지 않았다.
다급하다	일이 바싹 닥쳐서 매우 급하다 두 사람의 몸싸움이 시작되자 사람들은 [다][급][하][게] 경찰에 신고했다.
말이 끝나기가 무섭게	말이 끝나자마자 바로, 빠르게 "맛있게 먹으렴!"이라는 [말][이] [끝][나][기][가] [무][섭][게] 배고팠던 아이들은 음식을 입에 마구 넣기 시작했다.
눈을 의심하다	믿기지 않아 잘못 본 것이 아닌가 하고 이상하게 생각하다 한여름에 내리는 함박눈에 [눈][을] [의][심][했][다].
한숨 돌리다	힘겨운 위기를 넘기고 여유를 가지다 정신없이 뛰어서 겨우 지각하지 않게 되자 [한][숨] [돌][렸][다].
낙담하다	바라던 일이 뜻대로 되지 않아 마음이 몹시 상하다 시험에서 좋은 점수를 받지 못한 선호는 무척이나 [낙][담][했][다].

52

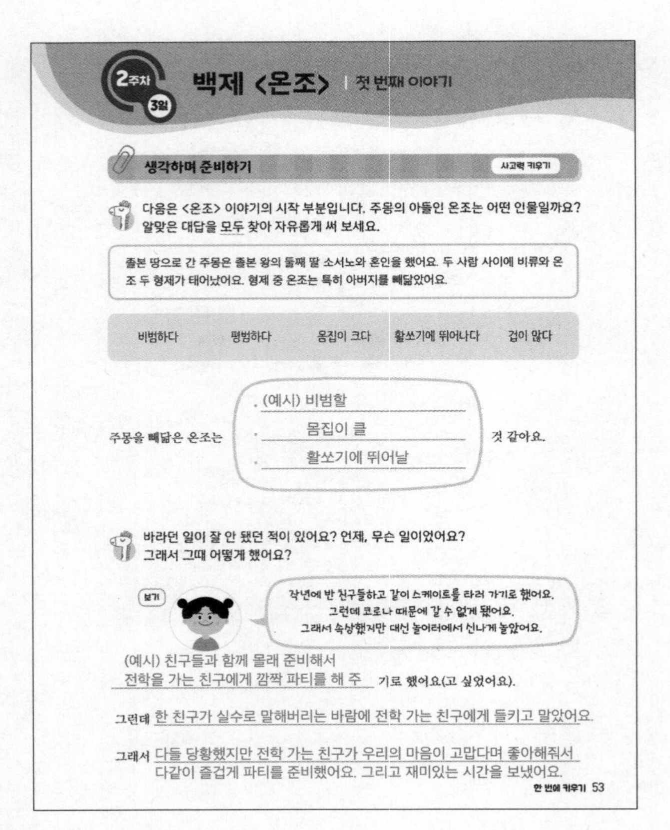

2주차 3일

백제 <온조> | 첫 번째 이야기

생각하며 준비하기 사고력 키우기

다음은 <온조> 이야기의 시작 부분입니다. 주몽의 아들인 온조는 어떤 인물일까요? 알맞은 대답을 모두 찾아 자유롭게 써 보세요.

졸본 땅으로 간 주몽은 졸본 왕의 둘째 딸 소서노와 혼인을 했어요. 두 사람 사이에 비류와 온조 두 형제가 태어났어요. 형제 중 온조는 특히 아버지를 빼닮았어요.

비범하다 평범하다 몸집이 크다 활쏘기에 뛰어나다 겁이 많다

주몽을 빼닮은 온조는
- (예시) 비범할
- 몸집이 클
- 활쏘기에 뛰어날

것 같아요.

바라던 일이 잘 안 됐던 적이 있어요? 언제, 무슨 일이었어요? 그래서 그때 어떻게 했어요?

보기 작년에 반 친구들하고 같이 스케이트를 타러 가기로 했어요. 그런데 코로나 때문에 갈 수 없게 됐어요. 그래서 속상했지만 대신 놀이터에서 신나게 놀았어요.

(예시) 친구들과 함께 몰래 준비해서 전학을 가는 친구에게 깜짝 파티를 해 주 기로 했어요(고 싶었어요).

그런데 한 친구가 실수로 말해버리는 바람에 전학 가는 친구에게 들키고 말았어요.

그래서 다들 당황했지만 전학 가는 친구가 우리의 마음이 고맙다며 좋아해줘서 다같이 즐겁게 파티를 준비했어요. 그리고 재미있는 시간을 보냈어요.

한 번에 키우기 53

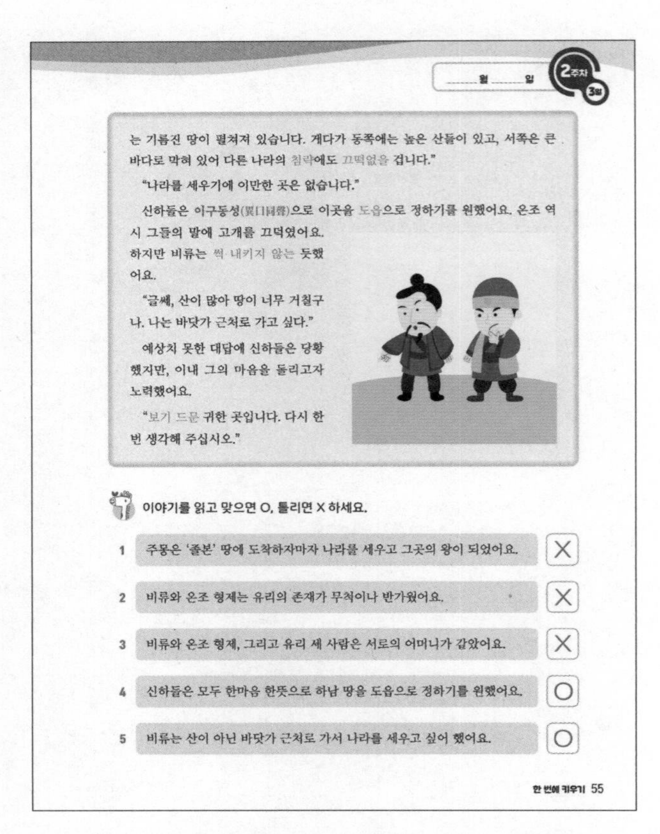

___월 ___일 2주차 3일

는 기름진 땅이 펼쳐져 있습니다. 게다가 동쪽에는 높은 산들이 있고, 서쪽은 큰 바다로 막혀 있어 다른 나라의 침략에도 끄떡없을 겁니다."

"나라를 세우기에 이만한 곳은 없습니다."

신하들은 이구동성(異口同聲)으로 이곳을 도읍으로 정하기를 원했어요. 온조 역시 그들의 말에 고개를 끄덕였어요. 하지만 비류는 썩 내키지 않는 듯했어요.

"글쎄, 산이 많아 땅이 너무 거칠구나. 나는 바닷가 근처로 가고 싶다."

예상치 못한 대답에 신하들은 당황했지만, 이내 그의 마음을 돌리고자 노력했어요.

"보기 드문 귀한 곳입니다. 다시 한 번 생각해 주십시오."

이야기를 읽고 맞으면 O, 틀리면 X 하세요.

1 주몽은 '졸본' 땅에 도착하자마자 나라를 세우고 그곳의 왕이 되었어요. X

2 비류와 온조 형제는 유리의 존재가 무척이나 반가웠어요. X

3 비류와 온조 형제, 그리고 유리 세 사람은 서로의 어머니가 같았어요. X

4 신하들은 모두 한마음 한뜻으로 하남 땅을 도읍으로 정하기를 원했어요. O

5 비류는 산이 아닌 바닷가 근처로 가서 나라를 세우고 싶어 했어요. O

한 번에 키우기 55

유리가 주몽을 찾아왔어요. 그 후에 무슨 일이 일어났어요?
아래의 각 인물과 관련 있는 대답을 모두 찾아 번호를 써 보세요.

① 유리를 질투하며 내쫓았어요
② 더 좋은 땅을 찾으려고 궁을 떠났어요
③ 유리를 고구려의 태자로 삼았어요
④ 궁에서 찬밥 신세가 되었어요
⑤ 주몽의 마음을 돌리고자 노력했어요
⑥ 유리를 반갑게 맞이했어요

주몽	비류와 온조
③, ⑥	②, ④

비류와 온조에 대한 이야기를 가장 잘 정리한 사람을 골라 보세요.

- 형수: 비류와 온조는 자신들의 뜻을 펼치기 위해 고구려를 떠났지만, 결국 좋은 땅에 새로운 나라를 세우지는 못했어. [ ]
- 하윤: 남쪽으로 간 비류와 온조에게 신하들이 정착할 만한 땅을 제안했지만, 비류는 그곳을 좋은 곳이라고 생각하지 않았어. [V]
- 하진: 욕심 많은 유리 때문에 고구려의 왕 자리를 빼앗긴 비류와 온조는 고구려에서 쫓겨나 이곳저곳을 떠돌아다녔어. [ ]

신하들은 왜 '하남'을 나라 세우기에 좋은 곳이라고 생각했어요? (2개)

① 드넓은 바다 덕분에 식량을 구하기 쉬워서
② 산과 바다로 둘러싸여 침략에 안전해서 (정답 표시)
③ 농사를 짓기에 좋은 기름진 땅이 있어서 (정답 표시)
④ 고구려와 가까운 곳에 위치해서

추측한 어휘 확인하기

어휘력 키우기

다음 단어의 뜻과 비슷한 것에 체크하세요.

1 직감하고는 [V] 바로 느껴 알고는 [ ] 바로 말하고는
2 살벌한 [ ] 분위기가 새로운 [V] 분위기가 무서운

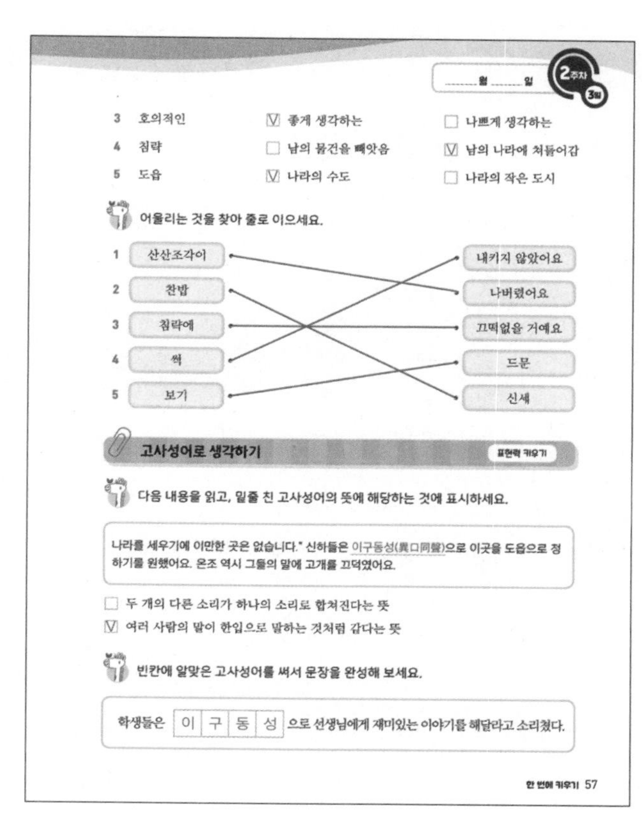

3 호의적인 [V] 좋게 생각하는 [ ] 나쁘게 생각하는
4 침략 [ ] 남의 물건을 빼앗음 [V] 남의 나라에 쳐들어감
5 도읍 [V] 나라의 수도 [ ] 나라의 작은 도시

어울리는 것을 찾아 줄로 이으세요.

1 산산조각이 — 나버렸어요
2 찬밥 — 신세
3 침략에 — 끄떡없을 거예요
4 썩 — 내키지 않았어요
5 보기 — 드문

고사성어로 생각하기

표현력 키우기

다음 내용을 읽고, 밑줄 친 고사성어의 뜻에 해당하는 것에 표시하세요.

나라를 세우기에 이만한 곳은 없습니다." 신하들은 이구동성(異口同聲)으로 이곳을 도읍으로 정하기를 원했어요. 온조 역시 그들의 말에 고개를 끄덕였어요.

[ ] 두 개의 다른 소리가 하나의 소리로 합쳐진다는 뜻
[V] 여러 사람의 말이 한입으로 말하는 것처럼 같다는 뜻

빈칸에 알맞은 고사성어를 써서 문장을 완성해 보세요.

학생들은 이 구 동 성 으로 선생님에게 재미있는 이야기를 해달라고 소리쳤다.

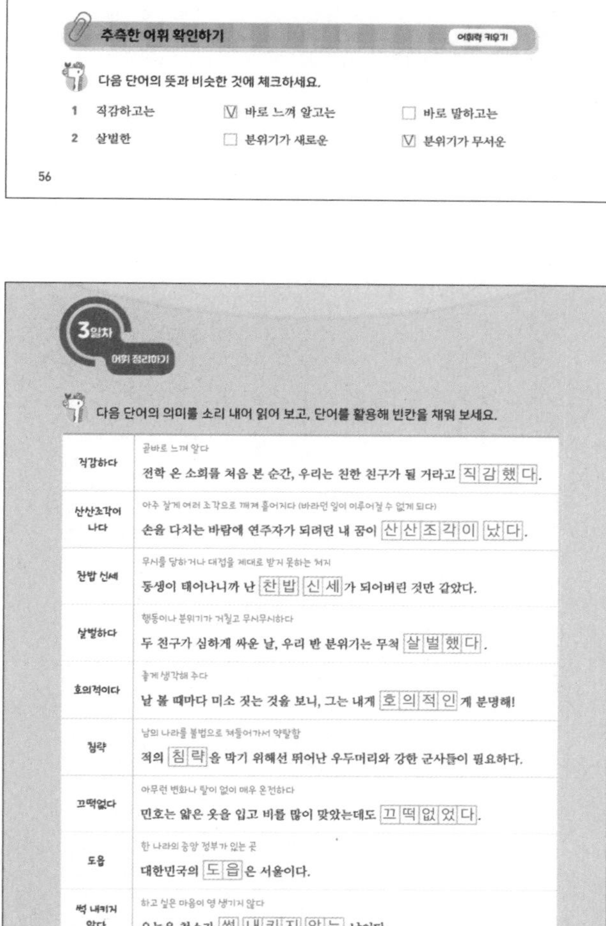

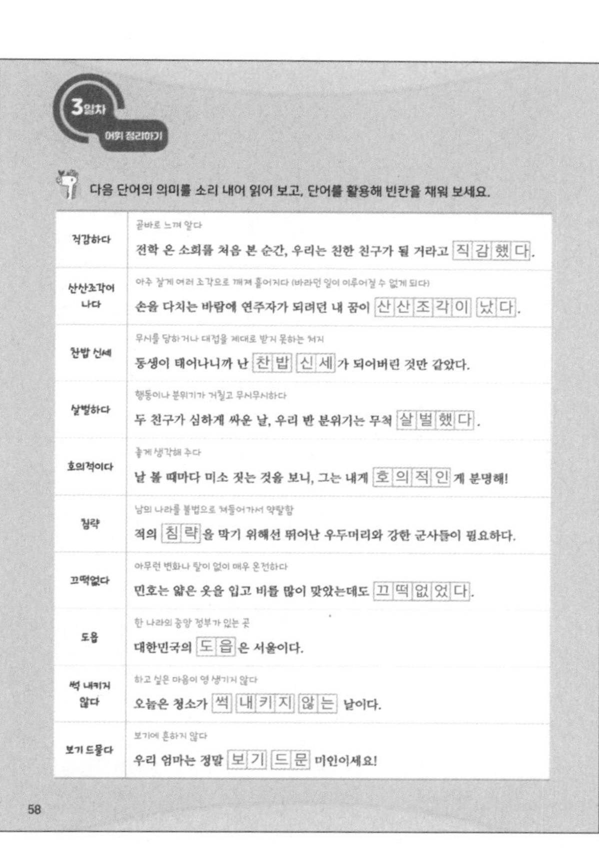
3일차 어휘 정리하기

다음 단어의 의미를 소리 내어 읽어 보고, 단어를 활용해 빈칸을 채워 보세요.

직감하다	곧바로 느껴 알다 전학 온 소희를 처음 본 순간, 우리는 친한 친구가 될 거라고 직 감 했 다.
산산조각이 나다	아주 잘게 여러 조각으로 깨져 흩어지다 (바라던 일이 이루어질 수 없게 되다) 손을 다치는 바람에 연주자가 되려던 내 꿈이 산 산 조 각 이 났 다.
찬밥 신세	무시를 당하거나 대접을 제대로 받지 못하는 처지 동생이 태어나니까 난 찬 밥 신 세 가 되어버린 것만 같았다.
살벌하다	행동이나 분위기가 거칠고 무시무시하다 두 친구가 심하게 싸운 날, 우리 반 분위기는 무척 살 벌 했 다.
호의적이다	좋게 생각해 주다 날 볼 때마다 미소 짓는 것을 보니, 그는 내게 호 의 적 인 게 분명해!
침략	남의 나라를 불법으로 쳐들어가서 약탈함 적의 침 략 을 막기 위해선 뛰어난 우두머리와 강한 군사들이 필요하다.
끄떡없다	아무런 변화나 탈이 없이 매우 온전하다 민호는 얇은 옷을 입고 비를 많이 맞았는데도 끄 떡 없 었 다.
도읍	한 나라의 중앙 정부가 있는 곳 대한민국의 도 읍 은 서울이다.
썩 내키지 않다	하고 싶은 마음이 영 생기지 않다 오늘은 청소가 썩 내 키 지 않 는 날이다.
보기 드물다	보기에 흔하지 않다 우리 엄마는 정말 보 기 드 문 미인이세요!

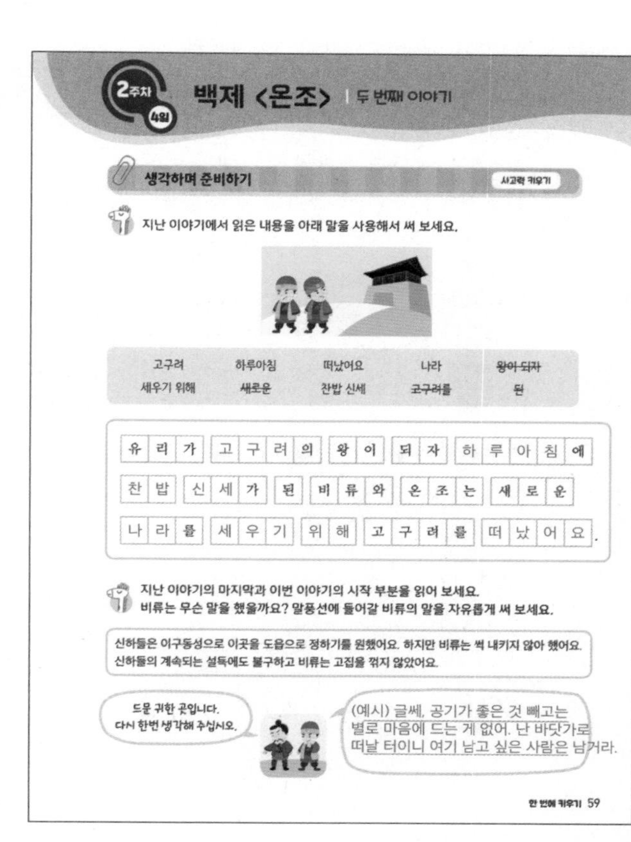
2주차 4회 백제 <온조> | 두 번째 이야기

생각하며 준비하기

사고력 키우기

지난 이야기에서 읽은 내용을 아래 말을 사용해서 써 보세요.

고구려 / 하루아침 / 떠났어요 / 나라 / ~~왕이 되자~~ / 세우기 위해 / 새로운 / 찬밥 신세 / 고구려를 / 된

유리가 고구려의 왕이 되자 하루아침에 찬밥 신세가 된 비류와 온조는 새로운 나라를 세우기 위해 고구려를 떠났어요.

지난 이야기의 마지막과 이번 이야기의 시작 부분을 읽어 보세요.
비류는 무슨 말을 했을까요? 말풍선에 들어갈 비류의 말을 자유롭게 써 보세요.

신하들은 이구동성으로 이곳을 도읍으로 정하기를 원했어요. 하지만 비류는 썩 내키지 않아 했어요. 신하들의 계속되는 설득에도 불구하고 비류는 고집을 꺾지 않았어요.

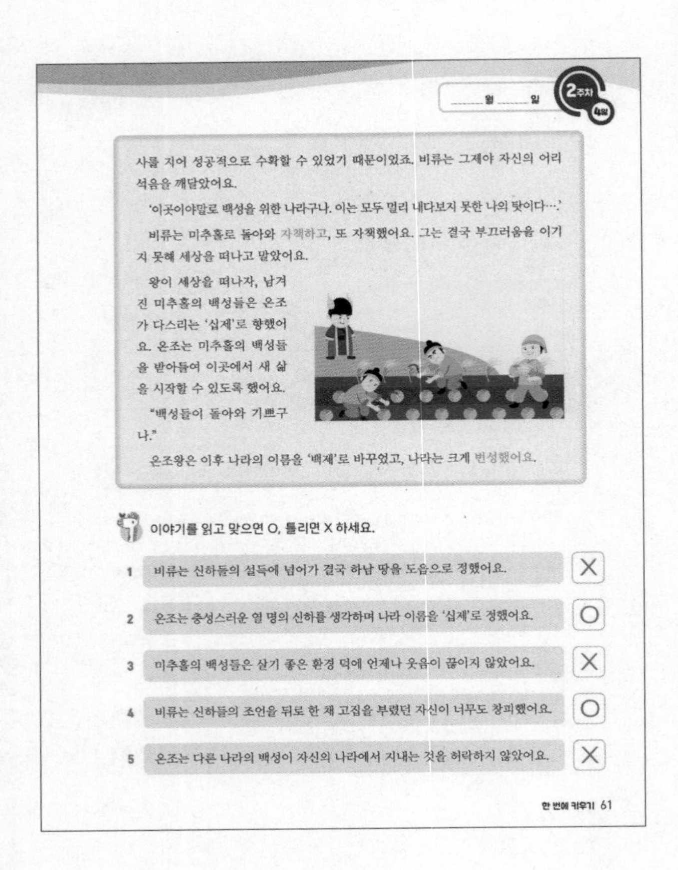

____월 ____일 2주차 4일

사를 지어 성공적으로 수확할 수 있었기 때문이었죠. 비류는 그제야 자신의 어리석음을 깨달았어요.

'이곳이야말로 백성을 위한 나라구나. 이는 모두 멀리 내다보지 못한 나의 탓이다….'

비류는 미추홀로 돌아와 자책하고, 또 자책했어요. 그는 결국 부끄러움을 이기지 못해 세상을 떠나고 말았어요.

왕이 세상을 떠나자, 남겨진 미추홀의 백성들은 온조가 다스리는 '십제'로 향했어요. 온조는 미추홀의 백성들을 받아들여 이곳에서 새 삶을 시작할 수 있도록 했어요.

"백성들이 돌아와 기쁘구나."

온조왕은 이후 나라의 이름을 '백제'로 바꾸었고, 나라는 크게 번성했어요.

이야기를 읽고 맞으면 O, 틀리면 X 하세요.

1 비류는 신하들의 설득에 넘어가 결국 하남 땅을 도읍으로 정했어요. X

2 온조는 충성스러운 열 명의 신하를 생각하며 나라 이름을 '십제'로 정했어요. O

3 미추홀의 백성들은 살기 좋은 환경 덕에 언제나 웃음이 끊이지 않았어요. X

4 비류는 신하들의 조언을 뒤로 한 채 고집을 부렸던 자신이 너무도 창피했어요. O

5 온조는 다른 나라의 백성이 자신의 나라에서 지내는 것을 허락하지 않았어요. X

한 번에 키우기 61

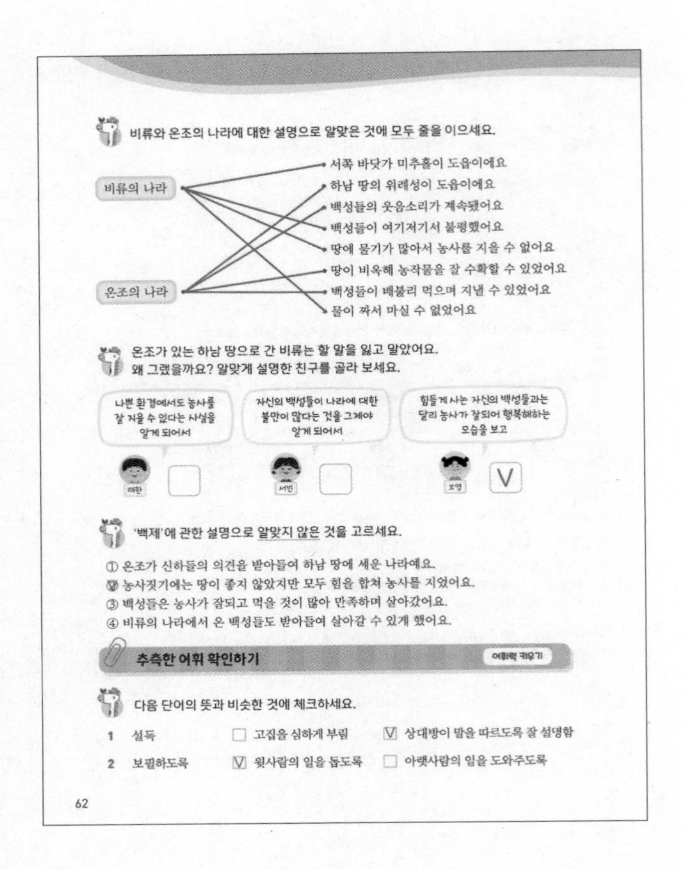

비류와 온조의 나라에 대한 설명으로 알맞은 것에 모두 줄을 이으세요.

비류의 나라 — 서쪽 바닷가 미추홀이 도읍이에요 / 백성들이 여기저기서 불평했어요 / 땅에 물기가 많아서 농사를 지을 수 없어요 / 물이 짜서 마실 수 없었어요

온조의 나라 — 하남 땅의 위례성이 도읍이에요 / 백성들의 웃음소리가 계속됐어요 / 땅이 비옥해 농작물을 잘 수확할 수 있었어요 / 백성들이 배불리 먹으며 지낼 수 있었어요

온조가 있는 하남 땅으로 간 비류는 할 말을 잃고 말았어요.
왜 그랬을까요? 알맞게 설명한 친구를 골라 보세요.

태한: 나쁜 환경에서도 농사를 잘 지을 수 있다는 사실을 알게 되어서 ☐

서빈: 자신의 백성들이 나라에 대한 불만이 많다는 것을 그제야 알게 되어서 ☐

보영: 힘들게 사는 자신의 백성들과는 달리 농사가 잘되어 행복해하는 모습을 보고 V

'백제'에 관한 설명으로 알맞지 않은 것을 고르세요.

① 온조가 신하들의 의견을 받아들여 하남 땅에 세운 나라예요.
② 농사짓기에는 땅이 좋지 않았지만 모두 힘을 합쳐 농사를 지었어요. (정답)
③ 백성들은 농사가 잘되고 먹을 것이 많아 만족하며 살아갔어요.
④ 비류의 나라에서 온 백성들도 받아들여 살아갈 수 있게 했어요.

추측한 어휘 확인하기 (어휘력 키우기)

다음 단어의 뜻과 비슷한 것에 체크하세요.

1 설득 ☐ 고집을 심하게 부림 ☑ 상대방이 말을 따르도록 잘 설명함

2 보필하도록 ☑ 윗사람의 일을 돕도록 ☐ 아랫사람의 일을 도와주도록

62

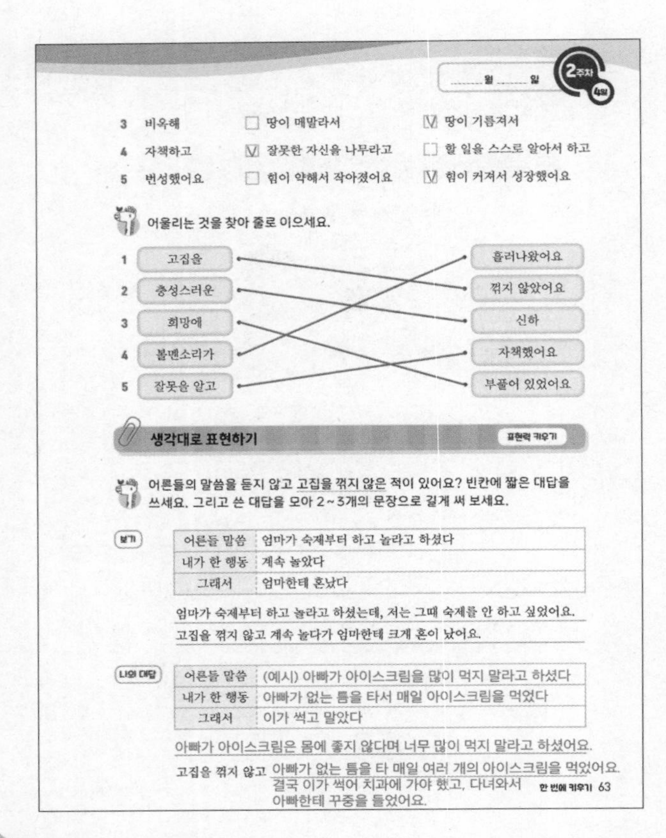

____월 ____일 2주차 4일

3 비옥해 ☐ 땅이 메말라서 ☑ 땅이 기름져서

4 자책하고 ☑ 잘못한 자신을 나무라고 ☐ 할 일을 스스로 알아서 하고

5 번성했어요 ☐ 힘이 약해서 작아졌어요 ☑ 힘이 커져서 성장했어요

어울리는 것을 찾아 줄로 이으세요.

1 고집을 — 꺾지 않았어요

2 충성스러운 — 신하

3 희망에 — 부풀어 있었어요

4 볼멘소리가 — 흘러나왔어요

5 잘못을 알고 — 자책했어요

생각대로 표현하기 (표현력 키우기)

어른들의 말씀을 듣지 않고 고집을 꺾지 않은 적이 있어요? 빈칸에 짧은 대답을 쓰세요. 그리고 쓴 대답을 모아 2~3개의 문장으로 길게 써 보세요.

보기

어른들 말씀	엄마가 숙제부터 하고 놀라고 하셨다
내가 한 행동	계속 놀았다
그래서	엄마한테 혼났다

엄마가 숙제부터 하고 놀라고 하셨는데, 저는 그때 숙제를 안 하고 싶었어요.
고집을 꺾지 않고 계속 놀다가 엄마한테 크게 혼이 났어요.

나의 대답

어른들 말씀	(예시) 아빠가 아이스크림을 많이 먹지 말라고 하셨다
내가 한 행동	아빠가 없는 틈을 타서 매일 아이스크림을 먹었다
그래서	이가 썩고 말았다

아빠가 아이스크림은 몸에 좋지 않다며 너무 많이 먹지 말라고 하셨어요.
고집을 꺾지 않고 아빠가 없는 틈을 타 매일 여러 개의 아이스크림을 먹었어요. 결국 이가 썩어 치과에 가야 했고, 다녀와서 아빠한테 꾸중을 들었어요.

한 번에 키우기 63

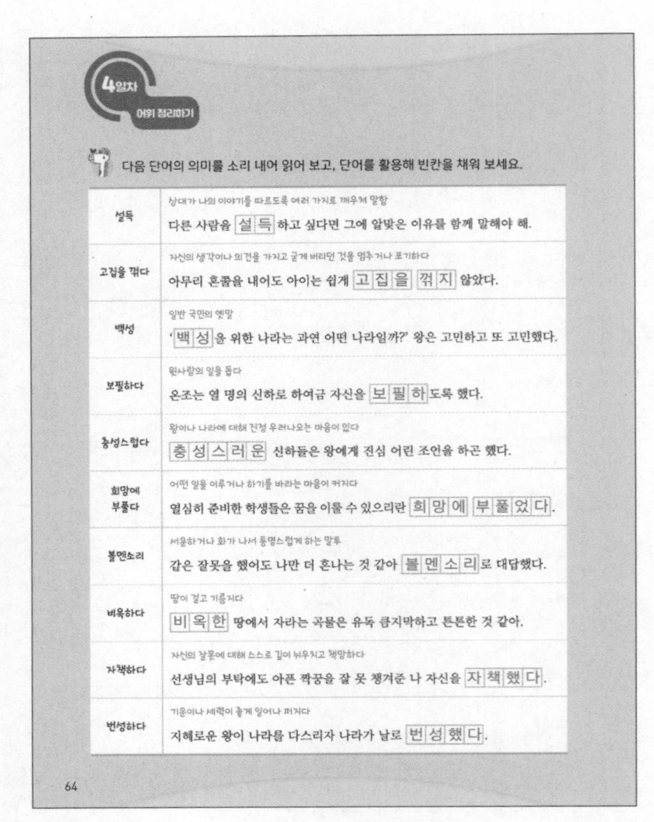

4일차 어휘 정리하기

다음 단어의 의미를 소리 내어 읽어 보고, 단어를 활용해 빈칸을 채워 보세요.

설득	상대가 나의 이야기를 따르도록 여러 가지로 깨우쳐 말함 다른 사람을 설득하고 싶다면 그에 알맞은 이유를 함께 말해야 해.
고집을 꺾다	자신의 생각이나 의견을 가지고 굳게 버티던 것을 멈추거나 포기하다 아무리 혼쭐을 내어도 아이는 쉽게 고집을 꺾지 않았다.
백성	일반 국민의 옛말 '백성을 위한 나라는 과연 어떤 나라일까?' 왕은 고민하고 또 고민했다.
보필하다	윗사람의 일을 돕다 온조는 열 명의 신하로 하여금 자신을 보필하도록 했다.
충성스럽다	왕이나 나라에 대해 진정 우러나오는 마음이 있다 충성스러운 신하들은 왕에게 진심 어린 조언을 하곤 했다.
희망에 부풀다	어떤 일을 이루거나 하기를 바라는 마음이 커지다 열심히 준비한 학생들은 꿈을 이룰 수 있으리란 희망에 부풀었다.
볼멘소리	서운하거나 화가 나서 퉁명스럽게 하는 말투 같은 잘못을 했어도 나만 더 혼나는 것 같아 볼멘소리로 대답했다.
비옥하다	땅이 걸고 기름지다 비옥한 땅에서 자라는 곡물은 유독 큼지막하고 튼튼한 것 같아.
자책하다	자신의 잘못에 대해 스스로 깊이 뉘우치고 책망하다 선생님의 부탁에도 아픈 짝꿍을 잘 못 챙겨준 나 자신을 자책했다.
번성하다	기운이나 세력이 좋게 일어나 퍼지다 지혜로운 왕이 나라를 다스리자 나라가 날로 번성했다.

64

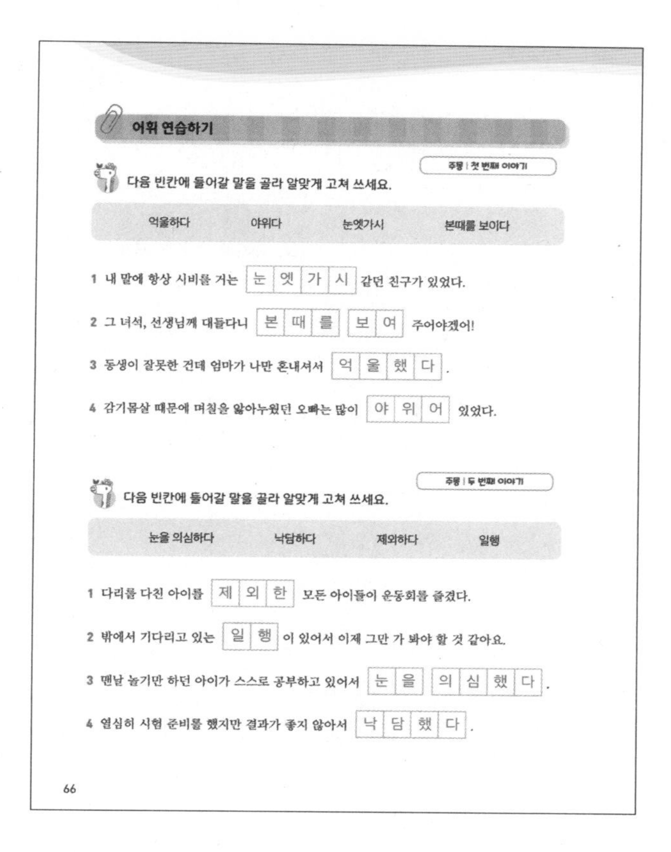

어휘 연습하기

주몽 | 첫 번째 이야기

다음 빈칸에 들어갈 말을 골라 알맞게 고쳐 쓰세요.

억울하다 야위다 눈엣가시 본때를 보이다

1 내 말에 항상 시비를 거는 [눈엣가시] 같던 친구가 있었다.

2 그 녀석, 선생님께 대들다니 [본때를 보여] 주어야겠어!

3 동생이 잘못한 건데 엄마가 나만 혼내셔서 [억울했다].

4 감기몸살 때문에 며칠을 앓아누웠던 오빠는 많이 [야위어] 있었다.

주몽 | 두 번째 이야기

다음 빈칸에 들어갈 말을 골라 알맞게 고쳐 쓰세요.

눈을 의심하다 낙담하다 제외하다 일행

1 다리를 다친 아이를 [제외한] 모든 아이들이 운동회를 즐겼다.

2 밖에서 기다리고 있는 [일행]이 있어서 이제 그만 가 봐야 할 것 같아요.

3 맨날 놀기만 하던 아이가 스스로 공부하고 있어서 [눈을 의심했다].

4 열심히 시험 준비를 했지만 결과가 좋지 않아서 [낙담했다].

66

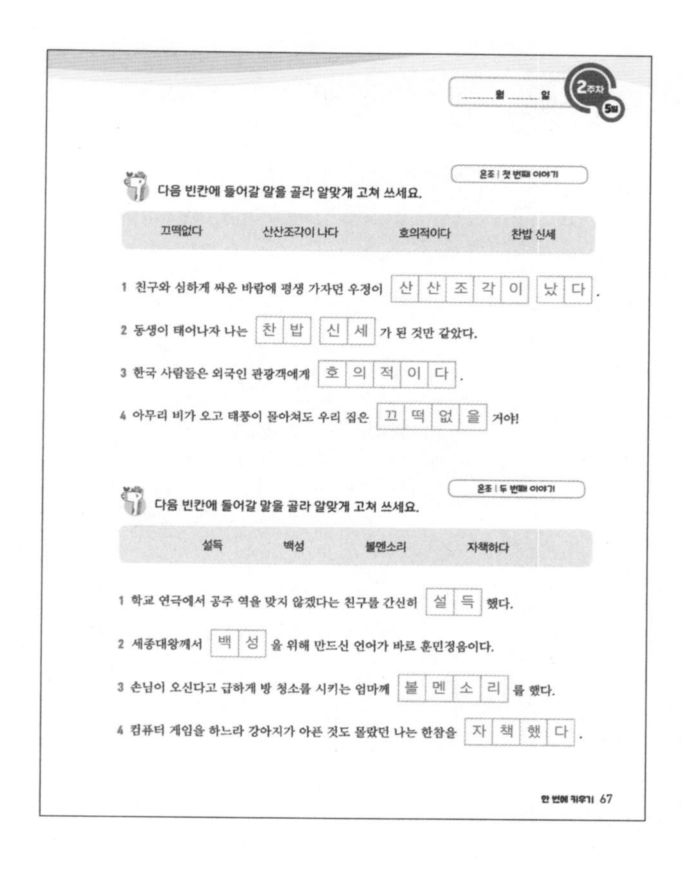

____월 ____일 2주차 5회

온조 | 첫 번째 이야기

다음 빈칸에 들어갈 말을 골라 알맞게 고쳐 쓰세요.

끄떡없다 산산조각이 나다 호의적이다 찬밥 신세

1 친구와 심하게 싸운 바람에 평생 가자던 우정이 [산산조각이 났다].

2 동생이 태어나자 나는 [찬밥 신세]가 된 것만 같았다.

3 한국 사람들은 외국인 관광객에게 [호의적이다].

4 아무리 비가 오고 태풍이 몰아쳐도 우리 집은 [끄떡없을] 거야!

온조 | 두 번째 이야기

다음 빈칸에 들어갈 말을 골라 알맞게 고쳐 쓰세요.

설득 백성 볼멘소리 자책하다

1 학교 연극에서 공주 역을 맡지 않겠다는 친구를 간신히 [설득]했다.

2 세종대왕께서 [백성]을 위해 만드신 언어가 바로 훈민정음이다.

3 손님이 오신다고 급하게 방 청소를 시키는 엄마께 [볼멘소리]를 했다.

4 컴퓨터 게임을 하느라 강아지가 아픈 것도 몰랐던 나는 한참을 [자책했다].

한 번에 키우기 67

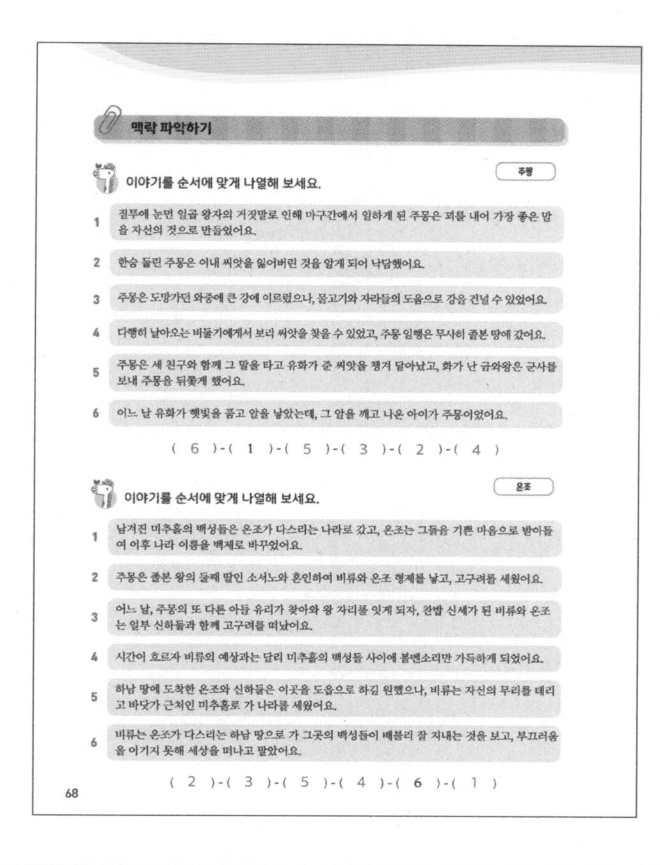

맥락 파악하기

주몽

이야기를 순서에 맞게 나열해 보세요.

1 질투에 눈먼 일곱 왕자의 거짓말로 인해 마구간에서 일하게 된 주몽은 꾀를 내어 가장 좋은 말을 자신의 것으로 만들었어요.

2 한숨 돌린 주몽은 이내 씨앗을 잃어버린 것을 알게 되어 낙담했어요.

3 주몽은 도망가던 와중에 큰 강에 이르렀으나, 물고기와 자라들의 도움으로 강을 건널 수 있었어요.

4 다행히 날아오는 비둘기에게서 보리 씨앗을 찾을 수 있었고, 주몽 일행은 무사히 졸본 땅에 갔어요.

5 주몽은 세 친구와 함께 그 말을 타고 유화가 준 씨앗을 챙겨 달아났고, 화가 난 금와왕은 군사를 보내 주몽을 뒤쫓게 했어요.

6 어느 날 유화가 햇빛을 품고 알을 낳았는데, 그 알을 깨고 나온 아이가 주몽이었어요.

(6)-(1)-(5)-(3)-(2)-(4)

온조

이야기를 순서에 맞게 나열해 보세요.

1 남겨진 미추홀의 백성들은 온조가 다스리는 나라로 갔고, 온조는 그들을 기쁜 마음으로 받아들여 이후 나라 이름을 백제로 바꾸었어요.

2 주몽은 졸본 왕의 둘째 딸인 소서노와 혼인하여 비류와 온조 형제를 낳고, 고구려를 세웠어요.

3 어느 날, 주몽의 또 다른 아들 유리가 찾아와 왕 자리를 잇게 되자, 찬밥 신세가 된 비류와 온조는 일부 신하들과 함께 고구려를 떠났어요.

4 시간이 흐르자 비류의 예상과는 달리 미추홀의 백성들 사이에 볼멘소리만 가득하게 되었어요.

5 하남 땅에 도착한 온조와 신하들은 이곳을 도읍으로 하길 원했으나, 비류는 자신의 무리를 데리고 바닷가 근처인 미추홀로 가 나라를 세웠어요.

6 비류는 온조가 다스리는 하남 땅으로 가 그곳의 백성들이 배불리 잘 지내는 것을 보고, 부끄러움을 이기지 못해 세상을 떠나고 말았어요.

(2)-(3)-(5)-(4)-(6)-(1)

68

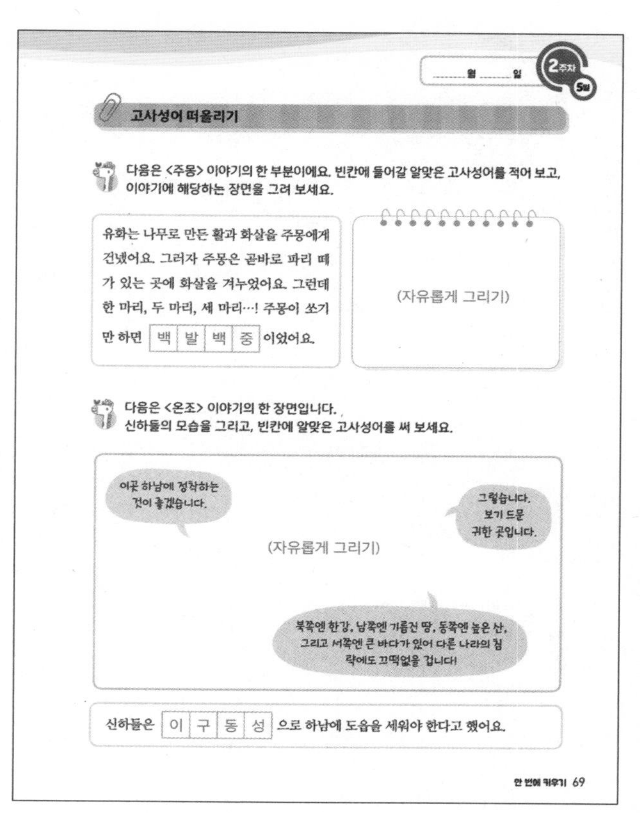

____월 ____일 2주차 5회

고사성어 떠올리기

다음은 <주몽> 이야기의 한 부분이에요. 빈칸에 들어갈 알맞은 고사성어를 적어 보고, 이야기에 해당하는 장면을 그려 보세요.

유화는 나무로 만든 활과 화살을 주몽에게 건넸어요. 그러자 주몽은 곧바로 파리 떼가 있는 곳에 화살을 겨누었어요. 그런데 한 마리, 두 마리, 세 마리…! 주몽이 쏘기만 하면 [백발백중]이었어요.

(자유롭게 그리기)

다음은 <온조> 이야기의 한 장면입니다.
신하들의 모습을 그리고, 빈칸에 알맞은 고사성어를 써 보세요.

이곳 하남에 정착하는 것이 좋겠습니다.
그렇습니다. 보기 드문 귀한 곳입니다.
(자유롭게 그리기)
북쪽엔 한강, 남쪽엔 기름진 땅, 동쪽엔 높은 산, 그리고 서쪽엔 큰 바다가 있어 다른 나라의 침략에도 끄떡없을 겁니다!

신하들은 [이구동성]으로 하남에 도읍을 세워야 한다고 했어요.

한 번에 키우기 69

3주차 1일

신라 <박혁거세> 첫 번째 이야기

생각하며 준비하기

사고력 키우기

여섯 마을의 우두머리가 모여 이야기하고 있어요. 우두머리들은 다음 물음에 어떤 말을 했을까요? 상상해 보고 말풍선에 자유롭게 써 보세요.

사람들이 너무 많아져서 온 마을이 정신없어요. 어떻게 하면 모두가 잘 지낼 수 있을까요?
(예시) 법이나 규칙이 필요하지 않을까요? 법이나 규칙이 없어서 다들 어쩔 줄 몰라 하는 것 같아요.
(예시) 여기저기 싸움을 일으키는 사람에겐 벌을 줘야 할 것 같아요.

'사람들을 잘 이끄는 지도자'란 어떤 사람일까요? 자유롭게 생각해 보고 빈칸에 써 보세요.

- 모두의 말을 귀 기울여 잘 들어주는 사람
- 사람들에게 필요한 것이 무엇인지 잘 아는 사람
- (예시) 어려운 일이 있을 때 먼저 나서는 사람
- (예시) 안 좋은 것은 하지 말라고 강하게 얘기할 수 있는 사람

한 번에 키우기 71

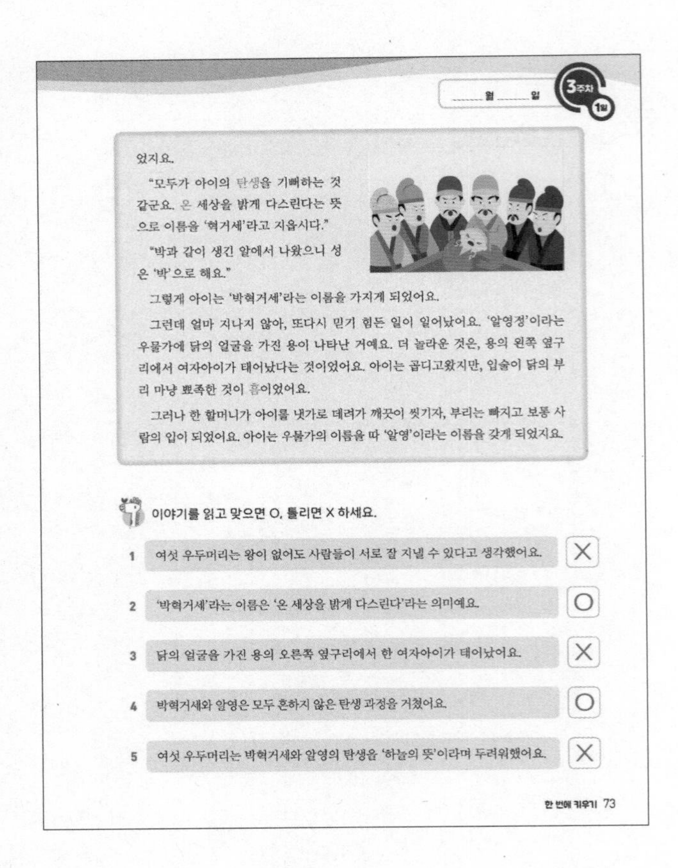

___월 ___일 3주차 1일

었지요.

"모두가 아이의 탄생을 기뻐하는 것 같군요. 온 세상을 밝게 다스린다는 뜻으로 이름을 '혁거세'라고 지읍시다."

"박과 같이 생긴 알에서 나왔으니 성은 '박'으로 해요."

그렇게 아이는 '박혁거세'라는 이름을 가지게 되었어요.

그런데 얼마 지나지 않아, 또다시 믿기 힘든 일이 일어났어요. '알영정'이라는 우물가에 닭의 얼굴을 가진 용이 나타난 거예요. 더 놀라운 것은, 용의 왼쪽 옆구리에서 여자아이가 태어났다는 것이었어요. 아이는 곱디고왔지만, 입술이 닭의 부리 마냥 뾰족한 것이 흠이었어요.

그러나 한 할머니가 아이를 냇가로 데려가 깨끗이 씻기자, 부리는 빠지고 보통 사람의 입이 되었어요. 아이는 우물가의 이름을 따 '알영'이라는 이름을 갖게 되었지요.

이야기를 읽고 맞으면 O, 틀리면 X 하세요.

1. 여섯 우두머리는 왕이 없어도 사람들이 서로 잘 지낼 수 있다고 생각했어요. X
2. '박혁거세'라는 이름은 '온 세상을 밝게 다스린다'라는 의미예요. O
3. 닭의 얼굴을 가진 용의 오른쪽 옆구리에서 한 여자아이가 태어났어요. X
4. 박혁거세와 알영은 모두 흔하지 않은 탄생 과정을 거쳤어요. O
5. 여섯 우두머리는 박혁거세와 알영의 탄생을 '하늘의 뜻'이라며 두려워했어요. X

한 번에 키우기 73

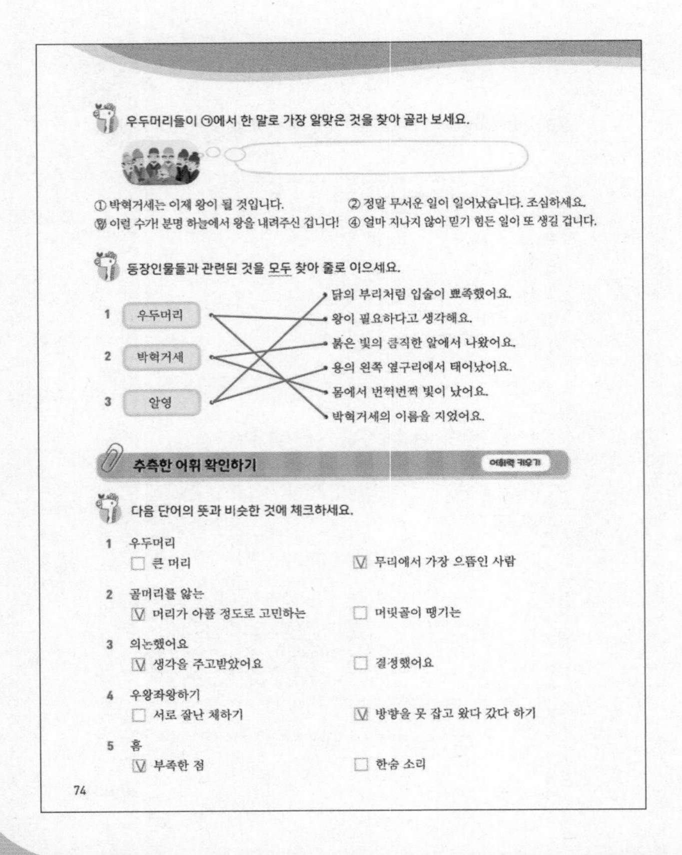

우두머리들이 ㉠에서 한 말로 가장 알맞은 것을 찾아 골라 보세요.

① 박혁거세는 이제 왕이 될 것입니다.
② 정말 무서운 일이 일어났습니다. 조심하세요.
③ 이럴 수가! 분명 하늘에서 왕을 내려주신 겁니다! (정답 표시)
④ 얼마 지나지 않아 믿기 힘든 일이 또 생길 겁니다.

동장인물들과 관련된 것을 모두 찾아 줄로 이으세요.

1. 우두머리
2. 박혁거세
3. 알영

- 닭의 부리처럼 입술이 뾰족했어요.
- 왕이 필요하다고 생각해요.
- 붉은 빛의 큼직한 알에서 나왔어요.
- 용의 왼쪽 옆구리에서 태어났어요.
- 몸에서 번쩍번쩍 빛이 났어요.
- 박혁거세의 이름을 지었어요.

추측한 어휘 확인하기

어휘력 키우기

다음 단어의 뜻과 비슷한 것에 체크하세요.

1. 우두머리
   - [ ] 큰 머리
   - [x] 무리에서 가장 으뜸인 사람
2. 골머리를 앓는
   - [x] 머리가 아플 정도로 고민하는
   - [ ] 머릿골이 땡기는
3. 의논했어요
   - [x] 생각을 주고받았어요
   - [ ] 결정했어요
4. 우왕좌왕하기
   - [ ] 서로 잘난 체하기
   - [x] 방향을 못 잡고 왔다 갔다 하기
5. 흠
   - [x] 부족한 점
   - [ ] 한숨 소리

74

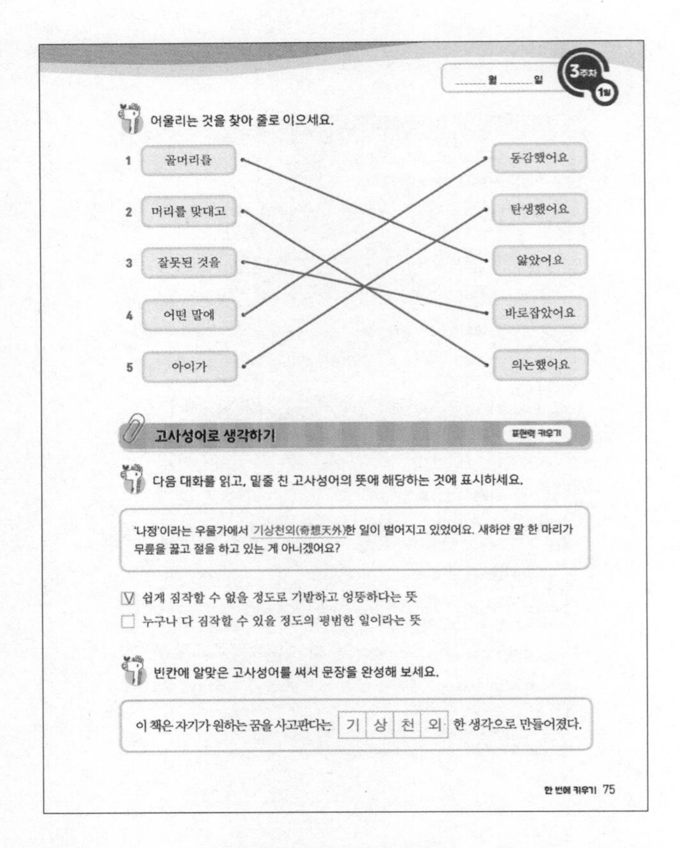

___월 ___일 3주차 1일

어울리는 것을 찾아 줄로 이으세요.

1. 골머리를 — 앓았어요
2. 머리를 맞대고 — 의논했어요
3. 잘못된 것을 — 바로잡았어요
4. 어떤 말에 — 동감했어요
5. 아이가 — 탄생했어요

고사성어로 생각하기

표현력 키우기

다음 대화를 읽고, 밑줄 친 고사성어의 뜻에 해당하는 것에 표시하세요.

'나정'이라는 우물가에서 기상천외(奇想天外)한 일이 벌어지고 있었어요. 새하얀 말 한 마리가 무릎을 꿇고 절을 하고 있는 게 아니겠어요?

- [x] 쉽게 짐작할 수 없을 정도로 기발하고 엉뚱하다는 뜻
- [ ] 누구나 다 짐작할 수 있을 정도의 평범한 일이라는 뜻

빈칸에 알맞은 고사성어를 써서 문장을 완성해 보세요.

이 책은 자기가 원하는 꿈을 사고판다는 | 기 | 상 | 천 | 외 | 한 생각으로 만들어졌다.

한 번에 키우기 75

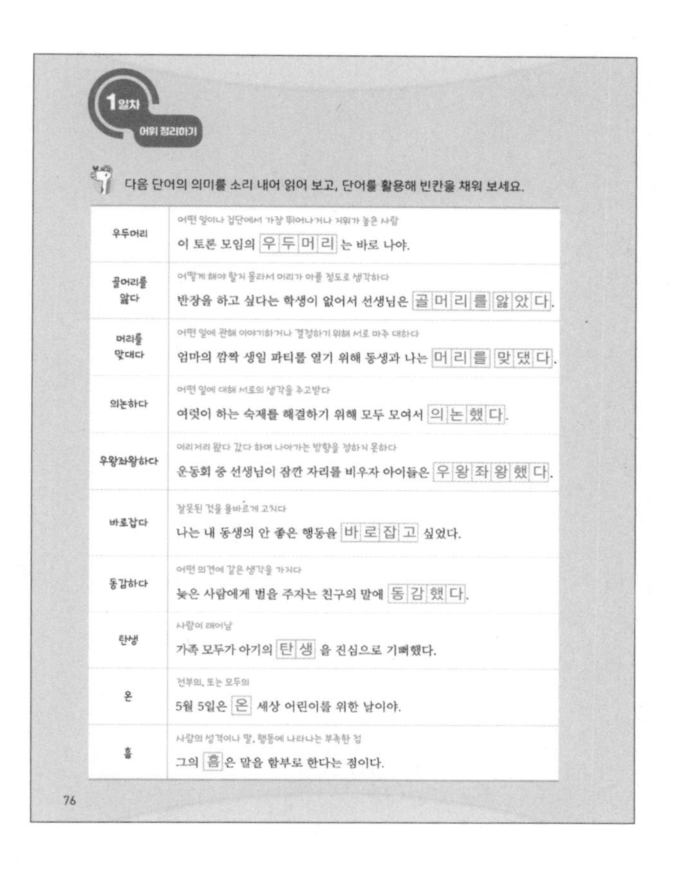

1일차 어휘 정리하기

다음 단어의 의미를 소리 내어 읽어 보고, 단어를 활용해 빈칸을 채워 보세요.

우두머리	어떤 일이나 집단에서 가장 뛰어나거나 지위가 높은 사람 이 토론 모임의 [우두머리]는 바로 나야.
골머리를 앓다	어떻게 해야 할지 몰라서 머리가 아플 정도로 생각하다 반장을 하고 싶다는 학생이 없어서 선생님은 [골머리를 앓았다].
머리를 맞대다	어떤 일에 관해 이야기하거나 결정하기 위해 서로 마주 대하다 엄마의 깜짝 생일 파티를 열기 위해 동생과 나는 [머리를 맞댔다].
의논하다	어떤 일에 대해 서로의 생각을 주고받다 여럿이 하는 숙제를 해결하기 위해 모두 모여서 [의논했다].
우왕좌왕하다	이리저리 왔다 갔다 하며 나아가는 방향을 정하지 못하다 운동회 중 선생님이 잠깐 자리를 비우자 아이들은 [우왕좌왕했다].
바로잡다	잘못된 것을 올바르게 고치다 나는 내 동생의 안 좋은 행동을 [바로잡고] 싶었다.
동감하다	어떤 의견에 같은 생각을 가지다 늦은 사람에게 벌을 주자는 친구의 말에 [동감했다].
탄생	사람이 태어남 가족 모두가 아기의 [탄생]을 진심으로 기뻐했다.
온	전부의, 또는 모두의 5월 5일은 [온] 세상 어린이를 위한 날이야.
흠	사람의 성격이나 말, 행동에 나타나는 부족한 점 그의 [흠]은 말을 함부로 한다는 점이다.

76

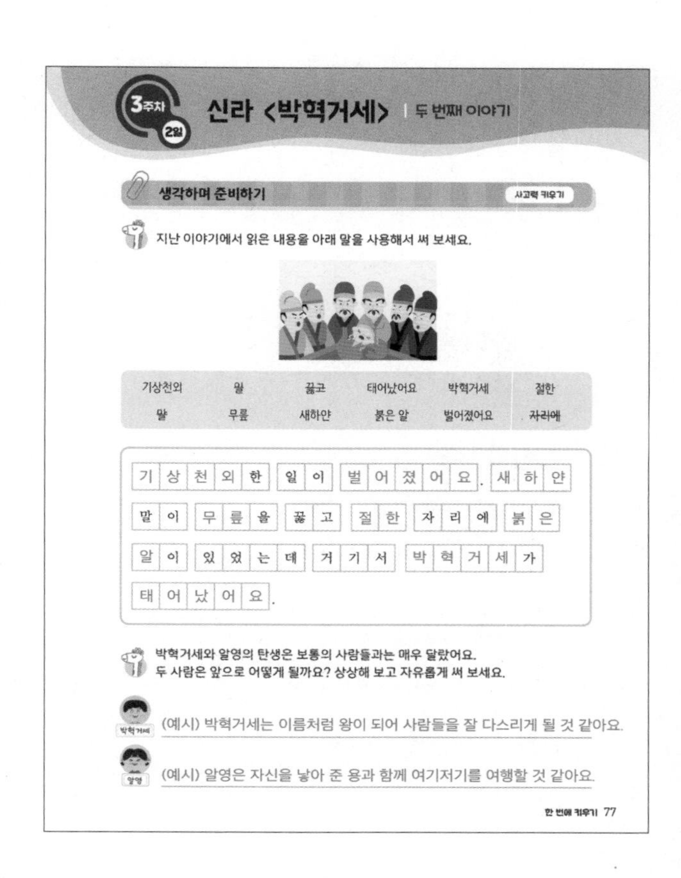

3주차 2일 신라 <박혁거세> | 두 번째 이야기

생각하며 준비하기 | 사고력 키우기

지난 이야기에서 읽은 내용을 아래 말을 사용해서 써 보세요.

기상천외 / 일 / 꿇고 / 태어났어요 / 박혁거세 / 절한 / 말 / 무릎 / 새하얀 / 붉은 알 / 벌어졌어요 / 자리에

기상천외한 일이 벌어졌어요. 새하얀 말이 무릎을 꿇고 절한 자리에 붉은 알이 있었는데 거기서 박혁거세가 태어났어요.

박혁거세와 알영의 탄생은 보통의 사람들과는 매우 달랐어요.
두 사람은 앞으로 어떻게 될까요? 상상해 보고 자유롭게 써 보세요.

박혁거세: (예시) 박혁거세는 이름처럼 왕이 되어 사람들을 잘 다스리게 될 것 같아요.

알영: (예시) 알영은 자신을 낳아 준 용과 함께 여기저기를 여행할 것 같아요.

한 번에 키우기 77

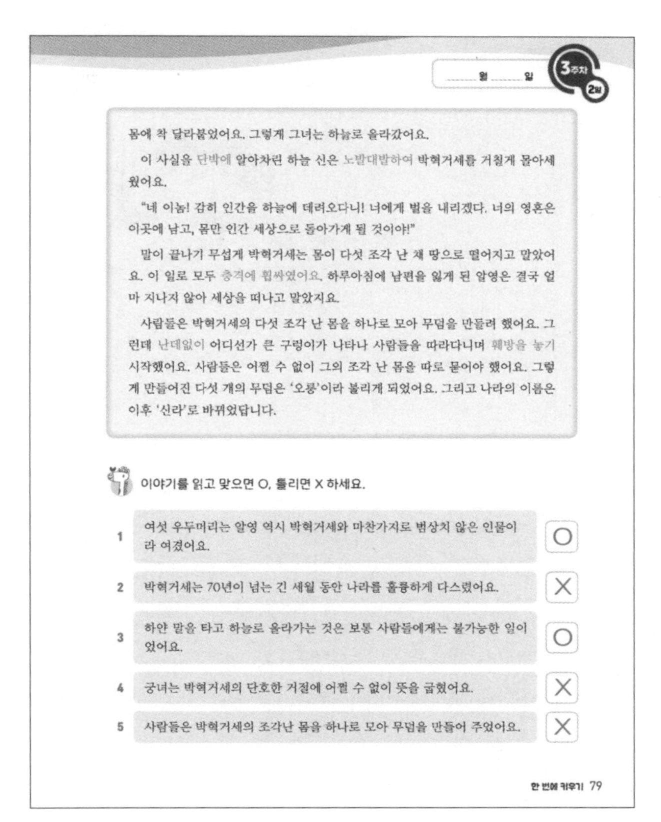

____월 ____일 3주차 2일

몸에 착 달라붙었어요. 그렇게 그녀는 하늘로 올라갔어요.

이 사실을 단박에 알아차린 하늘 신은 노발대발하여 박혁거세를 거칠게 몰아세웠어요.

"네 이놈! 감히 인간을 하늘에 데려오다니! 너에게 벌을 내리겠다. 너의 영혼은 이곳에 남고, 몸만 인간 세상으로 돌아가게 될 것이야!"

말이 끝나기 무섭게 박혁거세는 몸이 다섯 조각 난 채 땅으로 떨어지고 말았어요. 이 일로 모두 충격에 휩싸였어요. 하루아침에 남편을 잃게 된 알영은 결국 얼마 지나지 않아 세상을 떠나고 말았지요.

사람들은 박혁거세의 다섯 조각 난 몸을 하나로 모아 무덤을 만들려 했어요. 그런데 난데없이 어디선가 큰 구렁이가 나타나 사람들을 따라다니며 훼방을 놓기 시작했어요. 사람들은 어쩔 수 없이 그의 조각 난 몸을 따로 묻어야 했어요. 그렇게 만들어진 다섯 개의 무덤은 '오릉'이라 불리게 되었어요. 그리고 나라의 이름은 이후 '신라'로 바뀌었답니다.

이야기를 읽고 맞으면 O, 틀리면 X 하세요.

1 여섯 우두머리는 알영 역시 박혁거세와 마찬가지로 범상치 않은 인물이라 여겼어요. O

2 박혁거세는 70년이 넘는 긴 세월 동안 나라를 훌륭하게 다스렸어요. X

3 하얀 말을 타고 하늘로 올라가는 것은 보통 사람들에게는 불가능한 일이었어요. O

4 궁녀는 박혁거세의 단호한 거절에 어쩔 수 없이 뜻을 굽혔어요. X

5 사람들은 박혁거세의 조각난 몸을 하나로 모아 무덤을 만들어 주었어요. X

한 번에 키우기 79

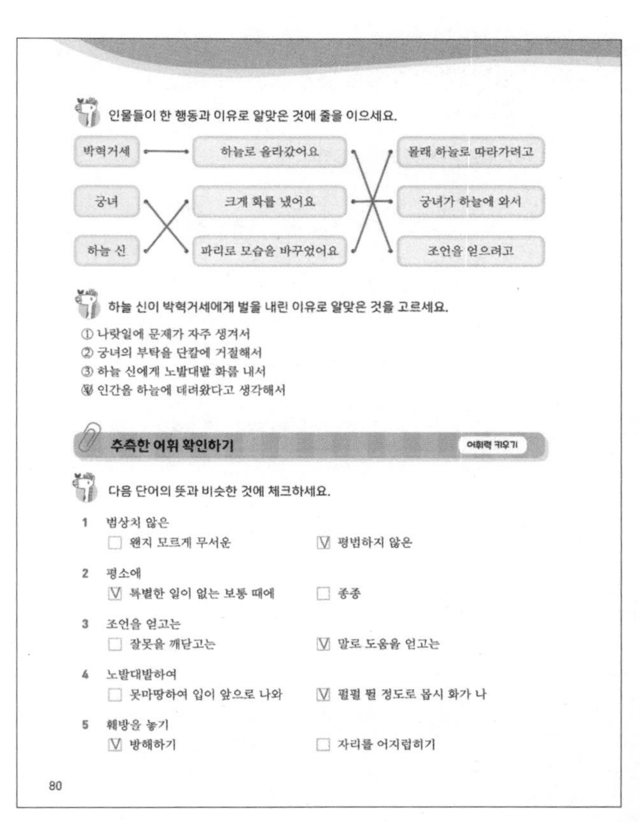

인물들이 한 행동과 이유로 알맞은 것에 줄을 이으세요.

- 박혁거세 — 하늘로 올라갔어요 — 조언을 얻으려고
- 궁녀 — 파리로 모습을 바꾸었어요 — 몰래 하늘로 따라가려고
- 하늘 신 — 크게 화를 냈어요 — 궁녀가 하늘에 와서

하늘 신이 박혁거세에게 벌을 내린 이유로 알맞은 것을 고르세요.

① 나랏일에 문제가 자주 생겨서
② 궁녀의 부탁을 단칼에 거절해서
③ 하늘 신에게 노발대발 화를 내서
④ 인간을 하늘에 데려왔다고 생각해서 (✓)

추측한 어휘 확인하기 | 어휘력 키우기

다음 단어의 뜻과 비슷한 것에 체크하세요.

1 범상치 않은
□ 왠지 모르게 무서운 ☑ 평범하지 않은

2 평소에
☑ 특별한 일이 없는 보통 때에 □ 종종

3 조언을 얻고는
□ 잘못을 깨닫고는 ☑ 말로 도움을 얻고는

4 노발대발하여
□ 못마땅하여 입이 앞으로 나와 ☑ 펄펄 뛸 정도로 몹시 화가 나

5 훼방을 놓기
☑ 방해하기 □ 자리를 어지럽히기

80

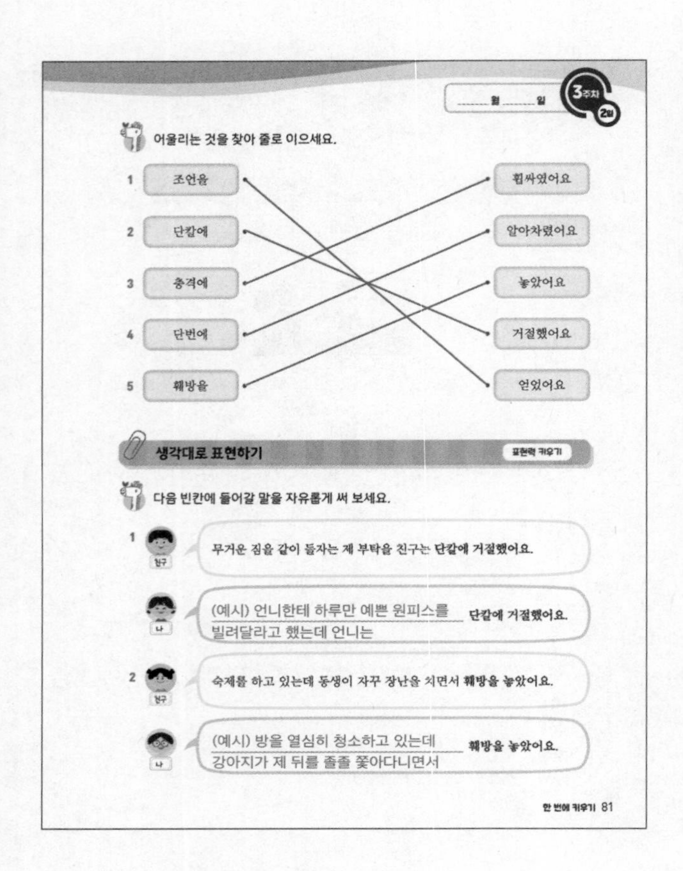

3주차 2일 ____월 ____일

어울리는 것을 찾아 줄로 이으세요.

1 조언을 — 얻었어요
2 단칼에 — 거절했어요
3 충격에 — 휩싸였어요
4 단번에 — 알아차렸어요
5 훼방을 — 놓았어요

생각대로 표현하기 표현력 키우기

다음 빈칸에 들어갈 말을 자유롭게 써 보세요.

1 친구: 무거운 짐을 같이 들자는 제 부탁을 친구는 **단칼에 거절했어요.**

나: (예시) 언니한테 하루만 예쁜 원피스를 빌려달라고 했는데 언니는 **단칼에 거절했어요.**

2 친구: 숙제를 하고 있는데 동생이 자꾸 장난을 치면서 **훼방을 놓았어요.**

나: (예시) 방을 열심히 청소하고 있는데 강아지가 제 뒤를 졸졸 쫓아다니면서 **훼방을 놓았어요.**

한 번에 키우기 81

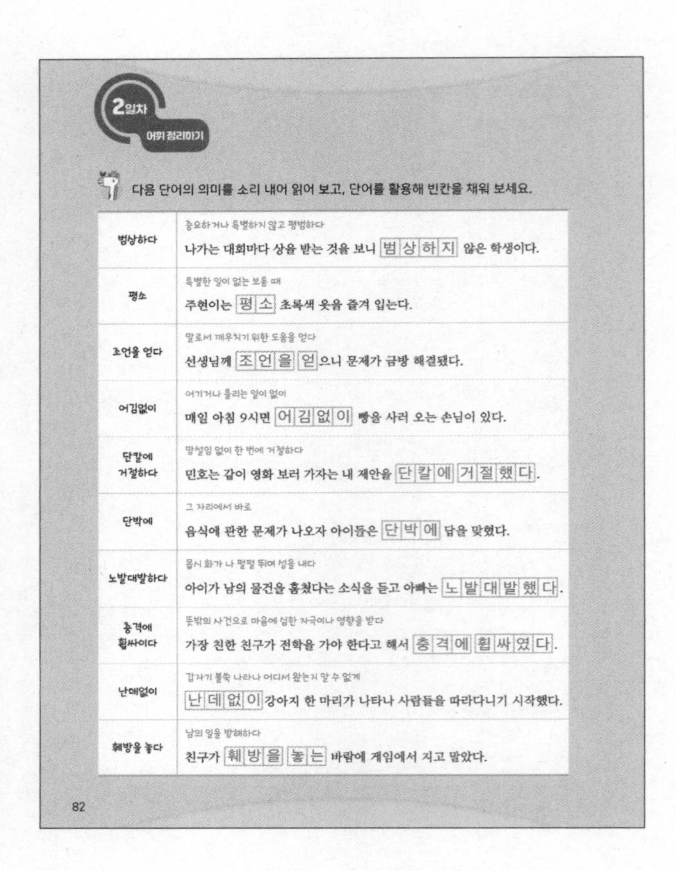

2일차 어휘 정리하기

다음 단어의 의미를 소리 내어 읽어 보고, 단어를 활용해 빈칸을 채워 보세요.

범상하다	중요하거나 특별하지 않고 평범하다 나가는 대회마다 상을 받는 것을 보니 범상하지 않은 학생이다.
평소	특별한 일이 없는 보통 때 주현이는 평소 초록색 옷을 즐겨 입는다.
조언을 얻다	말로써 깨우치기 위한 도움을 얻다 선생님께 조언을 얻으니 문제가 금방 해결됐다.
어김없이	어기거나 틀리는 일이 없이 매일 아침 9시면 어김없이 빵을 사러 오는 손님이 있다.
단칼에 거절하다	망설임 없이 한 번에 거절하다 민호는 같이 영화 보러 가자는 내 제안을 단칼에 거절했다.
단박에	그 자리에서 바로 음식에 관한 문제가 나오자 아이들은 단박에 답을 맞혔다.
노발대발하다	몹시 화가 나 펄펄 뛰며 성을 내다 아이가 남의 물건을 훔쳤다는 소식을 듣고 아빠는 노발대발했다.
충격에 휩싸이다	뜻밖의 사건으로 마음에 심한 자극이나 영향을 받다 가장 친한 친구가 전학을 가야 한다고 해서 충격에 휩싸였다.
난데없이	갑자기 불쑥 나타나 어디서 왔는지 알 수 없게 난데없이 강아지 한 마리가 나타나 사람들을 따라다니기 시작했다.
훼방을 놓다	남의 일을 방해하다 친구가 훼방을 놓는 바람에 게임에서 지고 말았다.

82

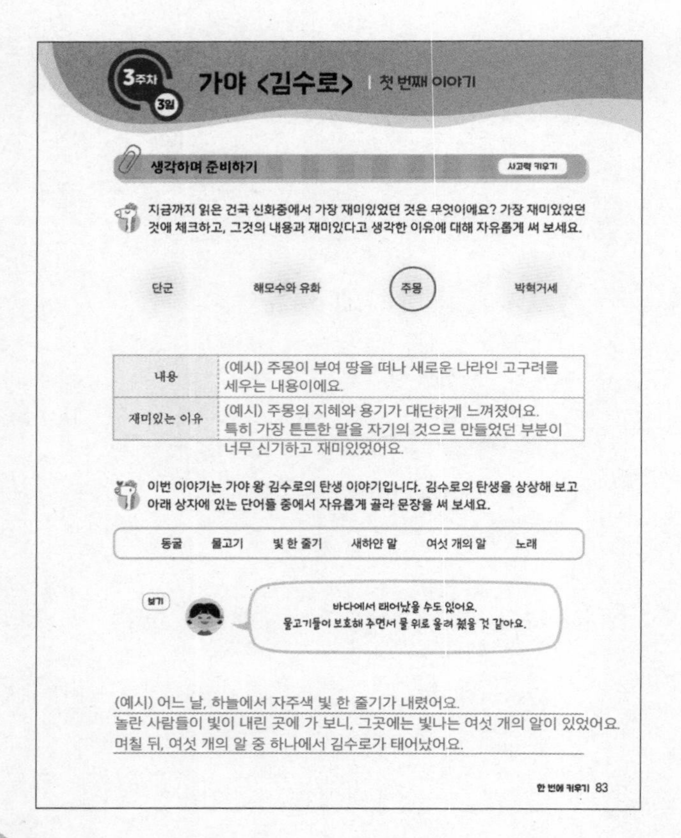

3주차 3일

가야 <김수로> | 첫 번째 이야기

생각하며 준비하기 사고력 키우기

지금까지 읽은 건국 신화중에서 가장 재미있었던 것은 무엇이에요? 가장 재미있었던 것에 체크하고, 그것의 내용과 재미있다고 생각한 이유에 대해 자유롭게 써 보세요.

단군 / 해모수와 유화 / (주몽) / 박혁거세

내용	(예시) 주몽이 부여 땅을 떠나 새로운 나라인 고구려를 세우는 내용이에요.
재미있는 이유	(예시) 주몽의 지혜와 용기가 대단하게 느껴졌어요. 특히 가장 튼튼한 말을 자기의 것으로 만들었던 부분이 너무 신기하고 재미있었어요.

이번 이야기는 가야 왕 김수로의 탄생 이야기입니다. 김수로의 탄생을 상상해 보고 아래 상자에 있는 단어들 중에서 자유롭게 골라 문장을 써 보세요.

동굴 물고기 빛 한 줄기 새하얀 말 여섯 개의 알 노래

보기: 바다에서 태어났을 수도 있어요. 물고기들이 보호해 주면서 물 위로 올려 줬을 것 같아요.

(예시) 어느 날, 하늘에서 자주색 빛 한 줄기가 내렸어요.
놀란 사람들이 빛이 내린 곳에 가 보니, 그곳에는 빛나는 여섯 개의 알이 있었어요.
며칠 뒤, 여섯 개의 알 중 하나에서 김수로가 태어났어요.

한 번에 키우기 83

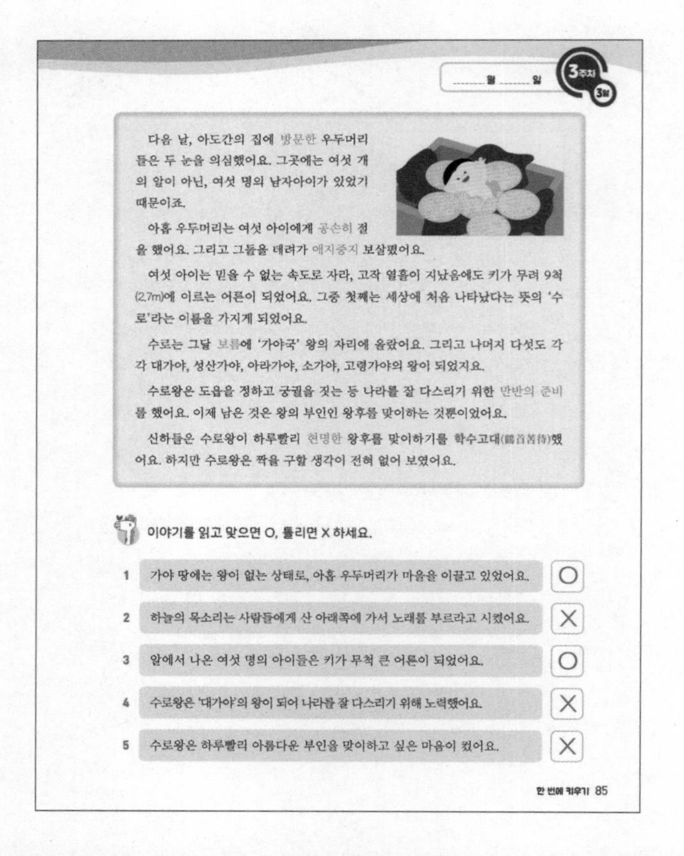

3주차 3일 ____월 ____일

다음 날, 아도간의 집에 방문한 우두머리들은 두 눈을 의심했어요. 그곳에는 여섯 개의 알이 아닌, 여섯 명의 남자아이가 있었기 때문이죠.

아홉 우두머리는 여섯 아이에게 공손히 절을 했어요. 그리고 그들을 데려가 애지중지 보살폈어요.

여섯 아이는 믿을 수 없는 속도로 자라, 고작 열흘이 지났음에도 키가 무려 9척(2.7m)에 이르는 어른이 되었어요. 그중 첫째는 세상에 처음 나타났다는 뜻의 '수로'라는 이름을 가지게 되었어요.

수로는 그달 보름에 '가야국' 왕의 자리에 올랐어요. 그리고 나머지 다섯도 각각 대가야, 성산가야, 아라가야, 소가야, 고령가야의 왕이 되었지요.

수로왕은 도읍을 정하고 궁궐을 짓는 등 나라를 잘 다스리기 위한 만반의 준비를 했어요. 이제 남은 것은 왕의 부인인 왕후를 맞이하는 것뿐이었어요.

신하들은 수로왕이 하루빨리 현명한 왕후를 맞이하기를 학수고대(鶴首苦待)했어요. 하지만 수로왕은 짝을 구할 생각이 전혀 없어 보였어요.

이야기를 읽고 맞으면 O, 틀리면 X 하세요.

1 가야 땅에는 왕이 없는 상태로, 아홉 우두머리가 마을을 이끌고 있었어요. O
2 하늘의 목소리는 사람들에게 산 아래쪽에 가서 노래를 부르라고 시켰어요. X
3 알에서 나온 여섯 명의 아이들은 키가 무척 큰 어른이 되었어요. O
4 수로왕은 '대가야'의 왕이 되어 나라를 잘 다스리기 위해 노력했어요. X
5 수로왕은 하루빨리 아름다운 부인을 맞이하고 싶은 마음이 컸어요. X

한 번에 키우기 85

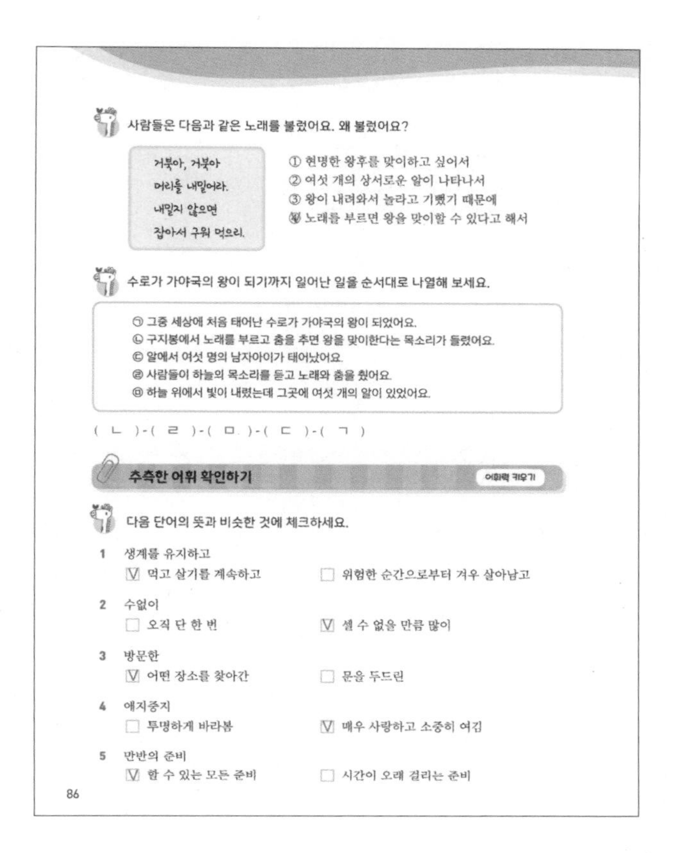

사람들은 다음과 같은 노래를 불렀어요. 왜 불렀어요?

거북아, 거북아
머리를 내밀어라.
내밀지 않으면
잡아서 구워 먹으리.

① 현명한 왕후를 맞이하고 싶어서
② 여섯 개의 상서로운 알이 나타나서
③ 왕이 내려와서 놀라고 기뻤기 때문에
④ 노래를 부르면 왕을 맞이할 수 있다고 해서

수로가 가야국의 왕이 되기까지 일어난 일을 순서대로 나열해 보세요.

㉠ 그중 세상에 처음 태어난 수로가 가야국의 왕이 되었어요.
㉡ 구지봉에서 노래를 부르고 춤을 추면 왕을 맞이한다는 목소리가 들렸어요.
㉢ 알에서 여섯 명의 남자아이가 태어났어요.
㉣ 사람들이 하늘의 목소리를 듣고 노래와 춤을 췄어요.
㉤ 하늘 위에서 빛이 내렸는데 그곳에 여섯 개의 알이 있었어요.

(ㄴ)-(ㄹ)-(ㅁ)-(ㄷ)-(ㄱ)

추측한 어휘 확인하기 어휘력 키우기

다음 단어의 뜻과 비슷한 것에 체크하세요.

1 생계를 유지하고
☑ 먹고 살기를 계속하고 ☐ 위험한 순간으로부터 겨우 살아남고

2 수없이
☐ 오직 단 한 번 ☑ 셀 수 없을 만큼 많이

3 방문한
☑ 어떤 장소를 찾아간 ☐ 문을 두드린

4 애지중지
☐ 투명하게 바라봄 ☑ 매우 사랑하고 소중히 여김

5 만반의 준비
☑ 할 수 있는 모든 준비 ☐ 시간이 오래 걸리는 준비

86

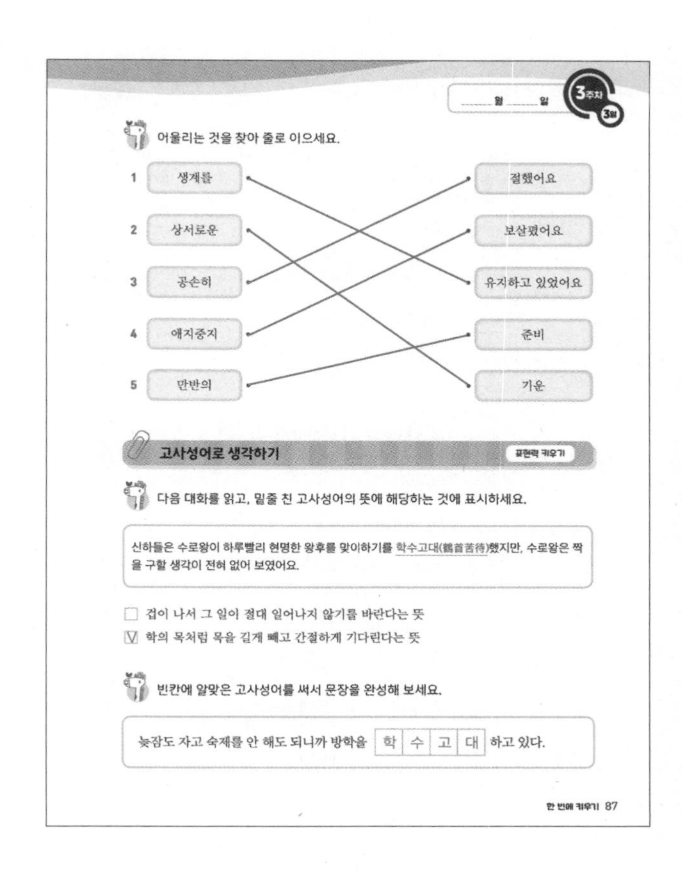

___월 ___일 3주차 3회

어울리는 것을 찾아 줄로 이으세요.

1 생계를 — 유지하고 있었어요
2 상서로운 — 기운
3 공손히 — 절했어요
4 애지중지 — 보살폈어요
5 만반의 — 준비

고사성어로 생각하기 표현력 키우기

다음 대화를 읽고, 밑줄 친 고사성어의 뜻에 해당하는 것에 표시하세요.

신하들은 수로왕이 하루빨리 현명한 왕후를 맞이하기를 학수고대(鶴首苦待)했지만, 수로왕은 짝을 구할 생각이 전혀 없어 보였어요.

☐ 겁이 나서 그 일이 절대 일어나지 않기를 바란다는 뜻
☑ 학의 목처럼 목을 길게 빼고 간절하게 기다린다는 뜻

빈칸에 알맞은 고사성어를 써서 문장을 완성해 보세요.

늦잠도 자고 숙제를 안 해도 되니까 방학을 학 수 고 대 하고 있다.

한 번에 키우기 87

3일차 어휘 정리하기

다음 단어의 의미를 소리 내어 읽어 보고, 단어를 활용해 빈칸을 채워 보세요.

생계	살림을 살아 나갈 방법 이건 생계가 달린 문제라서 더욱 간절하다.
유지하다	어떤 상태나 상황을 변함없이 계속하게 하다 지금처럼 책 읽는 습관을 잘 유지하도록 해.
상서롭다	복되고 좋은 일이 일어날 조짐이 있다 북쪽의 구지봉에서 상서로운 기운이 맴돌기 시작했다.
수없이	셀 수 없을 만큼 그 수가 많이 그곳의 하늘에는 수없이 많은 별들이 뜨곤 해.
방문하다	어떤 사람이나 장소를 찾아가서 만나거나 보다 오늘은 할머니 댁에 방문하기로 한 날이다.
공손히	예의 바른 말이나 행동으로 다혜는 두 손을 모아 선생님께 공손히 인사를 드렸다.
애지중지	매우 사랑하고 소중히 여기는 모양 겨우 얻은 자식인 만큼, 그들은 하나뿐인 딸을 애지중지 키웠다.
보름	음력으로 그달의 열다섯 번째 되는 날 오늘은 보름이라서 달이 아주 크다.
만반의 준비	마련할 수 있는 모든 준비 그림 그리기 대회에서 좋은 결과를 얻기 위해 만반의 준비를 했다.
현명하다	어질고 슬기롭다 신하들은 수로왕이 하루빨리 현명한 왕후를 맞이하기를 바랐다.

88

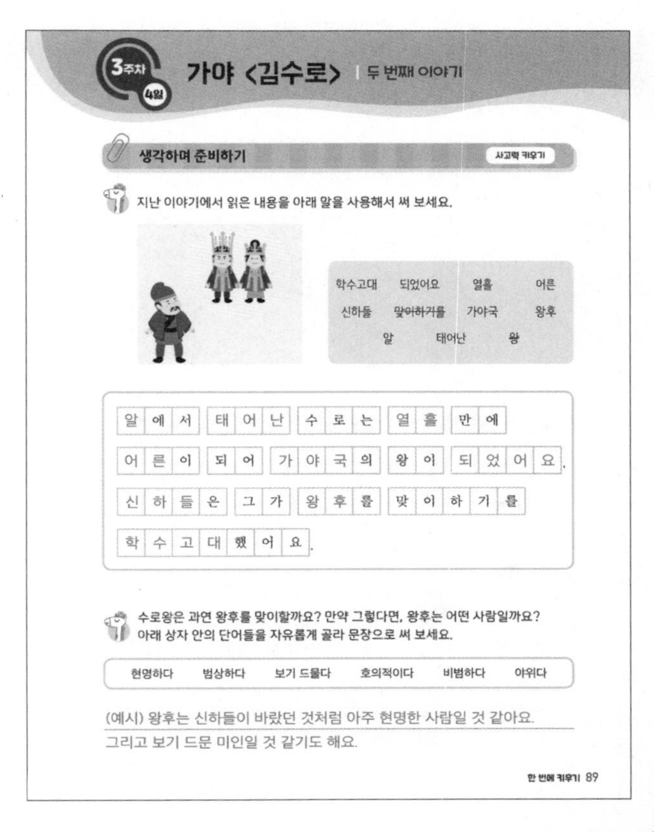

3주차 4회 가야 <김수로> 두 번째 이야기

생각하며 준비하기 사고력 키우기

지난 이야기에서 읽은 내용을 아래 말을 사용해서 써 보세요.

학수고대 되었어요 열흘 어른 신하들 맞이하기를 가야국 왕후 알 태어난 왕

알에서 태어난 수로는 열흘 만에 어른이 되어 가야국의 왕이 되었어요. 신하들은 그가 왕후를 맞이하기를 학수고대했어요.

수로왕은 과연 왕후를 맞이할까요? 만약 그렇다면, 왕후는 어떤 사람일까요? 아래 상자 안의 단어들을 자유롭게 골라 문장으로 써 보세요.

현명하다 범상하다 보기 드물다 호의적이다 비범하다 야위다

(예시) 왕후는 신하들이 바랐던 것처럼 아주 현명한 사람일 것 같아요. 그리고 보기 드문 미인일 것 같기도 해요.

한 번에 키우기 89

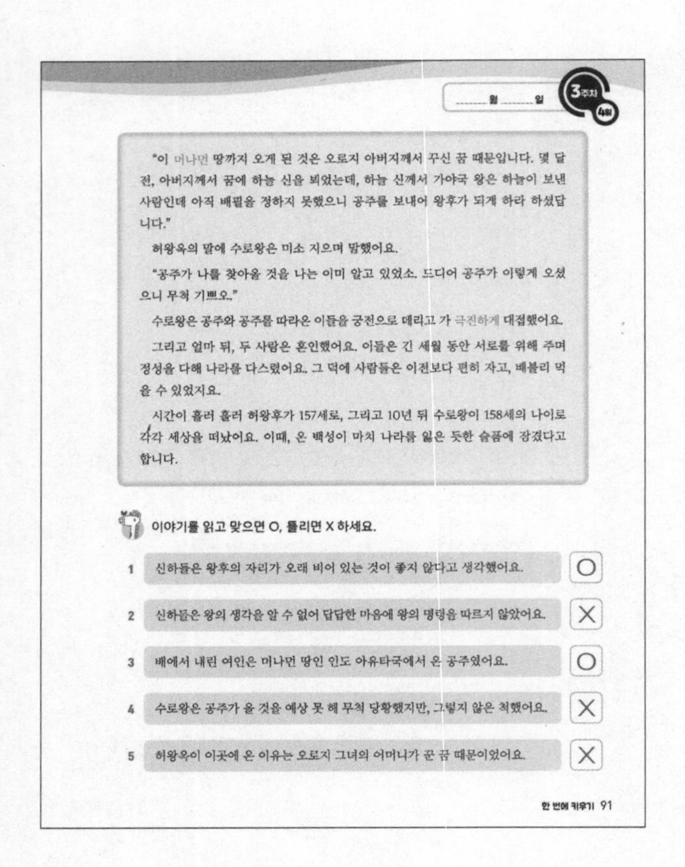

____월 ____일 3주차 4회

"이 머나먼 땅까지 오게 된 것은 오로지 아버지께서 꾸신 꿈 때문입니다. 몇 달 전, 아버지께서 꿈에 하늘 신을 뵈었는데, 하늘 신께서 가야국 왕은 하늘이 보낸 사람인데 아직 배필을 정하지 못했으니 공주를 보내어 왕후가 되게 하라 하셨답니다."

허왕옥의 말에 수로왕은 미소 지으며 말했어요.

"공주가 나를 찾아올 것을 나는 이미 알고 있었소. 드디어 공주가 이렇게 오셨으니 무척 기쁘오."

수로왕은 공주와 공주를 따라온 이들을 궁전으로 데리고 가 극진하게 대접했어요.

그리고 얼마 뒤, 두 사람은 혼인했어요. 이들은 긴 세월 동안 서로를 위해 주며 정성을 다해 나라를 다스렸어요. 그 덕에 사람들은 이전보다 편히 자고, 배불리 먹을 수 있었지요.

시간이 흘러 흘러 허왕후가 157세로, 그리고 10년 뒤 수로왕이 158세의 나이로 각각 세상을 떠났어요. 이때, 온 백성이 마치 나라를 잃은 듯한 슬픔에 잠겼다고 합니다.

이야기를 읽고 맞으면 O, 틀리면 X 하세요.

1 신하들은 왕후의 자리가 오래 비어 있는 것이 좋지 않다고 생각했어요. O
2 신하들은 왕의 생각을 알 수 없어 답답한 마음에 왕의 명령을 따르지 않았어요. X
3 배에서 내린 여인은 머나먼 땅인 인도 아유타국에서 온 공주였어요. O
4 수로왕은 공주가 올 것을 예상 못 해 무척 당황했지만, 그렇지 않은 척했어요. X
5 허왕옥이 이곳에 온 이유는 오로지 그녀의 어머니가 꾼 꿈 때문이었어요. X

한 번에 키우기 91

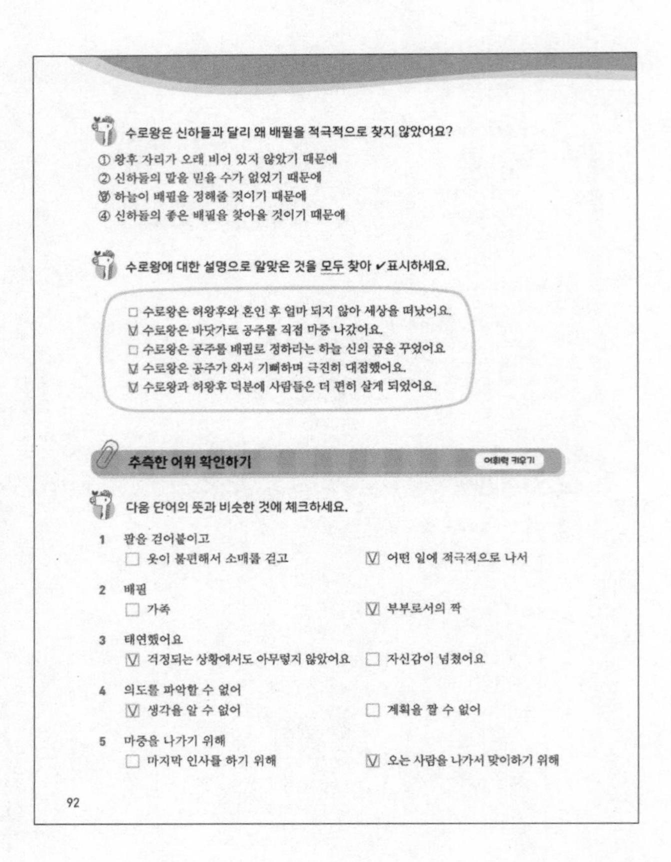

수로왕은 신하들과 달리 왜 배필을 적극적으로 찾지 않았어요?

① 왕후 자리가 오래 비어 있지 않았기 때문에
② 신하들의 말을 믿을 수가 없었기 때문에
③ 하늘이 배필을 정해줄 것이기 때문에 (정답)
④ 신하들의 좋은 배필을 찾아올 것이기 때문에

수로왕에 대한 설명으로 알맞은 것을 모두 찾아 ✔표시하세요.

- □ 수로왕은 허왕후와 혼인 후 얼마 되지 않아 세상을 떠났어요.
- ✓ 수로왕은 바닷가로 공주를 직접 마중 나갔어요.
- □ 수로왕은 공주를 배필로 정하라는 하늘 신의 꿈을 꾸었어요
- ✓ 수로왕은 공주가 와서 기뻐하며 극진히 대접했어요.
- ✓ 수로왕과 허왕후 덕분에 사람들은 더 편히 살게 되었어요.

추측한 어휘 확인하기 어휘력 키우기

다음 단어의 뜻과 비슷한 것에 체크하세요.

1 팔을 걷어붙이고
□ 옷이 불편해서 소매를 걷고 ✓ 어떤 일에 적극적으로 나서

2 배필
□ 가족 ✓ 부부로서의 짝

3 태연했어요
✓ 걱정되는 상황에서도 아무렇지 않았어요 □ 자신감이 넘쳤어요

4 의도를 파악할 수 없어
✓ 생각을 알 수 없어 □ 계획을 짤 수 없어

5 마중을 나가기 위해
□ 마지막 인사를 하기 위해 ✓ 오는 사람을 나가서 맞이하기 위해

92

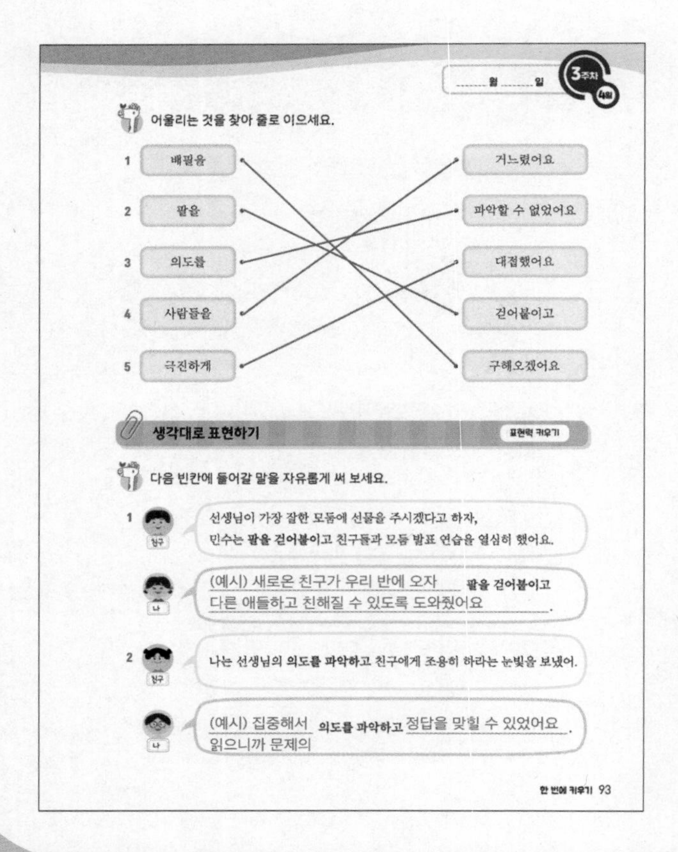

____월 ____일 3주차 4회

어울리는 것을 찾아 줄로 이으세요.

1 배필을 — 구해오겠어요
2 팔을 — 걷어붙이고
3 의도를 — 파악할 수 없었어요
4 사람들을 — 거느렸어요
5 극진하게 — 대접했어요

생각대로 표현하기 표현력 키우기

다음 빈칸에 들어갈 말을 자유롭게 써 보세요.

1 친구: 선생님이 가장 잘한 모둠에 선물을 주시겠다고 하자, 민수는 **팔을 걷어붙이고** 친구들과 모둠 발표 연습을 열심히 했어요.

나: (예시) 새로운 친구가 우리 반에 오자 **팔을 걷어붙이고** 다른 애들하고 친해질 수 있도록 도와줬어요.

2 친구: 나는 선생님의 **의도를 파악하고** 친구에게 조용히 하라는 눈빛을 보냈어.

나: (예시) 집중해서 읽으니까 문제의 **의도를 파악하고** 정답을 맞힐 수 있었어요.

한 번에 키우기 93

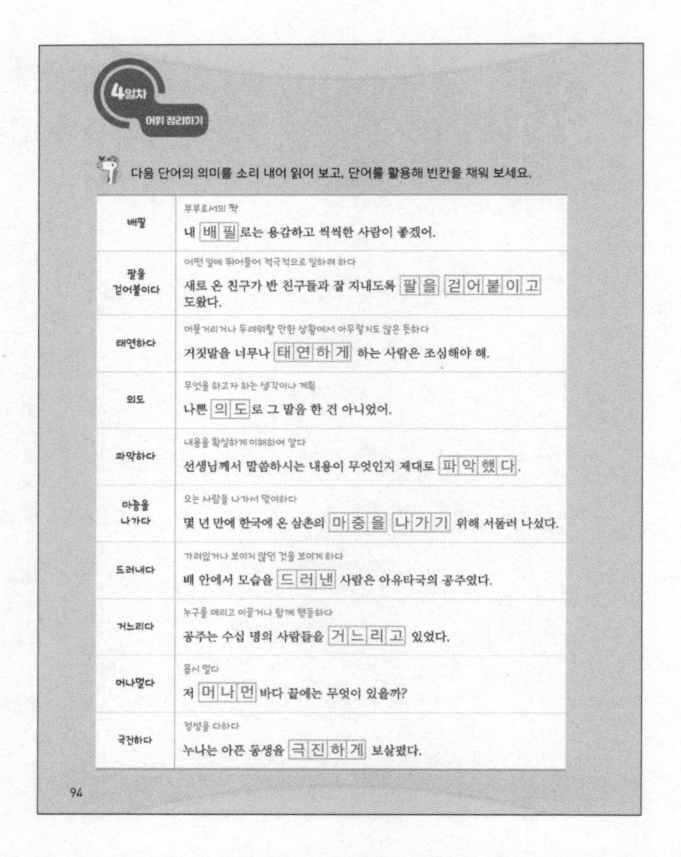

4일차 어휘 정리하기

다음 단어의 의미를 소리 내어 읽어 보고, 단어를 활용해 빈칸을 채워 보세요.

배필	부부로서의 짝 내 배필로는 용감하고 씩씩한 사람이 좋겠어.
팔을 걷어붙이다	어떤 일에 뛰어들어 적극적으로 일하려 하다 새로 온 친구가 반 친구들과 잘 지내도록 팔을 걷어붙이고 도왔다.
태연하다	머뭇거리거나 두려워할 만한 상황에서 아무렇지도 않은 듯하다 거짓말을 너무나 태연하게 하는 사람은 조심해야 해.
의도	무엇을 하고자 하는 생각이나 계획 나쁜 의도로 그 말을 한 건 아니었어.
파악하다	내용을 확실하게 이해하여 알다 선생님께서 말씀하시는 내용이 무엇인지 제대로 파악했다.
마중을 나가다	오는 사람을 나가서 맞이하다 몇 년 만에 한국에 온 삼촌의 마중을 나가기 위해 서둘러 나섰다.
드러내다	가려있거나 보이지 않던 것을 보이게 하다 배 안에서 모습을 드러낸 사람은 아유타국의 공주였다.
거느리다	누구를 데리고 이끌거나 함께 행동하다 공주는 수십 명의 사람들을 거느리고 있었다.
머나멀다	몹시 멀다 저 머나먼 바다 끝에는 무엇이 있을까?
극진하다	정성을 다하다 누나는 아픈 동생을 극진하게 보살폈다.

94

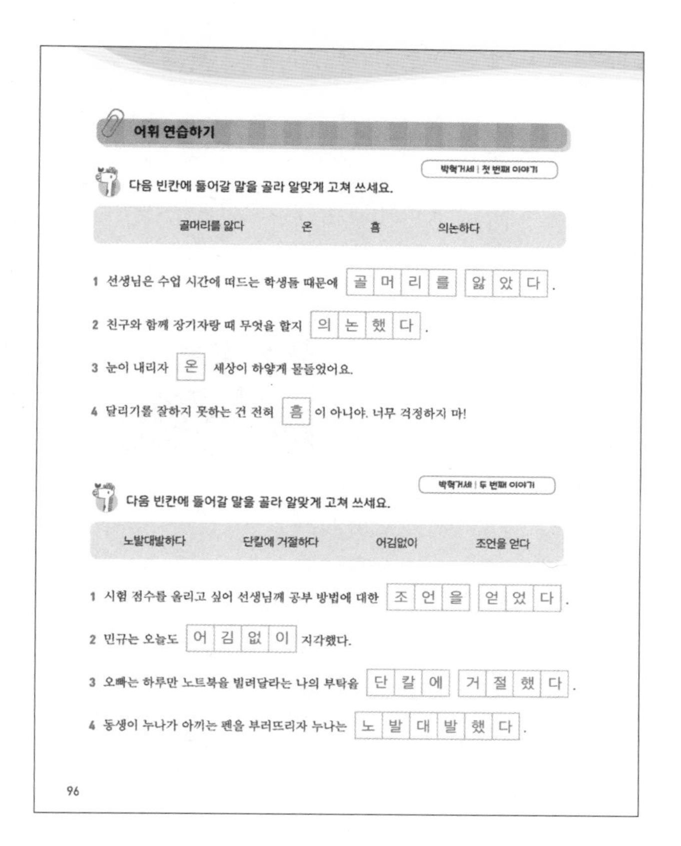

어휘 연습하기

박혁거세 | 첫 번째 이야기

다음 빈칸에 들어갈 말을 골라 알맞게 고쳐 쓰세요.

골머리를 앓다 　 온 　 흠 　 의논하다

1 선생님은 수업 시간에 떠드는 학생들 때문에 골 머 리 를 앓 았 다 .

2 친구와 함께 장기자랑 때 무엇을 할지 의 논 했 다 .

3 눈이 내리자 온 세상이 하얗게 물들었어요.

4 달리기를 잘하지 못하는 건 전혀 흠 이 아니야. 너무 걱정하지 마!

박혁거세 | 두 번째 이야기

다음 빈칸에 들어갈 말을 골라 알맞게 고쳐 쓰세요.

노발대발하다 　 단칼에 거절하다 　 어김없이 　 조언을 얻다

1 시험 점수를 올리고 싶어 선생님께 공부 방법에 대한 조 언 을 얻 었 다 .

2 민규는 오늘도 어 김 없 이 지각했다.

3 오빠는 하루만 노트북을 빌려달라는 나의 부탁을 단 칼 에 거 절 했 다 .

4 동생이 누나가 아끼는 펜을 부러뜨리자 누나는 노 발 대 발 했 다 .

96

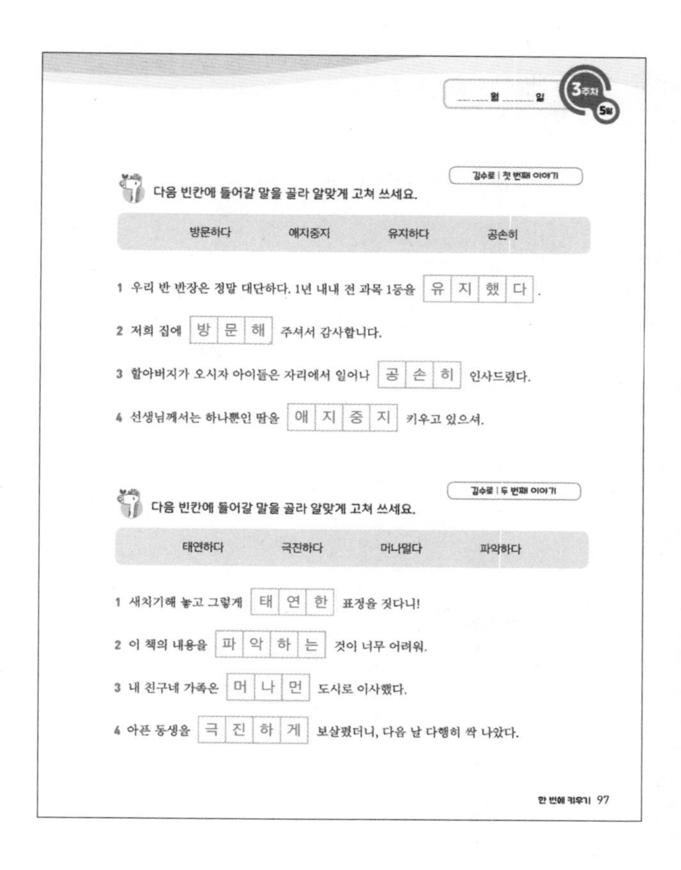

___월 ___일 3주차 5일

김수로 | 첫 번째 이야기

다음 빈칸에 들어갈 말을 골라 알맞게 고쳐 쓰세요.

방문하다 　 애지중지 　 유지하다 　 공손히

1 우리 반 반장은 정말 대단하다. 1년 내내 전 과목 1등을 유 지 했 다 .

2 저희 집에 방 문 해 주셔서 감사합니다.

3 할아버지가 오시자 아이들은 자리에서 일어나 공 손 히 인사드렸다.

4 선생님께서는 하나뿐인 딸을 애 지 중 지 키우고 있으셔.

김수로 | 두 번째 이야기

다음 빈칸에 들어갈 말을 골라 알맞게 고쳐 쓰세요.

태연하다 　 극진하다 　 머나멀다 　 파악하다

1 새치기해 놓고 그렇게 태 연 한 표정을 짓다니!

2 이 책의 내용을 파 악 하 는 것이 너무 어려워.

3 내 친구네 가족은 머 나 먼 도시로 이사했다.

4 아픈 동생을 극 진 하 게 보살폈더니, 다음 날 다행히 싹 나았다.

한 번에 키우기 97

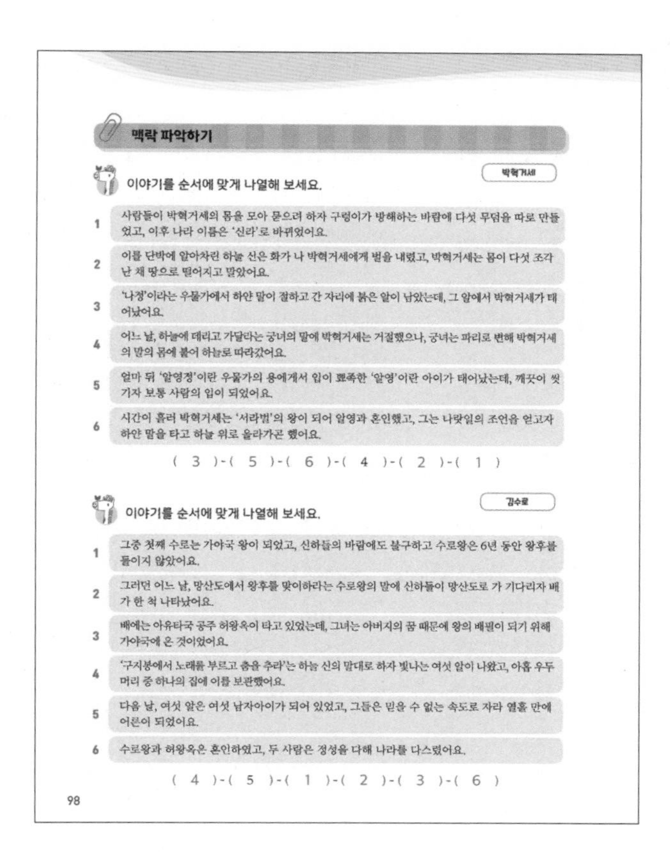

맥락 파악하기

박혁거세

이야기를 순서에 맞게 나열해 보세요.

1 사람들이 박혁거세의 몸을 모아 묻으려 하자 구렁이가 방해하는 바람에 다섯 무덤을 따로 만들었고, 이후 나라 이름은 '신라'로 바뀌었어요.

2 이를 단박에 알아차린 하늘 신은 화가 나 박혁거세에게 벌을 내렸고, 박혁거세는 몸이 다섯 조각 난 채 땅으로 떨어지고 말았어요.

3 '나정'이라는 우물가에서 하얀 말이 절하고 간 자리에 붉은 알이 남았는데, 그 알에서 박혁거세가 태어났어요.

4 어느 날, 하늘에 데리고 가달라는 궁녀의 말에 박혁거세는 거절했으나, 궁녀는 파리로 변해 박혁거세의 말의 몸에 붙어 하늘로 따라갔어요.

5 얼마 뒤 '알영정'이란 우물가의 용에게서 입이 뾰족한 '알영'이란 아이가 태어났는데, 깨끗이 씻기자 보통 사람의 입이 되었어요.

6 시간이 흘러 박혁거세는 '서라벌'의 왕이 되어 알영과 혼인했고, 그는 나랏일의 조언을 얻고자 하얀 말을 타고 하늘 위로 올라가곤 했어요.

(3)-(5)-(6)-(4)-(2)-(1)

김수로

이야기를 순서에 맞게 나열해 보세요.

1 그중 첫째 수로는 가야국 왕이 되었고, 신하들의 바람에도 불구하고 수로왕은 6년 동안 왕후를 들이지 않았어요.

2 그러던 어느 날, 망산도에서 왕후를 맞이하라는 수로왕의 말에 신하들이 망산도로 가 기다리자 배가 한 척 나타났어요.

3 배에는 아유타국 공주 허왕옥이 타고 있었는데, 그녀는 아버지의 꿈 때문에 왕의 배필이 되기 위해 가야국에 온 것이었어요.

4 '구지봉에서 노래를 부르고 춤을 추라'는 하늘 신의 말대로 하자 빛나는 여섯 알이 나왔고, 아홉 우두머리 중 하나의 집에 이를 보관했어요.

5 다음 날, 여섯 알은 여섯 남자아이가 되어 있었고, 그들은 믿을 수 없는 속도로 자라 열흘 만에 어른이 되었어요.

6 수로왕과 허왕옥은 혼인하였고, 두 사람은 정성을 다해 나라를 다스렸어요.

(4)-(5)-(1)-(2)-(3)-(6)

98

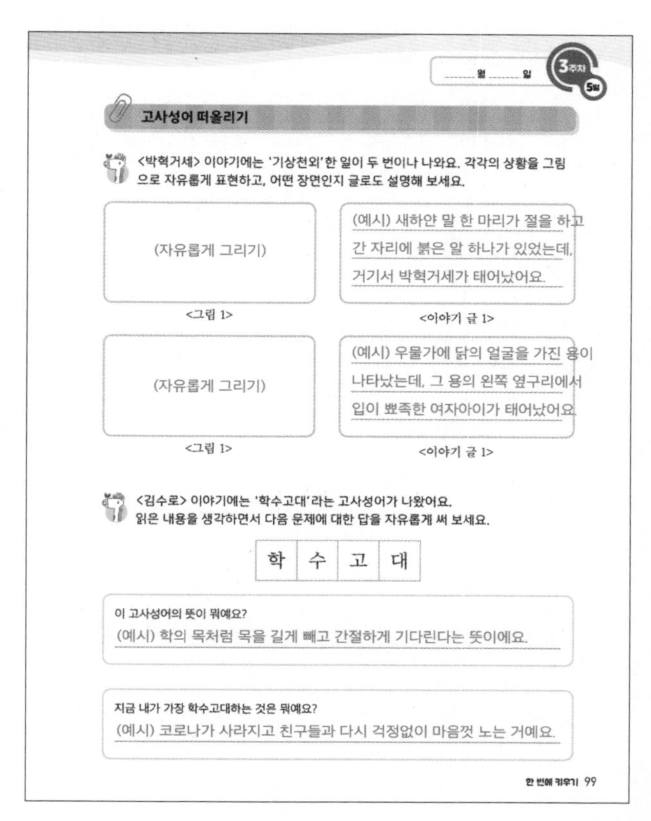

___월 ___일 3주차 5일

고사성어 떠올리기

<박혁거세> 이야기에는 '기상천외'한 일이 두 번이나 나와요. 각각의 상황을 그림으로 자유롭게 표현하고, 어떤 장면인지 글로도 설명해 보세요.

(자유롭게 그리기)

<그림 1>

(예시) 새하얀 말 한 마리가 절을 하고 간 자리에 붉은 알 하나가 있었는데, 거기서 박혁거세가 태어났어요.

<이야기 글 1>

(자유롭게 그리기)

<그림 1>

(예시) 우물가에 닭의 얼굴을 가진 용이 나타났는데, 그 용의 왼쪽 옆구리에서 입이 뾰족한 여자아이가 태어났어요.

<이야기 글 1>

<김수로> 이야기에는 '학수고대'라는 고사성어가 나왔어요. 읽은 내용을 생각하면서 다음 문제에 대한 답을 자유롭게 써 보세요.

학 수 고 대

이 고사성어의 뜻이 뭐예요?

(예시) 학의 목처럼 목을 길게 빼고 간절하게 기다린다는 뜻이에요.

지금 내가 가장 학수고대하는 것은 뭐예요?

(예시) 코로나가 사라지고 친구들과 다시 걱정없이 마음껏 노는 거예요.

한 번에 키우기 99

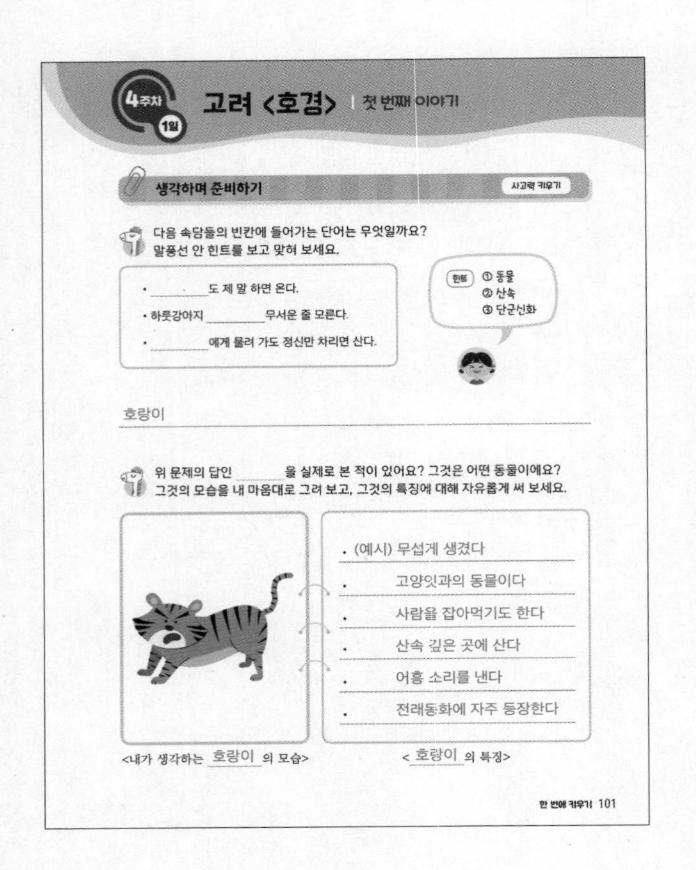

4주차 1일

고려 <호경> | 첫 번째 이야기

생각하며 준비하기

사고력 키우기

다음 속담들의 빈칸에 들어가는 단어는 무엇일까요?
말풍선 안 힌트를 보고 맞혀 보세요.

- ________도 제 말 하면 온다.
- 하룻강아지 ________무서운 줄 모른다.
- ________에게 물려 가도 정신만 차리면 산다.

힌트 ① 동물
② 산속
③ 단군신화

호랑이

위 문제의 답인 ________을 실제로 본 적이 있어요? 그것은 어떤 동물이에요?
그것의 모습을 내 마음대로 그려 보고, 그것의 특징에 대해 자유롭게 써 보세요.

- (예시) 무섭게 생겼다
- 고양잇과의 동물이다
- 사람을 잡아먹기도 한다
- 산속 깊은 곳에 산다
- 어흥 소리를 낸다
- 전래동화에 자주 등장한다

<내가 생각하는 호랑이 의 모습> < 호랑이 의 특징>

한 번에 키우기 101

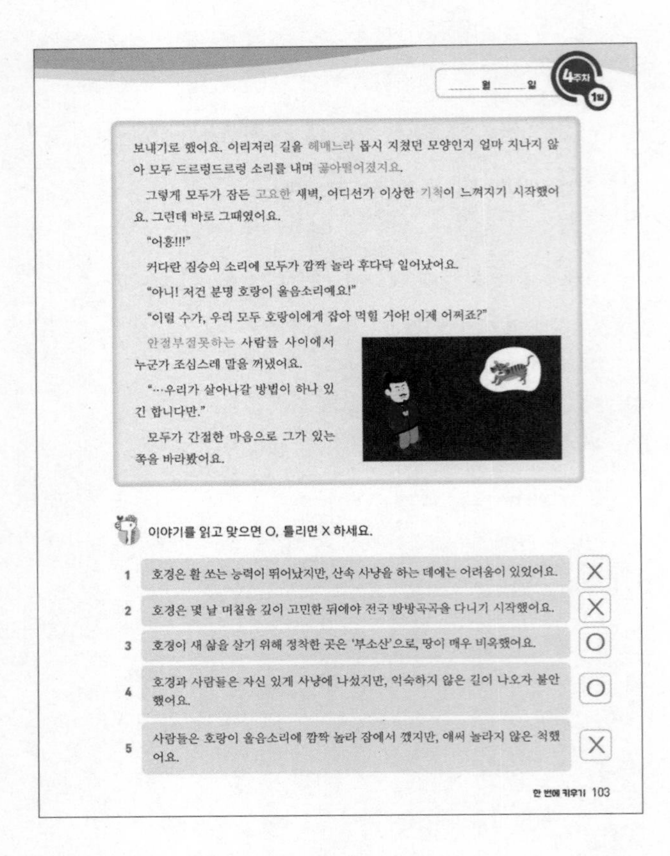

____월 ____일 4주차 1일

보내기로 했어요. 이리저리 길을 헤매느라 몹시 지쳤던 모양인지 얼마 지나지 않아 모두 드르렁드르렁 소리를 내며 곯아떨어졌지요.

그렇게 모두가 잠든 고요한 새벽, 어디선가 이상한 기척이 느껴지기 시작했어요. 그런데 바로 그때였어요.

"어흥!!!"

커다란 짐승의 소리에 모두가 깜짝 놀라 후다닥 일어났어요.

"아니! 저건 분명 호랑이 울음소리예요!"

"이럴 수가, 우리 모두 호랑이에게 잡아 먹힐 거야! 이제 어쩌죠?"

안절부절못하는 사람들 사이에서 누군가 조심스레 말을 꺼냈어요.

"…우리가 살아나갈 방법이 하나 있긴 합니다만."

모두가 간절한 마음으로 그가 있는 쪽을 바라봤어요.

이야기를 읽고 맞으면 O, 틀리면 X 하세요.

1	호경은 활 쏘는 능력이 뛰어났지만, 산속 사냥을 하는 데에는 어려움이 있었어요.	X
2	호경은 몇 날 며칠을 깊이 고민한 뒤에야 전국 방방곡곡을 다니기 시작했어요.	X
3	호경이 새 삶을 살기 위해 정착한 곳은 '부소산'으로, 땅이 매우 비옥했어요.	O
4	호경과 사람들은 자신 있게 사냥에 나섰지만, 익숙하지 않은 길이 나오자 불안했어요.	O
5	사람들은 호랑이 울음소리에 깜짝 놀라 잠에서 깼지만, 애써 놀라지 않은 척했어요.	X

한 번에 키우기 103

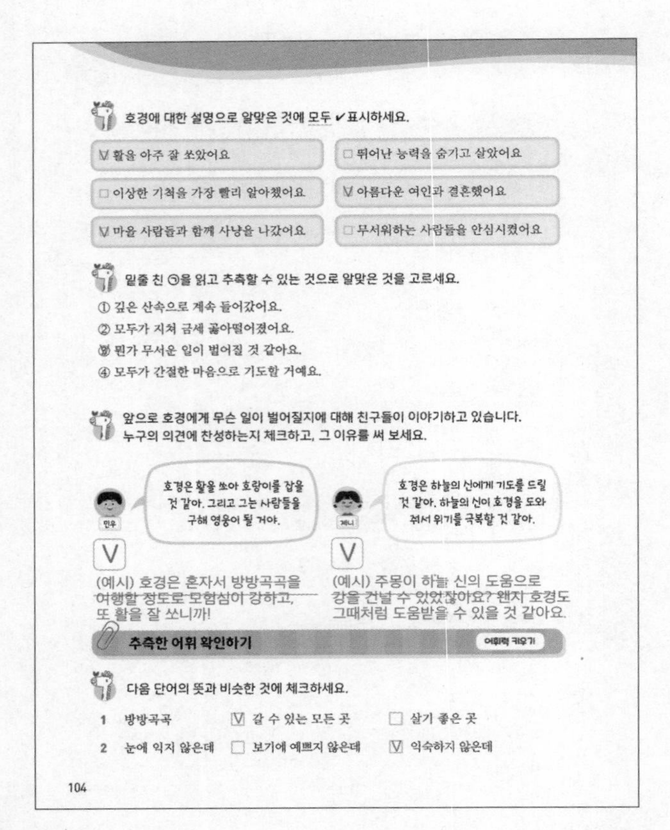

호경에 대한 설명으로 알맞은 것에 모두 ✔표시하세요.

- [V] 활을 아주 잘 쏘았어요
- [ ] 뛰어난 능력을 숨기고 살았어요
- [ ] 이상한 기척을 가장 빨리 알아챘어요
- [V] 아름다운 여인과 결혼했어요
- [V] 마을 사람들과 함께 사냥을 나갔어요
- [ ] 무서워하는 사람들을 안심시켰어요

밑줄 친 ㉠을 읽고 추측할 수 있는 것으로 알맞은 것을 고르세요.

① 깊은 산속으로 계속 들어갔어요.
② 모두가 지쳐 금세 곯아떨어졌어요.
③ 뭔가 무서운 일이 벌어질 것 같아요.
④ 모두가 간절한 마음으로 기도할 거예요.

앞으로 호경에게 무슨 일이 벌어질지에 대해 친구들이 이야기하고 있습니다.
누구의 의견에 찬성하는지 체크하고, 그 이유를 써 보세요.

민우: 호경은 활을 쏘아 호랑이를 잡을 것 같아. 그리고 그는 사람들을 구해 영웅이 될 거야.

V

(예시) 호경은 혼자서 방방곡곡을 여행할 정도로 모험심이 강하고, 또 활을 잘 쏘니까!

제니: 호경은 하늘의 신에게 기도를 드릴 것 같아. 하늘의 신이 호경을 도와줘서 위기를 극복할 것 같아.

V

(예시) 주몽이 하늘 신의 도움으로 강을 건널 수 있었잖아요? 왠지 호경도 그때처럼 도움받을 수 있을 것 같아요.

추측한 어휘 확인하기

어휘력 키우기

다음 단어의 뜻과 비슷한 것에 체크하세요.

1 방방곡곡 [V] 갈 수 있는 모든 곳 [ ] 살기 좋은 곳
2 눈에 익지 않은데 [ ] 보기에 예쁘지 않은데 [V] 익숙하지 않은데

104

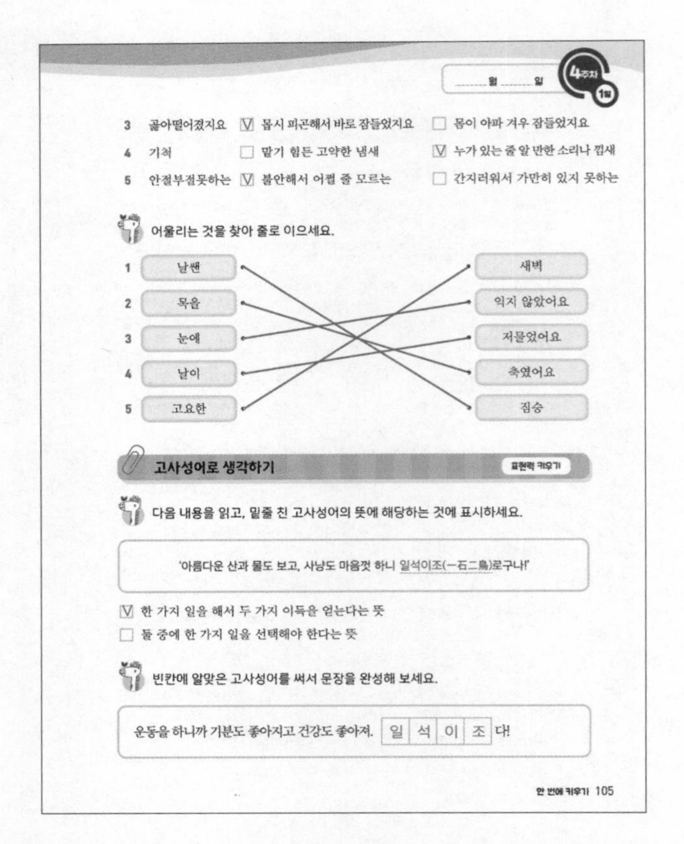

____월 ____일 4주차 1일

3 곯아떨어졌지요 [V] 몹시 피곤해서 바로 잠들었지요 [ ] 몸이 아파 겨우 잠들었지요
4 기척 [ ] 맡기 힘든 고약한 냄새 [V] 누가 있는 줄 알 만한 소리나 낌새
5 안절부절못하는 [V] 불안해서 어쩔 줄 모르는 [ ] 간지러워서 가만히 있지 못하는

어울리는 것을 찾아 줄로 이으세요.

1	날쌘	새벽
2	목울	익지 않았어요
3	눈에	저물었어요
4	날이	축였어요
5	고요한	짐승

고사성어로 생각하기

표현력 키우기

다음 내용을 읽고, 밑줄 친 고사성어의 뜻에 해당하는 것에 표시하세요.

'아름다운 산과 물도 보고, 사냥도 마음껏 하니 일석이조(一石二鳥)로구나!'

- [V] 한 가지 일을 해서 두 가지 이득을 얻는다는 뜻
- [ ] 둘 중에 한 가지 일을 선택해야 한다는 뜻

빈칸에 알맞은 고사성어를 써서 문장을 완성해 보세요.

운동을 하니까 기분도 좋아지고 건강도 좋아져. 일 석 이 조 다!

한 번에 키우기 105

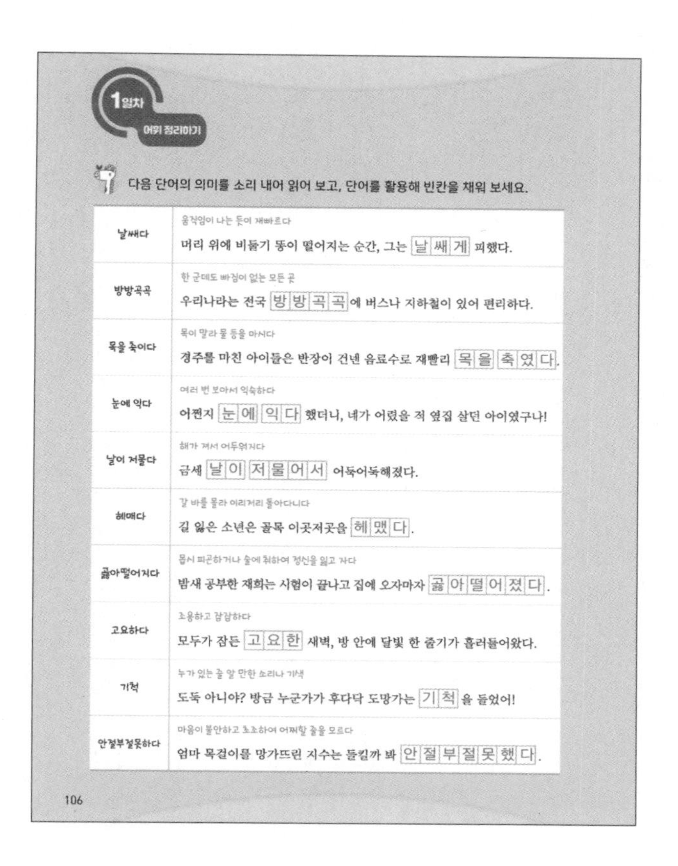

1일차 어휘 정리하기

다음 단어의 의미를 소리 내어 읽어 보고, 단어를 활용해 빈칸을 채워 보세요.

날쌔다	움직임이 나는 듯이 재빠르다 머리 위에 비둘기 똥이 떨어지는 순간, 그는 [날쌔게] 피했다.
방방곡곡	한 군데도 빠짐이 없는 모든 곳 우리나라는 전국 [방방곡곡]에 버스나 지하철이 있어 편리하다.
목을 축이다	목이 말라 물 등을 마시다 경주를 마친 아이들은 반장이 건넨 음료수로 재빨리 [목을 축였다].
눈에 익다	여러 번 보아서 익숙하다 어쩐지 [눈에 익다] 했더니, 네가 어렸을 적 옆집 살던 아이였구나!
날이 저물다	해가 져서 어두워지다 금세 [날이 저물어서] 어둑어둑해졌다.
헤매다	갈 바를 몰라 이리저리 돌아다니다 길 잃은 소년은 골목 이곳저곳을 [헤맸다].
곯아떨어지다	몹시 피곤하거나 술에 취하여 정신을 잃고 자다 밤새 공부한 재희는 시험이 끝나고 집에 오자마자 [곯아떨어졌다].
고요하다	조용하고 잠잠하다 모두가 잠든 [고요한] 새벽, 방 안에 달빛 한 줄기가 흘러들어왔다.
기척	누가 있는 줄 알 만한 소리나 기색 도둑 아니야? 방금 누군가가 후다닥 도망가는 [기척]을 들었어!
안절부절못하다	마음이 불안하고 초조하여 어찌할 줄을 모르다 엄마 목걸이를 망가뜨린 지수는 들킬까 봐 [안절부절못했다].

106

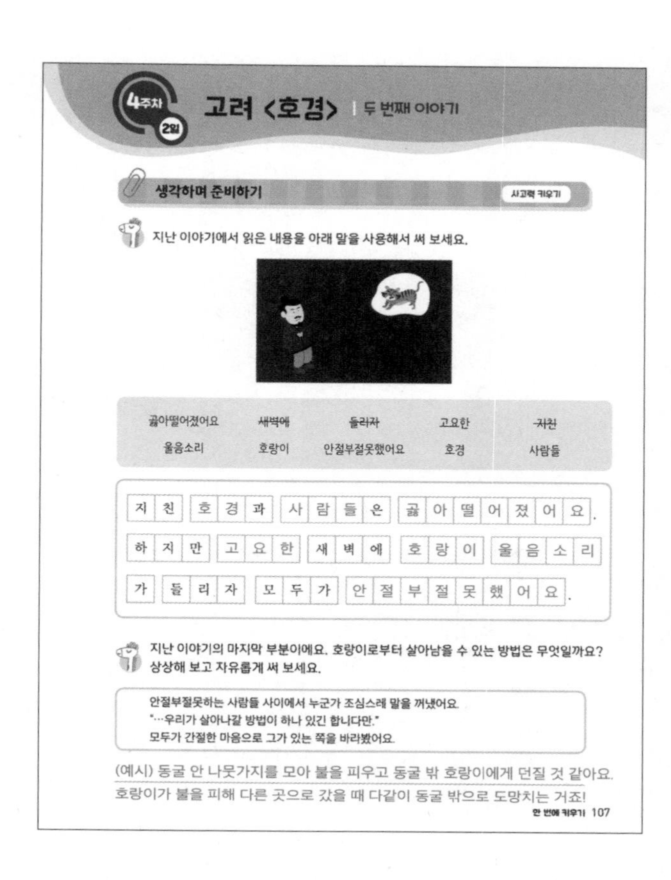

4주차 2일 고려 <호경> | 두 번째 이야기

생각하며 준비하기 (사고력 키우기)

지난 이야기에서 읽은 내용을 아래 말을 사용해서 써 보세요.

곯아떨어졌어요 / 새벽에 / 들리자 / 고요한 / 지친
울음소리 / 호랑이 / 안절부절못했어요 / 호경 / 사람들

지친 호경과 사람들은 곯아떨어졌어요. 하지만 고요한 새벽에 호랑이 울음소리가 들리자 모두가 안절부절못했어요.

지난 이야기의 마지막 부분이에요. 호랑이로부터 살아남을 수 있는 방법은 무엇일까요? 상상해 보고 자유롭게 써 보세요.

안절부절못하는 사람들 사이에서 누군가 조심스레 말을 꺼냈어요.
"…우리가 살아나갈 방법이 하나 있긴 합니다만."
모두가 간절한 마음으로 그가 있는 쪽을 바라봤어요.

(예시) 동굴 안 나뭇가지를 모아 불을 피우고 동굴 밖 호랑이에게 던질 것 같아요. 호랑이가 불을 피해 다른 곳으로 갔을 때 다같이 동굴 밖으로 도망치는 거죠!

한 번에 키우기 107

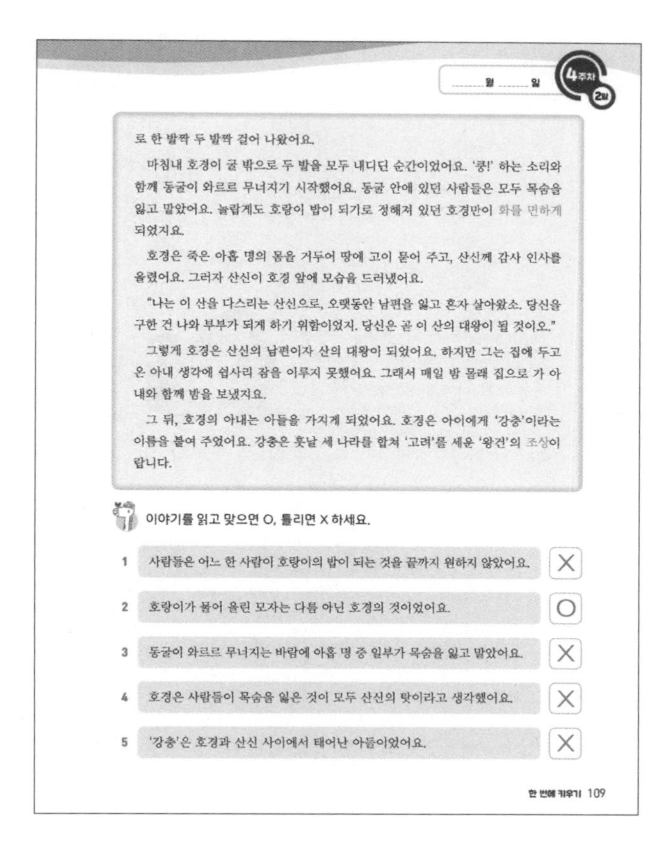

___월 ___일 4주차 2일

로 한 발짝 두 발짝 걸어 나왔어요.

마침내 호경이 굴 밖으로 두 발을 모두 내디딘 순간이었어요. '쿵!' 하는 소리와 함께 동굴이 와르르 무너지기 시작했어요. 동굴 안에 있던 사람들은 모두 목숨을 잃고 말았어요. 놀랍게도 호랑이 밥이 되기로 정해져 있던 호경만이 화를 면하게 되었지요.

호경은 죽은 아홉 명의 몸을 거두어 땅에 고이 묻어 주고, 산신께 감사 인사를 올렸어요. 그러자 산신이 호경 앞에 모습을 드러냈어요.

"나는 이 산을 다스리는 산신으로, 오랫동안 남편을 잃고 혼자 살아왔소. 당신을 구한 건 나와 부부가 되게 하기 위함이었지. 당신은 곧 이 산의 대왕이 될 것이오."

그렇게 호경은 산신의 남편이자 산의 대왕이 되었어요. 하지만 그는 집에 두고 온 아내 생각에 쉽사리 잠을 이루지 못했어요. 그래서 매일 밤 몰래 집으로 가 아내와 함께 밤을 보냈지요.

그 뒤, 호경의 아내는 아들을 가지게 되었어요. 호경은 아이에게 '강충'이라는 이름을 붙여 주었어요. 강충은 훗날 세 나라를 합쳐 '고려'를 세운 '왕건'의 조상이랍니다.

이야기를 읽고 맞으면 O, 틀리면 X 하세요.

1 사람들은 어느 한 사람이 호랑이의 밥이 되는 것을 끝까지 원하지 않았어요. X
2 호랑이가 물어 올린 모자는 다름 아닌 호경의 것이었어요. O
3 동굴이 와르르 무너지는 바람에 아홉 명 중 일부가 목숨을 잃고 말았어요. X
4 호경은 사람들이 목숨을 잃은 것이 모두 산신의 탓이라고 생각했어요. X
5 '강충'은 호경과 산신 사이에서 태어난 아들이었어요. X

한 번에 키우기 109

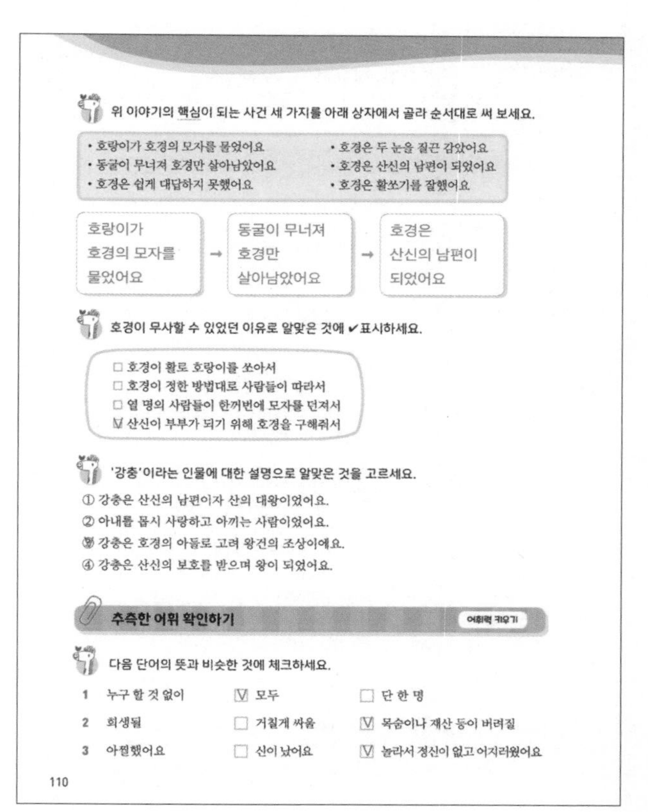

위 이야기의 핵심이 되는 사건 세 가지를 아래 상자에서 골라 순서대로 써 보세요.

- 호랑이가 호경의 모자를 물었어요
- 동굴이 무너져 호경만 살아남았어요
- 호경은 쉽게 대답하지 못했어요
- 호경은 두 눈을 질끈 감았어요
- 호경은 산신의 남편이 되었어요
- 호경은 활쏘기를 잘했어요

호랑이가 호경의 모자를 물었어요 → 동굴이 무너져 호경만 살아남았어요 → 호경은 산신의 남편이 되었어요

호경이 무사할 수 있었던 이유로 알맞은 것에 ✔표시하세요.

- □ 호경이 활로 호랑이를 쏘아서
- □ 호경이 정한 방법대로 사람들이 따라서
- □ 열 명의 사람들이 한꺼번에 모자를 던져서
- ☑ 산신이 부부가 되기 위해 호경을 구해줘서

'강충'이라는 인물에 대한 설명으로 알맞은 것을 고르세요.

① 강충은 산신의 남편이자 산의 대왕이었어요.
② 아내를 몹시 사랑하고 아끼는 사람이었어요.
③ 강충은 호경의 아들로 고려 왕건의 조상이에요. (정답)
④ 강충은 산신의 보호를 받으며 왕이 되었어요.

추측한 어휘 확인하기 (어휘력 키우기)

다음 단어의 뜻과 비슷한 것에 체크하세요.

1 누구 할 것 없이 ☑ 모두 □ 단 한 명
2 희생될 □ 거칠게 싸움 ☑ 목숨이나 재산 등이 버려질
3 아찔했어요 □ 신이 났어요 ☑ 놀라서 정신이 없고 어지러웠어요

110

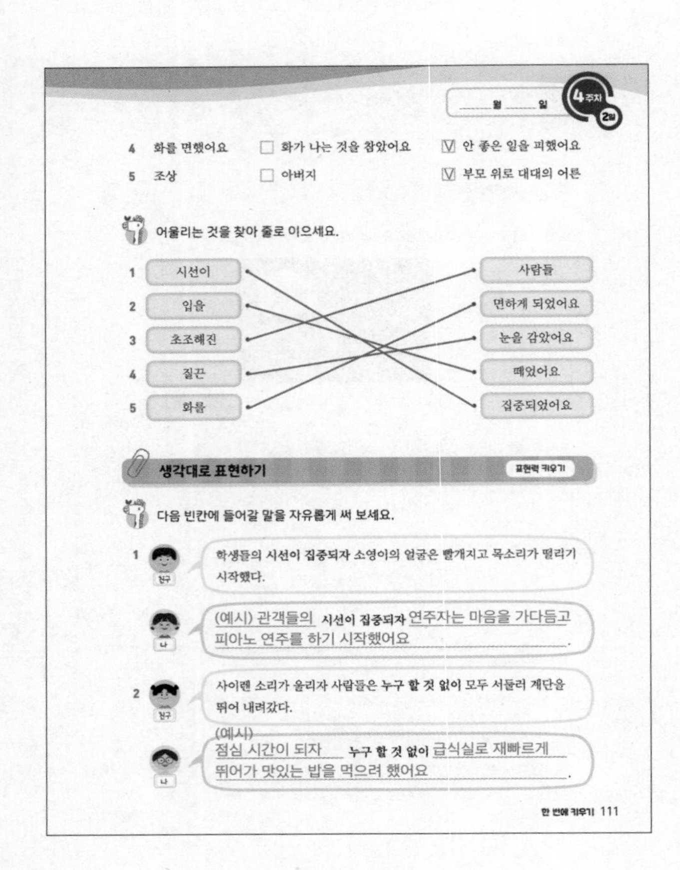

월 일 4주차 2일

4 화를 면했어요 ☐ 화가 나는 것을 참았어요 ☑ 안 좋은 일을 피했어요

5 조상 ☐ 아버지 ☑ 부모 위로 대대의 어른

어울리는 것을 찾아 줄로 이으세요.

1 시선이 — 집중되었어요
2 입을 — 떼었어요
3 초조해진 — 사람들
4 질끈 — 눈을 감았어요
5 화를 — 면하게 되었어요

생각대로 표현하기 표현력 키우기

다음 빈칸에 들어갈 말을 자유롭게 써 보세요.

1 친구: 학생들의 **시선이 집중되자** 소영이의 얼굴은 빨개지고 목소리가 떨리기 시작했다.

나: (예시) 관객들의 **시선이 집중되자** 연주자는 마음을 가다듬고 피아노 연주를 하기 시작했어요.

2 친구: 사이렌 소리가 울리자 사람들은 **누구 할 것 없이** 모두 서둘러 계단을 뛰어 내려갔다.

나: (예시) 점심 시간이 되자 **누구 할 것 없이** 급식실로 재빠르게 뛰어가 맛있는 밥을 먹으려 했어요.

한 번에 키우기 111

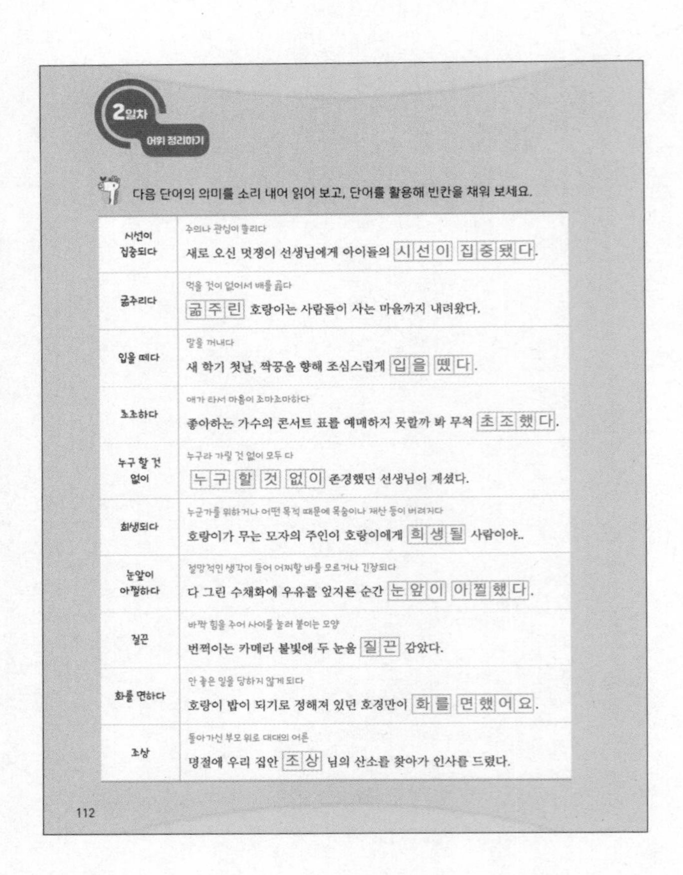

2일차 어휘 정리하기

다음 단어의 의미를 소리 내어 읽어 보고, 단어를 활용해 빈칸을 채워 보세요.

단어	의미 / 예문
시선이 집중되다	주의나 관심이 쏠리다 새로 오신 멋쟁이 선생님에게 아이들의 시선이 집중됐다.
굶주리다	먹을 것이 없어서 배를 곯다 굶주린 호랑이는 사람들이 사는 마을까지 내려왔다.
입을 떼다	말을 꺼내다 새 학기 첫날, 짝꿍을 향해 조심스럽게 입을 뗐다.
초조하다	애가 타서 마음이 조마조마하다 좋아하는 가수의 콘서트 표를 예매하지 못할까 봐 무척 초조했다.
누구 할 것 없이	누구라 가릴 것 없이 모두 다 누구 할 것 없이 존경했던 선생님이 계셨다.
희생되다	누군가를 위하거나 어떤 목적 때문에 목숨이나 재산 등이 버려지다 호랑이가 무는 모자의 주인이 호랑이에게 희생될 사람이야..
눈앞이 아찔하다	절망적인 생각이 들어 어찌할 바를 모르거나 긴장되다 다 그린 수채화에 우유를 엎지른 순간 눈앞이 아찔했다.
질끈	바짝 힘을 주어 사이를 눌러 붙이는 모양 번쩍이는 카메라 불빛에 두 눈을 질끈 감았다.
화를 면하다	안 좋은 일을 당하지 않게 되다 호랑이 밥이 되기로 정해져 있던 호경만이 화를 면했어요.
조상	돌아가신 부모 위로 대대의 어른 명절에 우리 집안 조상 님의 산소를 찾아가 인사를 드렸다.

112

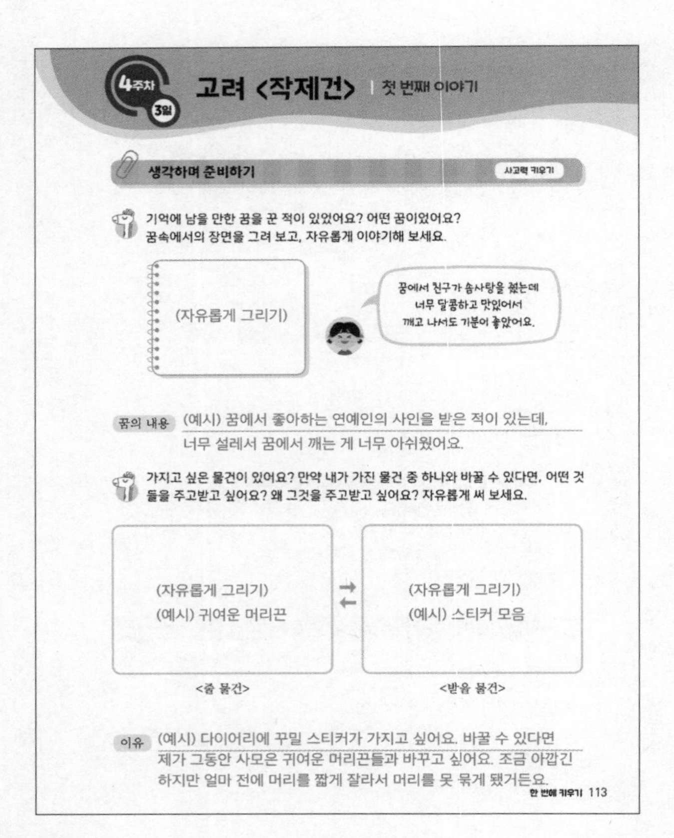

4주차 3일 **고려 <작제건>** | 첫 번째 이야기

생각하며 준비하기 사고력 키우기

기억에 남을 만한 꿈을 꾼 적이 있었어요? 어떤 꿈이었어요?
꿈속에서의 장면을 그려 보고, 자유롭게 이야기해 보세요.

(자유롭게 그리기)

꿈에서 친구가 솜사탕을 줬는데
너무 달콤하고 맛있어서
깨고 나서도 기분이 좋았어요.

꿈의 내용 (예시) 꿈에서 좋아하는 연예인의 사인을 받은 적이 있는데, 너무 설레서 꿈에서 깨는 게 너무 아쉬웠어요.

가지고 싶은 물건이 있어요? 만약 내가 가진 물건 중 하나와 바꿀 수 있다면, 어떤 것들을 주고받고 싶어요? 왜 그것을 주고받고 싶어요? 자유롭게 써 보세요.

(자유롭게 그리기)
(예시) 귀여운 머리끈

<줄 물건>

(자유롭게 그리기)
(예시) 스티커 모음

<받을 물건>

이유 (예시) 다이어리에 꾸밀 스티커가 가지고 싶어요. 바꿀 수 있다면 제가 그동안 사모은 귀여운 머리끈들과 바꾸고 싶어요. 조금 아깝긴 하지만 얼마 전에 머리를 짧게 잘라서 머리를 못 묶게 됐거든요.

한 번에 키우기 113

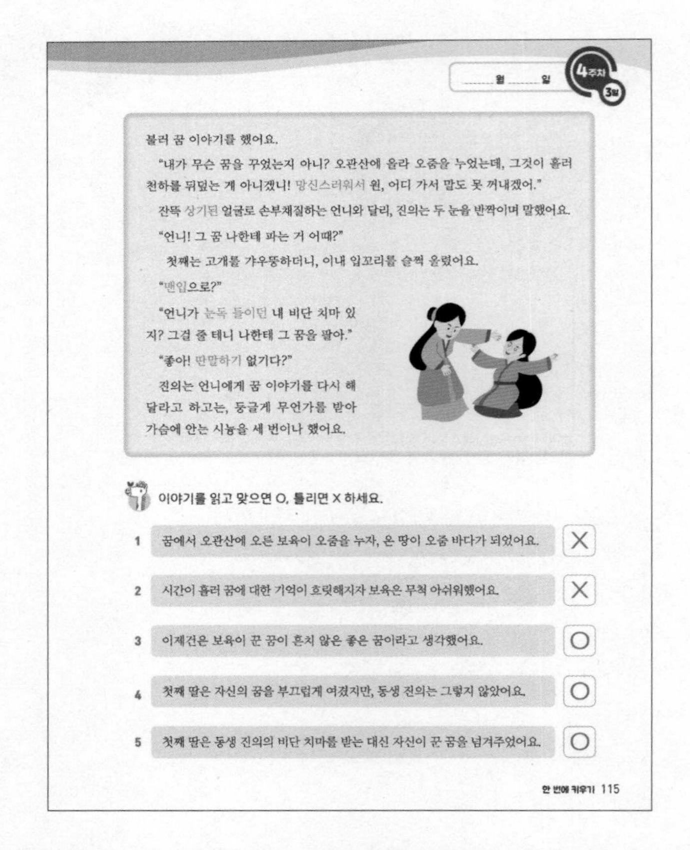

월 일 4주차 3일

불러 꿈 이야기를 했어요.

"내가 무슨 꿈을 꾸었는지 아니? 오관산에 올라 오줌을 누었는데, 그것이 흘러 천하를 뒤덮는 게 아니겠니! 망신스러워서 원, 어디 가서 말도 못 꺼내겠어."

잔뜩 상기된 얼굴로 손부채질하는 언니와 달리, 진의는 두 눈을 반짝이며 말했어요.

"언니! 그 꿈 나한테 파는 거 어때?"

첫째는 고개를 갸우뚱하더니, 이내 입꼬리를 슬쩍 올렸어요.

"맨입으로?"

"언니가 눈독 들이던 내 비단 치마 있지? 그걸 줄 테니 나한테 그 꿈을 팔아."

"좋아! 딴말하기 없기다?"

진의는 언니에게 꿈 이야기를 다시 해 달라고 하고는, 둥글게 무언가를 받아 가슴에 안는 시늉을 세 번이나 했어요.

이야기를 읽고 맞으면 O, 틀리면 X 하세요.

1 꿈에서 오관산에 오른 보육이 오줌을 누자, 온 땅이 오줌 바다가 되었어요. X

2 시간이 흘러 꿈에 대한 기억이 흐릿해지자 보육은 무척 아쉬워했어요. X

3 이제건은 보육이 꾼 꿈이 흔치 않은 좋은 꿈이라고 생각했어요. O

4 첫째 딸은 자신의 꿈을 부끄럽게 여겼지만, 동생 진의는 그렇지 않았어요. O

5 첫째 딸은 동생 진의의 비단 치마를 받는 대신 자신이 꾼 꿈을 넘겨주었어요. O

한 번에 키우기 115

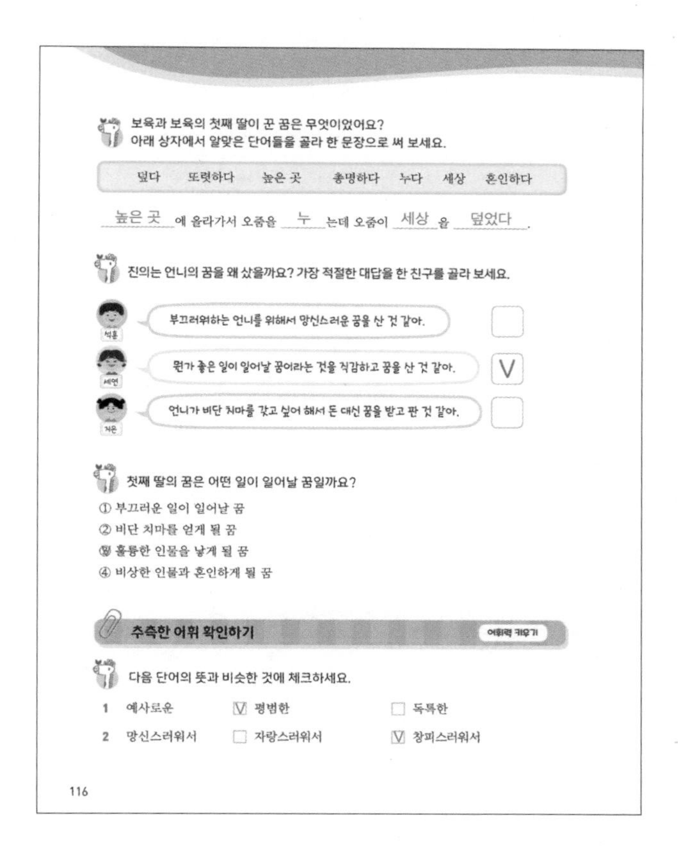

보육과 보육의 첫째 딸이 꾼 꿈은 무엇이었어요?
아래 상자에서 알맞은 단어들을 골라 한 문장으로 써 보세요.

덮다 또렷하다 높은 곳 총명하다 누다 세상 혼인하다

높은 곳 에 올라가서 오줌을 누 는데 오줌이 세상 을 덮었다.

진의는 언니의 꿈을 왜 샀을까요? 가장 적절한 대답을 한 친구를 골라 보세요.

- 석훈: 부끄러워하는 언니를 위해서 망신스러운 꿈을 산 것 같아. ☐
- 세연: 뭔가 좋은 일이 일어날 꿈이라는 것을 직감하고 꿈을 산 것 같아. ☑
- 지은: 언니가 비단 치마를 갖고 싶어 해서 돈 대신 꿈을 받고 판 것 같아. ☐

첫째 딸의 꿈은 어떤 일이 일어날 꿈일까요?

① 부끄러운 일이 일어날 꿈
② 비단 치마를 얻게 될 꿈
③ 훌륭한 인물을 낳게 될 꿈
④ 비상한 인물과 혼인하게 될 꿈

추측한 어휘 확인하기

어휘력 키우기

다음 단어의 뜻과 비슷한 것에 체크하세요.

1 예사로운 ☑ 평범한 ☐ 독특한
2 망신스러워서 ☐ 자랑스러워서 ☑ 창피스러워서

116

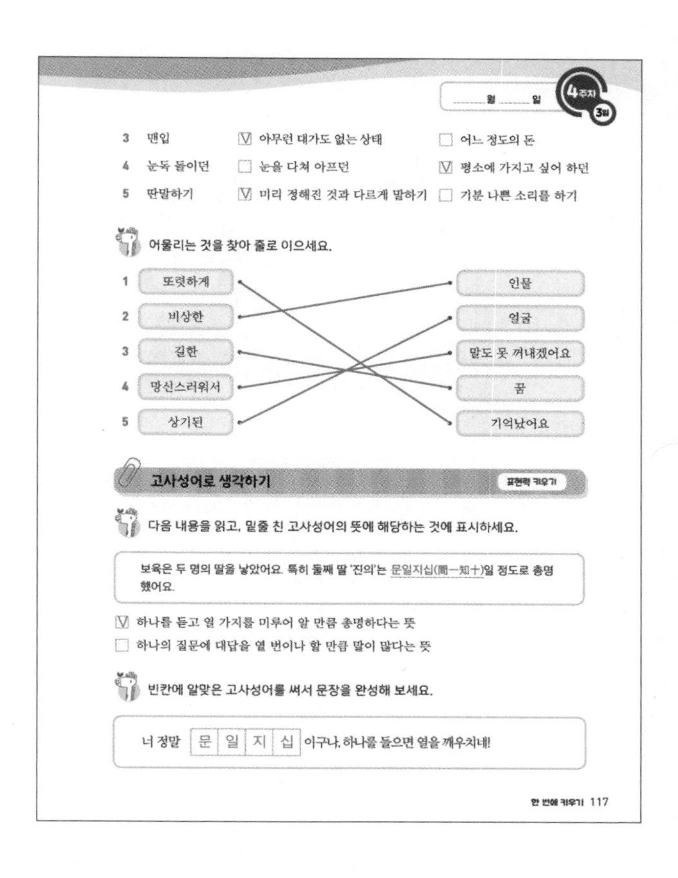

____월 ____일

4주차 3일

3 맨입 ☑ 아무런 대가도 없는 상태 ☐ 어느 정도의 돈
4 눈독 들이던 ☐ 눈을 다쳐 아프던 ☑ 평소에 가지고 싶어 하던
5 딴말하기 ☑ 미리 정해진 것과 다르게 말하기 ☐ 기분 나쁜 소리를 하기

어울리는 것을 찾아 줄로 이으세요.

1 또렷하게 — 기억났어요
2 비상한 — 인물
3 길한 — 꿈
4 망신스러워서 — 말도 못 꺼내겠어요
5 상기된 — 얼굴

고사성어로 생각하기

표현력 키우기

다음 내용을 읽고, 밑줄 친 고사성어의 뜻에 해당하는 것에 표시하세요.

보육은 두 명의 딸을 낳았어요. 특히 둘째 딸 '진의'는 문일지십(聞一知十)일 정도로 총명했어요.

☑ 하나를 듣고 열 가지를 미루어 알 만큼 총명하다는 뜻
☐ 하나의 질문에 대답을 열 번이나 할 만큼 말이 많다는 뜻

빈칸에 알맞은 고사성어를 써서 문장을 완성해 보세요.

너 정말 문 일 지 십 이구나. 하나를 들으면 열을 깨우치네!

한 번에 키우기 117

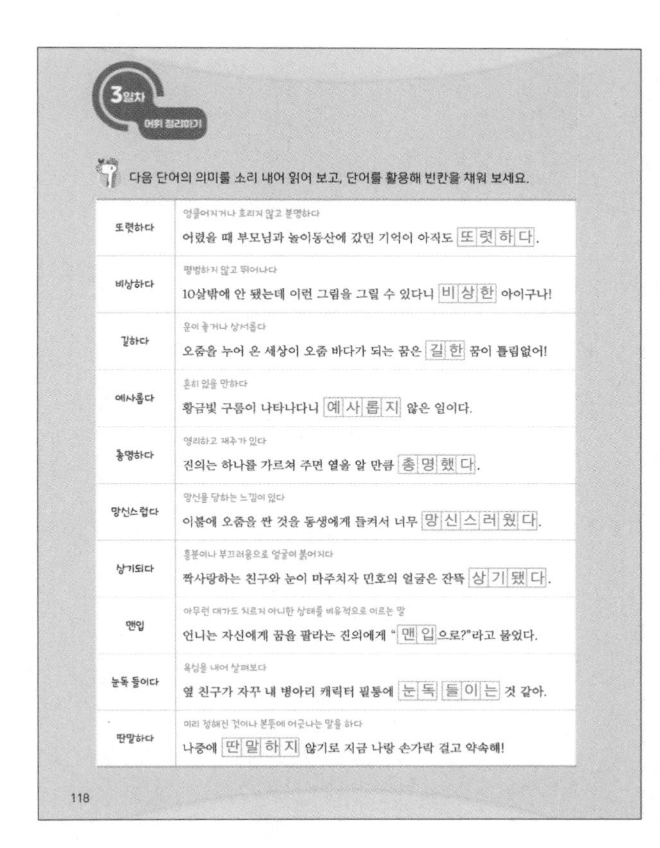

3일차 어휘 정리하기

다음 단어의 의미를 소리 내어 읽어 보고, 단어를 활용해 빈칸을 채워 보세요.

또렷하다	엉클어지거나 흐리지 않고 분명하다 어렸을 때 부모님과 놀이동산에 갔던 기억이 아직도 또 렷 하 다.
비상하다	평범하지 않고 뛰어나다 10살밖에 안 됐는데 이런 그림을 그릴 수 있다니 비 상 한 아이구나!
길하다	운이 좋거나 상서롭다 오줌을 누어 온 세상이 오줌 바다가 되는 꿈은 길 한 꿈이 틀림없어!
예사롭다	흔히 있을 만하다 황금빛 구름이 나타나다니 예 사 롭 지 않은 일이다.
총명하다	영리하고 재주가 있다 진의는 하나를 가르쳐 주면 열을 알 만큼 총 명 했 다.
망신스럽다	망신을 당하는 느낌이 있다 이불에 오줌을 싼 것을 동생에게 들켜서 너무 망 신 스 러 웠 다.
상기되다	흥분이나 부끄러움으로 얼굴이 붉어지다 짝사랑하는 친구와 눈이 마주치자 민호의 얼굴은 잔뜩 상 기 됐 다.
맨입	아무런 대가도 치르지 아니한 상태를 비유적으로 이르는 말 언니는 자신에게 꿈을 팔라는 진의에게 "맨 입으로?"라고 물었다.
눈독 들이다	욕심을 내어 살펴보다 옆 친구가 자꾸 내 병아리 캐릭터 필통에 눈 독 들 이 는 것 같아.
딴말하다	미리 정해진 것이나 본뜻에 어긋나는 말을 하다 나중에 딴 말 하 지 않기로 지금 나랑 손가락 걸고 약속해!

118

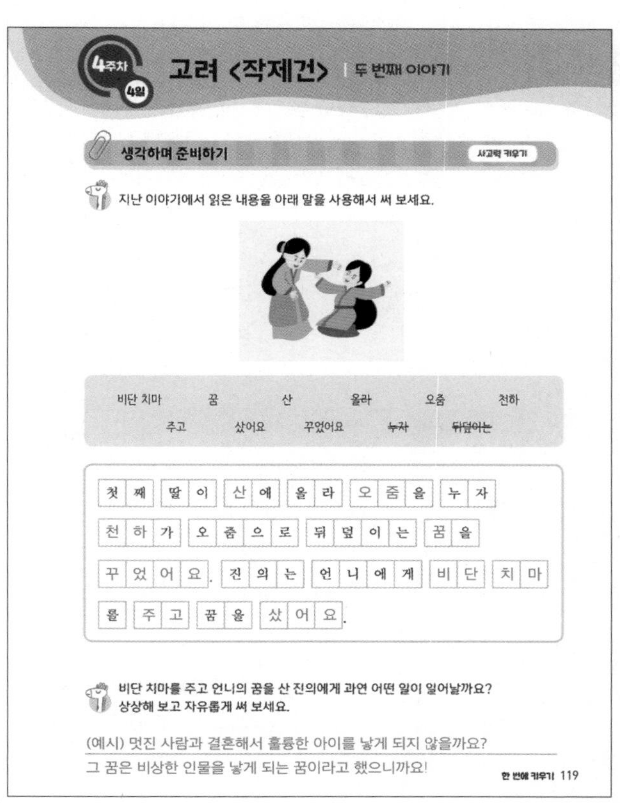

4주차 4일

고려 <작제건> | 두 번째 이야기

생각하며 준비하기

사고력 키우기

지난 이야기에서 읽은 내용을 아래 말을 사용해서 써 보세요.

비단 치마 꿈 산 올라 오줌 천하
주고 샀어요 꾸었어요 ~~누자~~ ~~뒤덮이는~~

첫째 딸이 산에 올라 오줌을 누자 천하가 오줌으로 뒤덮이는 꿈을 꾸었어요. 진의는 언니에게 비단 치마를 주고 꿈을 샀어요.

비단 치마를 주고 언니의 꿈을 산 진의에게 과연 어떤 일이 일어날까요?
상상해 보고 자유롭게 써 보세요.

(예시) 멋진 사람과 결혼해서 훌륭한 아이를 낳게 되지 않을까요?
그 꿈은 비상한 인물을 낳게 되는 꿈이라고 했으니까요!

한 번에 키우기 119

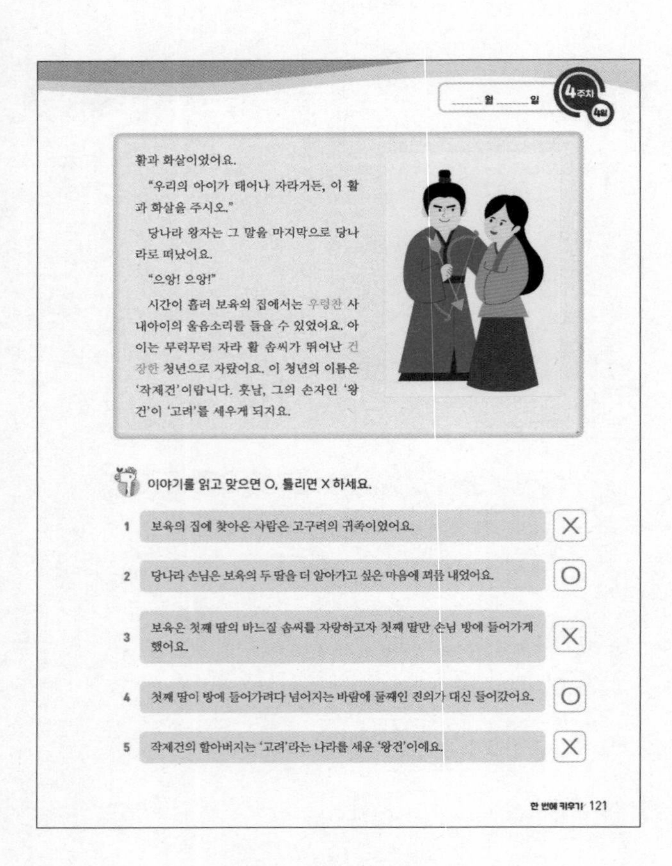

4주차 4회 ____월 ____일

활과 화살이었어요.

"우리의 아이가 태어나 자라거든, 이 활과 화살을 주시오."

당나라 왕자는 그 말을 마지막으로 당나라로 떠났어요.

"으앙! 으앙!"

시간이 흘러 보육의 집에서는 우렁찬 사내아이의 울음소리를 들을 수 있었어요. 아이는 무럭무럭 자라 활 솜씨가 뛰어난 건장한 청년으로 자랐어요. 이 청년의 이름은 '작제건'이랍니다. 훗날, 그의 손자인 '왕건'이 '고려'를 세우게 되지요.

이야기를 읽고 맞으면 O, 틀리면 X 하세요.

1 보육의 집에 찾아온 사람은 고구려의 귀족이었어요. X

2 당나라 손님은 보육의 두 딸을 더 알아가고 싶은 마음에 꾀를 내었어요. O

3 보육은 첫째 딸의 바느질 솜씨를 자랑하고자 첫째 딸만 손님 방에 들어가게 했어요. X

4 첫째 딸이 방에 들어가려다 넘어지는 바람에 둘째인 진의가 대신 들어갔어요. O

5 작제건의 할아버지는 '고려'라는 나라를 세운 '왕건'이에요. X

한 번에 키우기 121

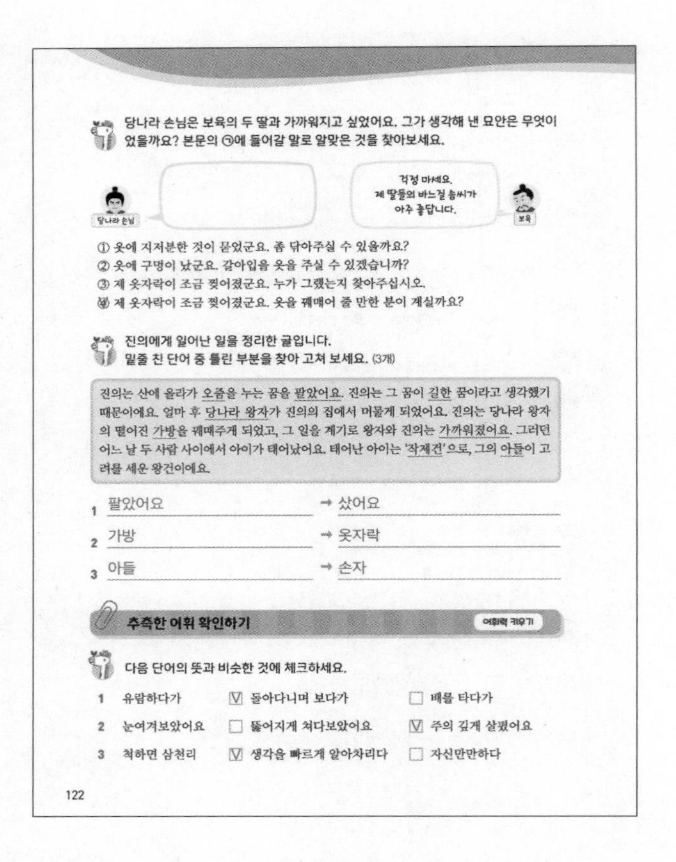

당나라 손님은 보육의 두 딸과 가까워지고 싶었어요. 그가 생각해 낸 묘안은 무엇이었을까요? 본문의 ㉠에 들어갈 말로 알맞은 것을 찾아보세요.

① 옷에 지저분한 것이 묻었군요. 좀 닦아주실 수 있을까요?
② 옷에 구멍이 났군요. 갈아입을 옷을 주실 수 있겠습니까?
③ 제 옷자락이 조금 찢어졌군요. 누가 그랬는지 찾아주십시오.
④ 제 옷자락이 조금 찢어졌군요. 옷을 꿰매어 줄 만한 분이 계실까요?

진의에게 일어난 일을 정리한 글입니다.
밑줄 친 단어 중 틀린 부분을 찾아 고쳐 보세요. (3개)

진의는 산에 올라가 오줌을 누는 꿈을 팔았어요. 진의는 그 꿈이 길한 꿈이라고 생각했기 때문이에요. 얼마 후 당나라 왕자가 진의의 집에서 머물게 되었어요. 진의는 당나라 왕자의 떨어진 가방을 꿰매주게 되었고, 그 일을 계기로 왕자와 진의는 가까워졌어요. 그러던 어느 날 두 사람 사이에서 아이가 태어났어요. 태어난 아이는 '작제건'으로, 그의 아들이 고려를 세운 왕건이에요.

1 팔았어요 → 샀어요
2 가방 → 옷자락
3 아들 → 손자

추측한 어휘 확인하기 (어휘력 키우기)

다음 단어의 뜻과 비슷한 것에 체크하세요.

1 유람하다가 ☑ 돌아다니며 보다가 ☐ 배를 타다가
2 눈여겨보았어요 ☐ 뚫어지게 쳐다보았어요 ☑ 주의 깊게 살폈어요
3 척하면 삼천리 ☑ 생각을 빠르게 알아차리다 ☐ 자신만만하다

122

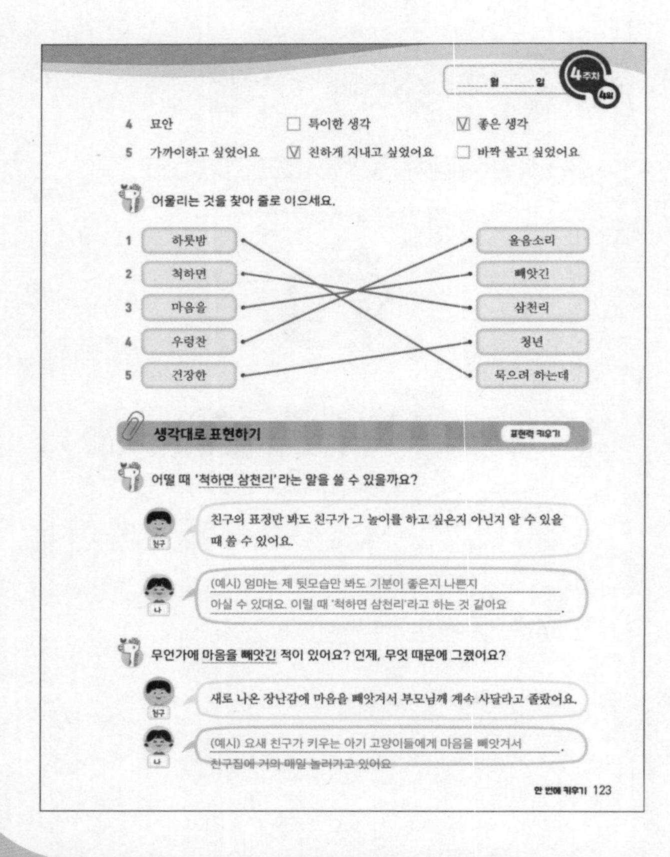

4주차 4회 ____월 ____일

4 묘안 ☐ 특이한 생각 ☑ 좋은 생각
5 가까이하고 싶었어요 ☑ 친하게 지내고 싶었어요 ☐ 바짝 붙고 싶었어요

어울리는 것을 찾아 줄로 이으세요.

1 하룻밤 — 묵으려 하는데
2 척하면 — 삼천리
3 마음을 — 빼앗긴
4 우렁찬 — 울음소리
5 건장한 — 청년

생각대로 표현하기 (표현력 키우기)

어떨 때 '척하면 삼천리'라는 말을 쓸 수 있을까요?

친구: 친구의 표정만 봐도 친구가 그 놀이를 하고 싶은지 아닌지 알 수 있을 때 쓸 수 있어요.

나: (예시) 엄마는 제 뒷모습만 봐도 기분이 좋은지 나쁜지 아실 수 있대요. 이럴 때 '척하면 삼천리'라고 하는 것 같아요.

무언가에 마음을 빼앗긴 적이 있어요? 언제, 무엇 때문에 그랬어요?

친구: 새로 나온 장난감에 마음을 빼앗겨서 부모님께 계속 사달라고 졸랐어요.

나: (예시) 요새 친구가 키우는 아기 고양이들에게 마음을 빼앗겨서 친구집에 거의 매일 놀러가고 있어요.

한 번에 키우기 123

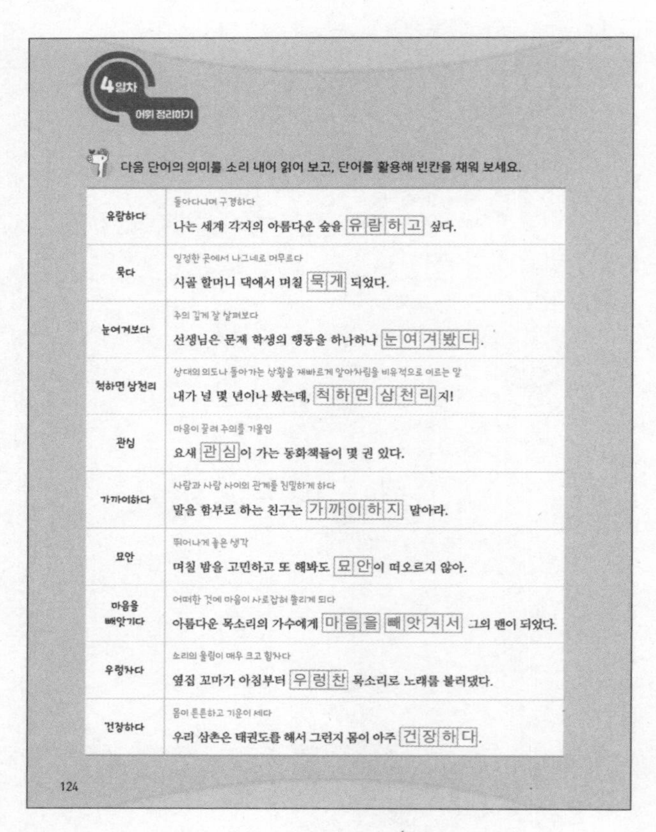

4일차 어휘 정리하기

다음 단어의 의미를 소리 내어 읽어 보고, 단어를 활용해 빈칸을 채워 보세요.

유람하다	돌아다니며 구경하다 나는 세계 각지의 아름다운 숲을 유람하고 싶다.
묵다	일정한 곳에서 나그네로 머무르다 시골 할머니 댁에서 며칠 묵게 되었다.
눈여겨보다	주의 깊게 잘 살펴보다 선생님은 문제 학생의 행동을 하나하나 눈여겨봤다.
척하면 삼천리	상대의 의도나 돌아가는 상황을 재빠르게 알아차림을 비유적으로 이르는 말 내가 널 몇 년이나 봤는데, 척하면 삼천리지!
관심	마음이 끌려 주의를 기울임 요새 관심이 가는 동화책들이 몇 권 있다.
가까이하다	사람과 사람 사이의 관계를 친밀하게 하다 말을 함부로 하는 친구는 가까이하지 말아라.
묘안	뛰어나게 좋은 생각 며칠 밤을 고민하고 또 해봐도 묘안이 떠오르지 않아.
마음을 빼앗기다	어떠한 것에 마음이 사로잡혀 쏠리게 되다 아름다운 목소리의 가수에게 마음을 빼앗겨서 그의 팬이 되었다.
우렁차다	소리의 울림이 매우 크고 힘차다 옆집 꼬마가 아침부터 우렁찬 목소리로 노래를 불러댔다.
건장하다	몸이 튼튼하고 기운이 세다 우리 삼촌은 태권도를 해서 그런지 몸이 아주 건장하다.

124

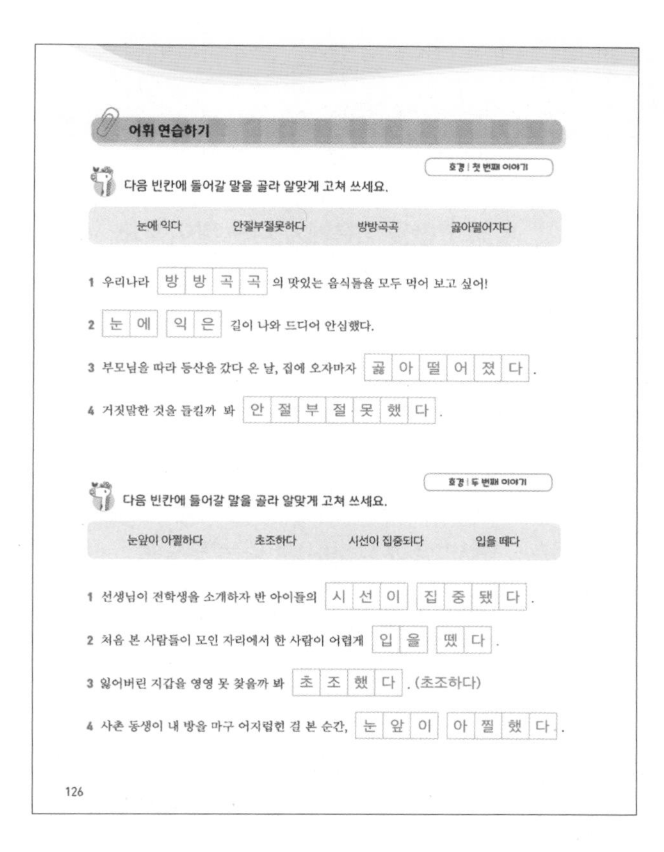

어휘 연습하기

다음 빈칸에 들어갈 말을 골라 알맞게 고쳐 쓰세요. (호경 | 첫 번째 이야기)

눈에 익다 / 안절부절못하다 / 방방곡곡 / 곯아떨어지다

1 우리나라 방방곡곡 의 맛있는 음식들을 모두 먹어 보고 싶어!

2 눈에 익은 길이 나와 드디어 안심했다.

3 부모님을 따라 등산을 갔다 온 날, 집에 오자마자 곯아떨어졌다.

4 거짓말한 것을 들킬까 봐 안절부절못했다.

다음 빈칸에 들어갈 말을 골라 알맞게 고쳐 쓰세요. (호경 | 두 번째 이야기)

눈앞이 아찔하다 / 초조하다 / 시선이 집중되다 / 입을 떼다

1 선생님이 전학생을 소개하자 반 아이들의 시선이 집중됐다.

2 처음 본 사람들이 모인 자리에서 한 사람이 어렵게 입을 뗐다.

3 잃어버린 지갑을 영영 못 찾을까 봐 초조했다. (초조하다)

4 사촌 동생이 내 방을 마구 어지럽힌 걸 본 순간, 눈앞이 아찔했다.

126

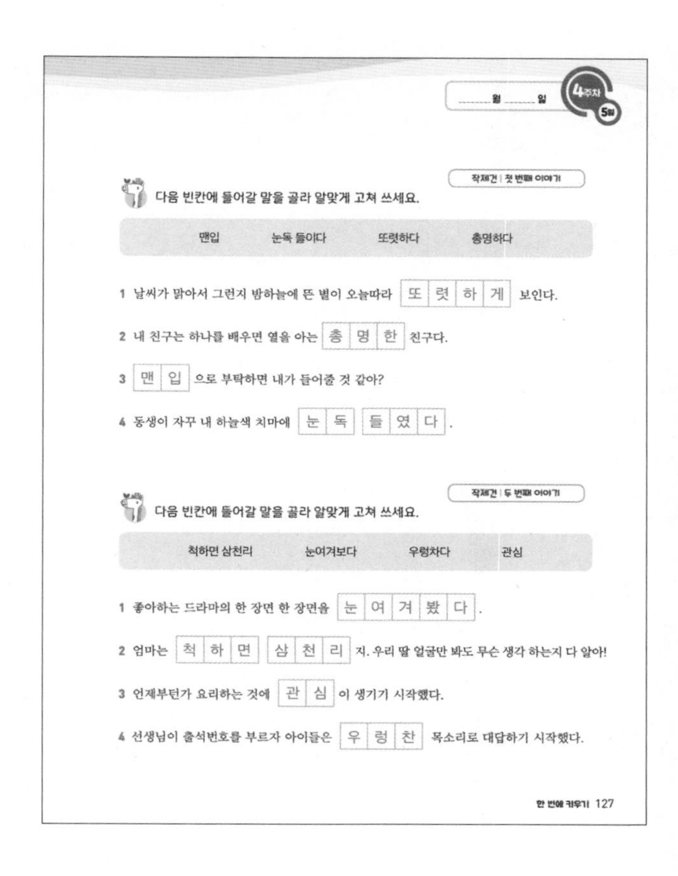

____월 ____일 4주차 5일

다음 빈칸에 들어갈 말을 골라 알맞게 고쳐 쓰세요. (작제건 | 첫 번째 이야기)

맨입 / 눈독 들이다 / 또렷하다 / 총명하다

1 날씨가 맑아서 그런지 밤하늘에 뜬 별이 오늘따라 또렷하게 보인다.

2 내 친구는 하나를 배우면 열을 아는 총명한 친구다.

3 맨입으로 부탁하면 내가 들어줄 것 같아?

4 동생이 자꾸 내 하늘색 치마에 눈독 들였다.

다음 빈칸에 들어갈 말을 골라 알맞게 고쳐 쓰세요. (작제건 | 두 번째 이야기)

척하면 삼천리 / 눈여겨보다 / 우렁차다 / 관심

1 좋아하는 드라마의 한 장면 한 장면을 눈여겨봤다.

2 엄마는 척하면 삼천리지. 우리 딸 얼굴만 봐도 무슨 생각 하는지 다 알아!

3 언제부턴가 요리하는 것에 관심이 생기기 시작했다.

4 선생님이 출석번호를 부르자 아이들은 우렁찬 목소리로 대답하기 시작했다.

한 번에 키우기 127

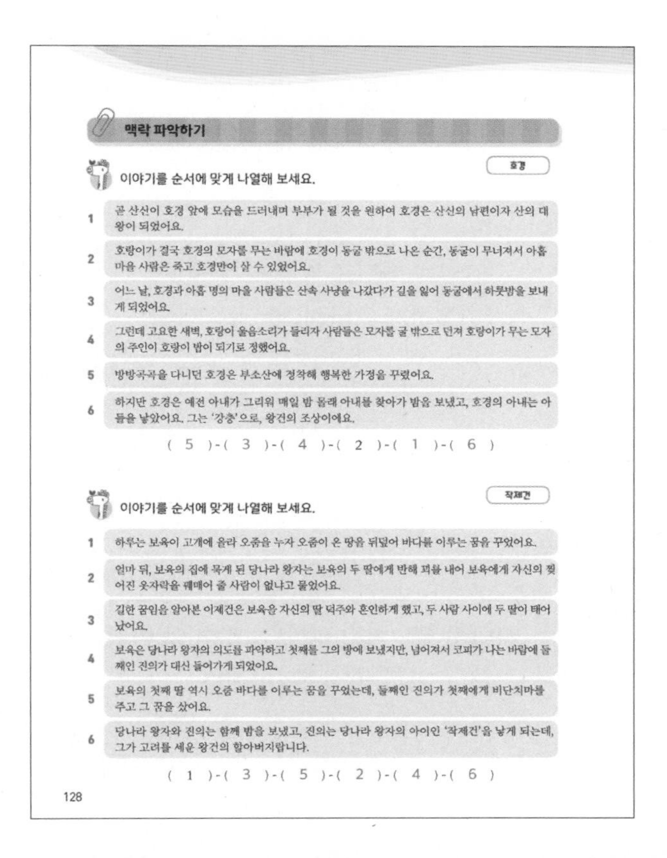

맥락 파악하기

이야기를 순서에 맞게 나열해 보세요. (호경)

1 곧 산신이 호경 앞에 모습을 드러내며 부부가 될 것을 원하여 호경은 산신의 남편이자 산의 대왕이 되었어요.

2 호랑이가 결국 호경의 모자를 무는 바람에 호경이 동굴 밖으로 나온 순간, 동굴이 무너져서 아홉 마을 사람은 죽고 호경만이 살 수 있었어요.

3 어느 날, 호경과 아홉 명의 마을 사람들은 산속 사냥을 나갔다가 길을 잃어 동굴에서 하룻밤을 보내게 되었어요.

4 그런데 고요한 새벽, 호랑이 울음소리가 들리자 사람들은 모자를 굴 밖으로 던져 호랑이가 무는 모자의 주인이 호랑이 밥이 되기로 정했어요.

5 방방곡곡을 다니던 호경은 부소산에 정착해 행복한 가정을 꾸렸어요.

6 하지만 호경은 예전 아내가 그리워 매일 밤 몰래 아내를 찾아가 밤을 보냈고, 호경의 아내는 아들을 낳았어요. 그는 '강충'으로, 왕건의 조상이에요.

(5)-(3)-(4)-(2)-(1)-(6)

이야기를 순서에 맞게 나열해 보세요. (작제건)

1 하루는 보육이 고개에 올라 오줌을 누자 오줌이 온 땅을 뒤덮어 바다를 이루는 꿈을 꾸었어요.

2 얼마 뒤, 보육의 집에 묵게 된 당나라 왕자는 보육의 두 딸에게 반해 꾀를 내어 보육에게 자신의 찢어진 옷자락을 꿰매어 줄 사람이 없냐고 물었어요.

3 길한 꿈임을 알아본 이제건은 보육을 자신의 딸 덕주와 혼인하게 했고, 두 사람 사이에 두 딸이 태어났어요.

4 보육은 당나라 왕자의 의도를 파악하고 첫째를 그의 방에 보냈지만, 넘어져서 코피가 나는 바람에 둘째인 진의가 대신 들어가게 되었어요.

5 보육의 첫째 딸 역시 오줌 바다를 이루는 꿈을 꾸었는데, 둘째인 진의가 첫째에게 비단치마를 주고 그 꿈을 샀어요.

6 당나라 왕자와 진의는 함께 밤을 보냈고, 진의는 당나라 왕자의 아이인 '작제건'을 낳게 되는데, 그가 고려를 세운 왕건의 할아버지랍니다.

(1)-(3)-(5)-(2)-(4)-(6)

128

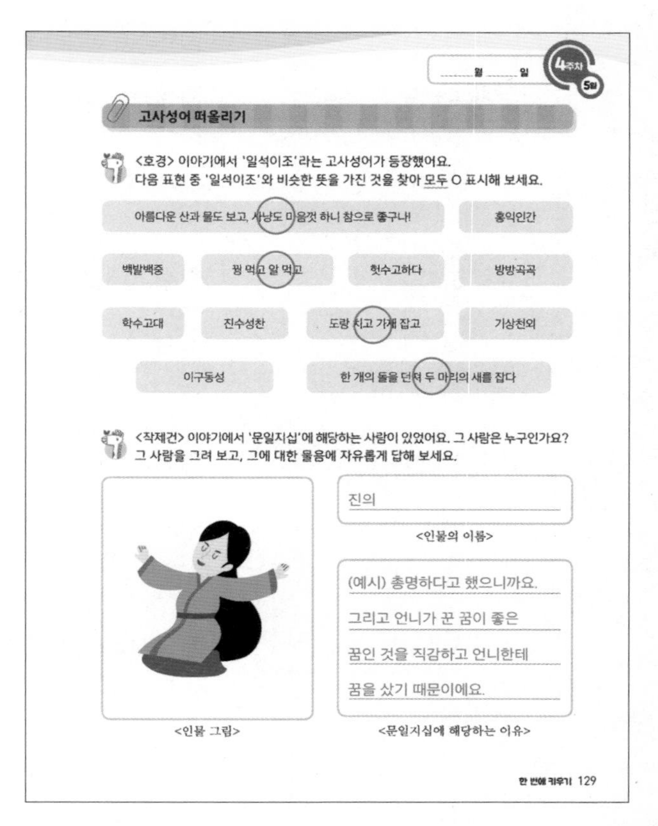

____월 ____일 4주차 5일

고사성어 떠올리기

<호경> 이야기에서 '일석이조'라는 고사성어가 등장했어요.
다음 표현 중 '일석이조'와 비슷한 뜻을 가진 것을 찾아 모두 ○ 표시해 보세요.

아름다운 산과 물도 보고, 사냥도 마음껏 하니 참으로 좋구나! / 홍익인간 / 백발백중 / 꿩 먹고 알 먹고 / 헛수고하다 / 방방곡곡 / 학수고대 / 진수성찬 / 도랑 치고 가재 잡고 / 기상천외 / 이구동성 / 한 개의 돌을 던져 두 마리의 새를 잡다

<작제건> 이야기에서 '문일지십'에 해당하는 사람이 있었어요. 그 사람은 누구인가요?
그 사람을 그려 보고, 그에 대한 물음에 자유롭게 답해 보세요.

진의

<인물의 이름>

(예시) 총명하다고 했으니까요. 그리고 언니가 꾼 꿈이 좋은 꿈인 것을 직감하고 언니한테 꿈을 샀기 때문이에요.

<인물 그림>

<문일지십에 해당하는 이유>

한 번에 키우기 129

수록된 고사성어 총정리

안키 회차	고사성어	의미
1주차 1·2일	홍익인간(弘益人間)	널리 인간을 이롭게 한다는 말이에요.
1주차 3·4일	진수성찬(珍羞盛饌)	푸짐하게 잘 차린 맛있는 음식이라는 뜻이에요.
2주차 1·2일	백발백중(百發百中)	백 번 쏘아 백 번 맞힌다는 뜻으로, 총이나 활을 쏠 때마다 겨눈 곳에 다 맞는다는 말이에요.
2주차 3·4일	이구동성(異口同聲)	입은 다르나 목소리는 같다는 뜻으로, 여러 사람의 말이 한결같다는 말이에요.
3주차 1·2일	기상천외(奇想天外)	쉽게 짐작할 수 없을 정도로 기발하고 엉뚱하다는 뜻이에요.
3주차 3·4일	학수고대(鶴首苦待)	학의 목처럼 목을 길게 빼고 간절하게 기다린다는 뜻이에요.
4주차 1·2일	일석이조(一石二鳥)	돌 한 개를 던져 새 두 마리를 잡는다는 뜻으로, 동시에 두 가지 이득을 본다는 말이에요.
4주차 3·4일	문일지십(聞一知十)	하나를 듣고 열 가지를 미루어 알 만큼 총명하다는 뜻이에요.